不動産私法の
現代的課題

- ◉居住用建物賃貸借契約における敷引特約と更新料条項
- ◉金融機関の説明義務──不動産取引に絡む融資契約を題材として
- ◉土地定着物の建物への従属性の検討──抵当権の効力の及ぶ目的物の範囲を中心として
- ◉建物所有権の再考察

松田 佳久 *yoshihisa matsuda*

まえがき

　本書はタイトルが『不動産私法の現代的課題』とあるように，現代において問題となっているさまざまな不動産に関する私法上の諸問題を扱う研究書である。不動産私法の射程範囲は論者によって異なるが，民法がその中心にあることは間違いない。民法の，特に，不動産を中心とした財産法を研究する著者ではあるが，本書の内容を見てみるとわかるとおり，その研究は体系化しているわけではない。しかし，これは逆にいえば，不動産はあらゆる分野に関連している，ということになるのであろう。もっとも著者自身が不動産に関連する多種多様な問題に興味がありすぎるというのが真実ではある。

　第1章「居住用建物賃貸借契約における敷引特約と更新料条項」は，更新料条項の有効性が消費者契約法10条を絡めて大きな問題となり，建物賃貸借契約の更新時において更新料の支払いを賃借人に課していることの多い関東地方や京都市などの不動産賃貸業者にとっては，更新料条項が無効であるとの最高裁判決が出た場合，賃借人より，既払い更新料の返還請求を余儀なくされることが想定されるなど，死活問題であるとされていた。しかし，平成23年7月15日の最高裁判決は，更新料条項は有効であるとした（最二小判平23・7・15金判1372・7）ことにより，不動産賃貸業者にとっては安堵をもたらす結果となった。更新料条項が契約書に明記されていることから，賃借人は更新料条項につき十分に認識していたとされ，契約自由の原則，私的自治の原則が重視されたかの判断が示されている。この点は消費者である賃借人に十分な注意を促すばかりではなく，居住用建物賃貸借契約締結にあたって賃借人に課される礼金，権利金等の種々の一時金をも，契約書に明記されている以上，有効であるとの結論をもたらすものとの予測を余儀なくさせる。現に本書でも扱うが，敷

引特約は，最一小判平23・3・24裁時1528・15，判時2128・33，判タ1356・81，最三小判平23・7・12判時2128・43，判タ1356・87の二つの最高裁判決でその有効性が示されている。

　ただし，判決文とその周辺の事情とを照らし合わせて読んでみると，「居住用貸家の供給過剰」という経済的事情が見て取れる。当該経済的事情が存することにより，事業者である賃貸人，消費者である賃借人との格差（情報の質・量ならびに交渉力の格差）が解消されたために，消費者契約法10条の適用とはならなかったのではないかと考えられる。

　したがって，「居住用貸家の供給過剰」という経済的事情が存しない地域（居住用貸家の需要過剰の地域）では，賃借人・賃貸人間に格差があるため，更新料条項をはじめとする一時金条項の有効性につき，消費者契約法10条が適用されることにより，消費者保護が図られる場合がありえるものと思われる。

　第2章以降は消費者契約法から目を転じ，第2章「金融機関の説明義務」，第3章「土地定着物の建物への従属性の検討」，第4章「建物所有権の再考察」を扱っている。

　「金融機関の説明義務」は，不動産取引（不動産の売買契約）に絡む融資契約（金銭消費貸借契約）といった契約当事者の異なる複合契約の場合に，金融機関が不動産の瑕疵等につき，融資契約の相手方に対し，説明義務を負うとされる判断スキームを検討したものであり，「土地定着物の建物への従属性の検討」では，土地上に門，塀のみならず重機等の土地定着物が存する場合に，土地，建物のいずれの従属物として判断すべきかの問題を扱った。いずれの従属物であるかにより，当該従属物が高価であればあるほど，土地，建物に設定されている抵当権者の配当に影響を及ぼすことになる。

　「建物所有権の再考察」は，建物の評価に当たり「場所的利益」が評価され，配当において建物価額に加算される。これは競売評価を担当する不動産鑑定士によれば，適法な土地利用権はないものの事実上土地を利用しうる状況に与えられる価値であるとする。しかし，建物賃借人が建物のみならず土地をも必要な範囲で利用しうる現状に鑑み，建物所有権には土地所有権（土地だけではな

く，一般に考えられている所有権）とは異なる内容を持ち，それは建物使用に必要な範囲における敷地利用権能が含まれていると解すべきだとの検討である。

　以上，かなり雑多な研究ではあるが，実務を十分に踏まえるべく，多くの判例を取り上げ分析し，さらに不動産管理会社へのアンケート調査，不動産鑑定士へのアンケート調査をも実施し，著者なりの結論を得たものが本書である。

　本書の刊行にあたり，大学雑務にかまけて筆の運びの遅い著者を叱咤激励し，依頼から2年間もお待ちいただいた大学の先輩でもある株式会社プログレス社長の野々内邦夫氏に心からお礼を申しあげたい。

2012 年 4 月

松　田　佳　久

目　次

■第1章■
居住用建物賃貸借契約における敷引特約と更新料条項

第1節　最高裁の敷引特約有効判決と更新料条項有効判決 …… 2

1. はじめに ………………………………………………………… 2
2. 最高裁の敷引特約有効判決と更新料条項有効判決 ………… 4
   (1) 最高裁平成23年3月敷引判決事案：積極と判断　5
   (2) 最高裁平成23年7月敷引判決事案　7
   (3) 最高裁更新料判決　11
   (4) 最高裁の敷引特約有効判決と更新料条項有効判決に見る経済的事情　17

第2節　更新料の法的性質 ……………………………………… 21

1. はじめに ………………………………………………………… 21
2. 四つの大阪高裁判決 …………………………………………… 22
3. アンケート結果に見る更新料条項の実態 …………………… 24
   (1) アンケートにおける質問および結果　26
   (2) 地域別アンケート結果　29

（3）小　括　*30*
　4．更新料の法的性質 ……………………………………………… *33*
　　（1）四つの大阪高裁判決の内容　*33*
　　（2）他の裁判例および学説に見る法的性質　*37*
　　（3）まとめ　*61*
　5．消費者契約法10条判断 ………………………………………… *62*
　　（1）消費者契約法10条判断の枠組みと大阪高裁の判断　*62*
　　（2）学説の評価と検討　*70*
　6．おわりに ………………………………………………………… *81*

第3節　更新料のその他の法的諸問題 …………………… *88*

　1．更新料条項と法定更新との関係 ……………………………… *88*
　　（1）裁判例　*88*
　　（2）学　説　*89*
　　（3）最高裁更新料判決と私見　*90*
　2．更新料不払いと契約解除との関係 …………………………… *91*
　　（1）最高裁判決と下級審判決　*91*
　　（2）学　説　*93*
　　（3）私　見　*94*

第4節　敷引金の法的性質 ………………………………… *95*

　1．はじめに ………………………………………………………… *95*
　2．敷引金の法的性質 ……………………………………………… *96*
　　（1）アンケートに見る法的性質　*97*
　　（2）裁判例および学説に見る法的性質　*101*
　　（3）合理的な法的性質　*109*

第5節　敷引特約：その他の法的諸問題 ………………… 121

1. 中途解約時における償却 ……………………………………… 122
   (1) 裁判例　122
   (2) 学　説　123
   (3) 整理と私見　124
2. 賃借人の責に帰すべからざる事由により賃借家屋が焼失
   した場合の敷引特約の効力 …………………………………… 126
   (1) 最高裁平成10年判決以前　126
   (2) 最高裁平成10年判決　130
3. 最高裁平成17年判決（居住用）と敷引金との関係 ………… 134
   (1) 賃借人の原状回復義務と通常損耗　134
   (2) 最高裁平成17年判決　136
   (3) 最高裁平成23年7月敷引判決における田原睦夫判事の補足意見
       と私見　136

第6節　敷引特約，更新料条項判決に見る消費者
契約法10条判断 ……………………………… 140

1. はじめに ………………………………………………………… 140
2. 消費者契約法10条により敷引特約の効力を判断した裁判
   例 ………………………………………………………………… 141
3. 消費者・事業者間格差の判断構造 …………………………… 157
   (1) 消費者契約法にいう消費者・事業者間格差　158
   (2) 学説に見る消費者・事業者間格差　160
   (3) 消費者契約法10条における消費者・事業者間格差　162
   (4) 裁判例・最高裁判例に見る消費者・事業者間格差　163
4. 更新後契約と消費者契約法の適用 ……………………………… 184

5. 消費者契約法10条と公序良俗規範との関係 ……………………… 185
6. 中心条項該当性判断 ……………………………………………… 188
7. 個別交渉条項への適用 …………………………………………… 190
8. 消費者契約法10条前段判断における任意規定 ………………… 192
9. 比較される任意規定 ……………………………………………… 193
   (1) 更新料条項 193
   (2) 敷引特約 195
   (3) 整理 196
10. 後段と前段のどちらを重視するか ……………………………… 198
11. 一部無効と全部無効 ……………………………………………… 199
12. 個別的事情の判断 ………………………………………………… 200
13. 後段要件における信義則の意味 ………………………………… 202
14. 民法改正と消費者契約法10条 …………………………………… 203

■第2章■
金融機関の説明義務
― 不動産取引に絡む融資契約を題材として ―

1. はじめに ……………………………………………………………… 208
2. 最高裁平成15年判決と同平成18年判決の内容 …………………… 208
   (1) 最高裁平成15年判決 208
   (2) 最高裁平成18年判決 210
   (3) 最高裁平成15年判決と同平成18年判決との関連 213
3. 最高裁平成18年判決における価格保証と特段の事情スキームとの関連 …………………………………………………………… 215
4. 契約一体性を重視した判断スキーム——融資一体型変額保険の勧誘に関与した金融機関職員の説明義務違反を肯定した裁判例とその分析 … 218

- (1) 判例　*218*
- (2) 分析：その1——一体性ありと判断される基準　*220*
- (3) 分析：その2——金融機関職員の積極的勧誘・主体的関与　*224*
- (4) 分析：その3——両要件の関係　*226*

5. 特段の事情スキームと契約一体性を重視した判断スキームとの関係 ………………………………………………………… *227*

第3章
土地定着物の建物への従属性の検討
―抵当権の効力の及ぶ目的物の範囲を中心として―

---

1. はじめに ………………………………………………………………… *234*
2. 判例の基本的考え方および判例が提示する基準 ……………… *235*
   - (1) 判例の概括　*235*
   - (2) 判例分析　*237*
3. 学説の状況 ……………………………………………………………… *240*
   - (1) 区分基準の不存在　*240*
   - (2) 土地定着物の帰属問題　*241*
4. 区分基準の検討 ………………………………………………………… *242*
   - (1) 経済的独立性説の妥当性　*242*
   - (2) 経済的独立価値の意義　*243*
   - (3) 担保法の原則に適合する具体的区分基準：従物理論の適用　*244*
   - (4) 土地抵当権との調整　*245*
5. おわりに ………………………………………………………………… *246*

第4章
建物所有権の再考察

1. はじめに ………………………………………………………… *250*
2. 建物賃借人の敷地使用権の内容 ………………………………… *252*
   - (1) 判　例　*252*
   - (2) 分析検討　*263*
   - (3) 敷地使用権の法的根拠　*266*
   - (4) 建物賃借人の敷地使用権の法的根拠　*273*
3. 置き去りにされた建物所有権 …………………………………… *275*
   - (1) フランス法を範とする不動産所有権　*275*
   - (2) 建物が土地とは別個の不動産となった経緯　*276*
   - (3) 所有権の類型化　*277*
   - (4) 建物所有権の再考察　*279*
4. 敷地使用権能が建物所有権の一部であることを示す事象
   ：場所的利益 ……………………………………………………… *280*
   - (1) 場所的利益の競売実務　*280*
   - (2) 判例にみる場所的利益　*282*
   - (3) 学説の検討　*293*
   - (4) 評価実務担当者に対するアンケート結果と分析　*298*
   - (5) まとめ　*300*
5. 建物所有権を構成する敷地使用権能 …………………………… *302*
   - (1) 建物賃借人の敷地使用権　*302*
   - (2) 場所的利益と敷地使用権　*304*
6. 今後の展開 ……………………………………………………… *305*

用語索引　　311
判例索引　　315

―――― <凡　例> ――――

＊本書では，判例集および法律雑誌について下記の略号を用いた。

民集	最高裁判所民事判例集	判時	判例時報
裁判集民	最高裁判所裁判集民事	判評	判例評論
高民	高等裁判所民事判例集	法時	法律時報
東高時報	東京高等裁判所判決時報	民商	民商法雑誌
裁時	裁判所時報	阪経法論	大阪経済法科大学論集
下民集	下級裁判所民事裁判例集	金判	金融・商事判例
交通民集	交通事故による不法行為に関する下級裁判所民事裁判例集	ジュリ	ジュリスト
		判タ	判例タイムズ
		法教	法学教室
曹時	法曹時報	法セ	法学セミナー
金法	金融法務事情	雑誌リマークス	私法判例リマークス

第1章

居住用建物賃貸借契約における敷引特約と更新料条項

●第1節●
最高裁の敷引特約有効判決と更新料条項有効判決

1. はじめに

　建物賃貸借契約において，賃料の他に，賃借人が賃貸人に権利金，礼金等さまざまな一時金を支払う旨の特約がされることが多い。これら一時金の意義によっては本来的に賃料を構成すると判断されるものもありえる。本来的に賃料を構成するということは，当該一時金は賃料の一部ということになる。そうであるならば，当該一時金は，その授受の時期によっては賃料の補充（後払い）ないし前払いに区分される。

　たとえば敷引金の意義を通常損耗の原状回復費用と捉えた場合，当該費用は賃貸人が賃料で賄うべき費用相当額（最二小判平17・12・16裁時1402・34，判時1921・61，判タ1200・127）であるから，それは賃貸人が賃料の一部を敷引金として受領しているということができる。そして，敷引金は，賃貸借契約が終了し，建物明渡し後に敷金より控除されるものであることから，賃料の補充（後払い）ということになる。

　これに対し，本来的に賃料を構成しない一時金の意義として，賃貸借契約成

立の謝礼，賃貸借契約更新時の免除の対価，賃料を低額にすることの代償などが該当する。本来的に賃料を構成するものは，民法601条における対価といえるが，賃料を構成しないものは民法601条に基づく対価とはいえない。ただし，これら一時金はそれが本来的に賃料を構成するものであろうがなかろうが共に賃貸人の事業の収益を構成していることは間違いない。

　これまで居住用建物賃貸借契約において一時金の法的効力が消費者保護との関連で問題となってきた。しかし，敷引特約[1]の有効性につき最高裁で初めての判断である最一小判平23・3・24裁時1528・15, 判時2128・33, 判タ1356・81（以下，最高裁平成23年3月敷引判決という），それに続く最三小判平23・7・12判時2128・43, 判タ1356・87（以下，最高裁平成23年7月敷引判決という），そして，更新料[2]の有効性につき最高裁で初めての判断である最二小判平23・7・15金判1372・7（以下，最高裁更新料判決という）は，居住用貸家の供給過剰という経済的事情が消費者契約法10条後段要件の重要な判断要素として考慮されたことにより，賃貸人・賃借人間の情報の質・量，交渉力格差は否定され，結果として，私的自治および契約自由の原則が機能する形となった。

　居住用建物賃貸借契約にあっては，居住用貸家の供給過剰という経済的事情のある限り，特段の事情がなく，そして金額が妥当であれば，他のすべての一

---

[1]　敷引特約とは，建物賃貸借契約の終了時に敷金の一部を賃借人に返還しない旨の特約であり，敷引額が8割を超える事例もある。敷引特約は消費者契約法10条により無効であると判示した神戸地判平17・7・14判時1901・87の事案では保証金30万円のうち敷引金が25万円（8割3分）の特約である（賃貸借期間2年，月額賃料5万6,000円）。

[2]　更新料の授受は現実に行われているにもかかわらず，法律上の措置が講じられていない。そこで，平成3年の借地借家法の改正に際して，立法化して法律の根拠を与え，授受の効果を定め，あるいは相当の規制を加えるなどの措置を講ずることが，借地・借家関係の円滑な供給，運営を促進するために必要ではないかとの指摘を受け，検討がなされた（法務省民事局参事官室「借地・借家法改正に関する問題点」ジュリ851・57, 58（1985），同「『借地・借家法改正に関する問題点』の説明」ジュリ851・71, 75（1985））。しかし，結果的には何らの規定も用意されなかった。その理由として，法律上は借地権者には更新料の支払義務がないこと，更新料請求は東京近辺に限られ全国的な慣行ではないこと，更新料額は当事者間の一切の事情により定められるもので画一的な規制に相応しくないことが挙げられた（河上正二「判批（大阪高判平21・8・27判時2062・40，大阪高判平21・10・29判時2064・65）」判評628・30（判時2108・176）（2011））。

時金特約は，消費者契約法10条の適用においても，信義則に反して消費者の利益を一方的に害するものとはならず，後段要件を充足しない，つまり，当該一時金は有効であるとの判断がなされる可能性が生じてきた。

ここでは，敷引特約と更新料条項に関するこれまでの判例および学説の推移を振り返った上で，今回の最高裁判決の消費者契約である居住用建物賃貸借契約への影響について検討する。

なお，事案によっては，敷金ではなく，保証金が支払われ，建物賃貸借契約が終了し，当該建物からの退去時に一定金額または一定割合の控除がされる場合がある。この場合，ほとんどの保証金が実質的に敷金であると判断される事案[3]であり，両者の法的性質は同一と考えてもよいと思われる[4]。そうであるならば，敷引金と保証金から控除される一定金額の法的性質も同一の性質を有するものとして捉えてもよい。よって，本論では，敷金から控除される一定金額だけではなく，保証金から控除される一定金額または一定割合をも敷引金として位置づけるものとする。

2. 最高裁の敷引特約有効判決と更新料条項有効判決

まず，最高裁平成23年3月敷引判決，最高裁平成23年7月敷引判決，そして，最高裁更新料判決を見てみる。

---

[3] 居住用では，当該一時金が敷金との名称で支払われている事案が多いものの，保証金との名称で支払われている事案であっても，その判決文の中で，保証金は敷金と同一性質を有すると判示する裁判例（大阪地判昭52・11・29判時884・88），保証金の性質が，未払賃料等，賃貸借契約に基づき賃貸人が賃借人に対して取得する一切の債権を担保するものとして契約書に記載された，あるいは判決文で判断され，まさしく敷金同様の性質を有するものと考えられている裁判例（大阪高判平7・12・20判時1567・104）がある。

[4] 野垣康之「建物が滅失して賃貸借契約が終了した場合の敷金返還義務およびその範囲」甲斐道太郎監修『震災と借地借家の法律相談』70頁以下（日本評論社，1995）は，関西地方では敷金ではなく，「保証金」の名称が用いられる例が多いと指摘する。

(1) 最高裁平成23年3月敷引判決事案：積極と判断

① 事案概要

　事案概要は次のとおりである。すなわち，賃借人Xは，平成18年8月21日，賃貸人Yとの間で，京都市所在のマンションの一室（専有面積約65.5㎡）（以下，「本件建物」という）を平成20年8月20日まで，賃料9万6,000円／月の約定で賃借した（以下，「本件契約」という）。Xは，本件契約締結と同時に，保証金として40万円（以下，「本件保証金」という）をYに支払った。

　なお，敷引特約の内容は以下のとおりである。すなわち，Xは，本件建物を明け渡した場合には，Yは，以下のとおり，契約締結から明渡しまでの経過期間に応じた額を本件保証金から控除してこれを取得し，その残額をXに返還する（以下，本件保証金のうち以下の金額を控除してこれをYが取得する旨の特約を「本件特約」といい，本件特約によりYが取得する金員を「本件敷引金」という）が，Xに未納家賃，損害金等の債務がある場合には，上記残額から同債務相当額を控除した残額を返還する。

経過年数1年未満　　控除額18万円　　経過年数2年未満　　控除額21万円
　　　　3年未満　　　　　24万円　　　　　4年未満　　　　　27万円
　　　　5年未満　　　　　30万円　　　　　5年以上　　　　　34万円

　なお，Xは，本件建物をYに明け渡す場合には，これを本件契約開始時の原状に回復しなければならないが，賃借人が社会通念上通常の使用をした場合に生ずる損耗や経年により自然に生ずる損耗（以下，「通常損耗等」という）については，本件敷引金により賄い，Xは原状回復を要しないこと，原状回復費用が家賃に含まれないことが本件契約書に明記されていた。

　Yは，平成20年5月13日，本件特約に基づき，本件保証金から本件敷引金21万円を控除し，その残額である19万円をXに返還したところ，Xは，本件特約は消費者契約法10条により無効であるとして，未返還の保証金（本

件敷引金）21万円およびこれに対する遅延損害金の支払いを求めた事案である。

② 原審（大阪高判平21・6・19 LEX/DB25470588），第一審（京都地判平20・11・26LEX/DB25470587）

第一審である京都地判平20・11・26 LEX/DB25470587 も，原審である大阪高判平21・6・19 LEX/DB25470588 も，本件敷引特約の有効性を認めている。

第一審は，民法1条2項に規定する基本原則に反して消費者の利益を一方的に害するものとはいえないなどとし，原審は民法の任意規定の適用による場合と比較して賃借人の義務を加重する特約であるとして消費者契約法10条前段要件を認定するも，賃借人と賃貸人との間に信義則上看過し難い不衡平をもたらす程度に賃借人の保護法益を侵害しているとまではいえず，後段要件には該当しないとした。

③ 最高裁平成23年3月敷引判決

最高裁平成23年3月敷引判決は，まず，消費者契約法10条前段該当性につき，賃借人は，特約のない限り，通常損耗等についての原状回復義務を負わないが，特約により賃借人にこれを負担させていることから，任意規定の適用による場合に比し，消費者である賃借人の義務を加重させているとの認定を行っている。

次に後段該当性につき判断がなされている。敷引特約および敷引金額の契約書への明示ゆえに当事者間の明確な合意を認定した上で，本来，賃料に含まれるべき原状回復費用は賃料に包含しないとの黙示の合意を認め，賃借人による二重負担は回避されているとし，さらに，原状回復費用の一定額の合意は紛争防止の観点から合理性を有するとして，「消費者の不利益」を否定している。

しかし，当該建物に生ずる通常損耗等の補修費用として想定される額，賃料の額，礼金等他の一時金の授受の有無およびその額等に照らし，敷引金額が高額に過ぎると評価すべきものである場合には，当該賃料が近傍同種の建物の賃料相場に比して大幅に低額であるなど特段の事情のない限り，信義則に反して消費者である賃借人の利益を一方的に害するものであって，消費者契約法10

条により無効となると解するのが相当であるとする。

　本件についてみると，本件特約は，契約締結から明渡しまでの経過年数に応じて18万円ないし34万円を本件保証金から控除するというものであって，本件敷引金の額が，契約の経過年数や本件建物の場所，専有面積等に照らし，本件建物に生ずる通常損耗等の補修費用として通常想定される額を大きく超えるものとまではいえないとし，また，本件契約における賃料は月額9万6,000円であって，本件敷引金の額は，上記経過年数に応じて上記金額の2倍弱ないし3.5倍強にとどまっていることに加えて，Xは，本件契約が更新される場合に1か月分の賃料相当額の更新料の支払義務を負うほかには，礼金等他の一時金を支払う義務を負っていない。そうすると，本件敷引金の額が高額に過ぎると評価することはできず，本件特約が消費者契約法10条により無効であるということはできない，とした。

(2) 最高裁平成23年7月敷引判決事案

① 事案概要

　事案概要は次のとおりである。すなわち，Xは平成14年5月23日，Aとの間で京都市所在のマンションの一室（以下，「本件建物」という）を平成16年5月31日まで，賃料17万5,000円／月の約定で賃借した（以下，「本件契約」という）。Xは，本件契約締結時に保証金として100万円（預託分40万円，敷引分60万円）をAに預託した（以下，「本件保証金」という）。

　本件保証金に関する合意内容は以下のとおりである。すなわち，賃借人に賃料その他本件契約に基づく未払賃料が生じた場合には，賃貸人は任意に本件保証金をもって賃借人の債務弁済に充てることができ，その場合，賃借人は遅滞なく保証金の不足額を補填しなければならない。また，本件契約が終了して賃借人が本件建物の明渡しを完了し，かつ，本件契約に基づく賃借人の賃貸人に対する債務を完済したときは，賃貸人は本件保証金のうち敷引分（以下，「本件敷引金」という）を除き，預託分40万円を賃借人に返還するというものである。

Xは，本件契約の締結に際し，本件保証金100万円をAに差し入れ，Yは，平成16年4月1日，Aから本件契約における賃貸人の地位を承継し，その後，Xとの間で，本件契約を更新するにあたり，賃料の額を17万円／月に減額することを合意した。

本件契約は平成20年5月31日に終了し，同年6月2日，Xは本件建物をYに明け渡し，本件保証金から本件敷引金と原状回復費用が控除された残額の返還を受けた。

本事案は，XがYに対し，差し入れた本件保証金のうち，本件敷引金も含め，未返還部分の支払いを請求するものである。

② 原審（大阪高判平21・12・15 LEX/DB25470731）

原審である大阪高判平21・12・15 LEX/DB25470731は，消費者契約法10条前段要件を満たし，交渉力の格差がなかったということはできないとし，後段要件も認定し，本件敷引特約は無効であるとした。

なお，第一審である京都地方裁判所平成20年（ワ）第3216号[5]も，消費者契約法10条に該当し無効であるとしている。

③ 最高裁平成23年7月敷引判決：一般的評価

A. 判　決

最高裁平成23年7月敷引判決は，最高裁平成23年3月敷引判決を引用することにより，消費者契約法10条における独自判断をせず，最高裁平成23年3月敷引判決で検討された消費者契約法10条における判断をそのまま本事案に適用する形とし，原審の賃貸人敗訴部分を変更し，敷引特約は消費者契約法10条に該当せず，有効であるとした。

判決は，賃借人は，賃料のほかに賃借人が支払うべき一時金の額や，その全部ないし一部が建物の明渡し後も返還されない旨の契約条件が契約書にさえ明記されていれば，賃貸借契約の締結にあたって，当該契約によって自らが負うこととなる金銭的な負担を明確に認識した上，複数の賃貸物件の契約条件を比

5　年月日は把握できていない。

較検討して，自らにとってより有利な物件を選択することができるものと考えるとし，賃貸人が契約条件の一つとして敷引特約を定め，賃借人がこれを明確に認識した上で賃貸借契約の締結に至ったのであれば，それは賃貸人，賃借人双方の経済的合理性を有する行為と評価すべきものであり，消費者契約である居住用建物賃貸借契約に付された敷引特約は，敷引金の額が賃料の額等に照らし高額に過ぎるなどの事情があれば格別，そうでない限り，信義則に反して消費者である賃借人の利益を一方的に害するものということはできないとする一般論を，最高裁平成23年3月敷引判決を引用する形で示した。

本件においては敷引特約が明確に契約書に記載されていることから，賃借人は敷引金の負担を明確に認識した上で本件契約に及んだというべきものとし，さらに敷引金額は月額家賃の3.5倍程度と，近傍同種の建物に係る賃貸借契約に付された敷引特約における敷引金の相場に比し，大幅に高額であることもうかがわれないとして，総合考慮の結果，本件特約は，信義則に反して賃借人の利益を一方的に害するものということはできないとした。

B. 一般的評価

最高裁平成23年7月敷引判決が最高裁平成23年3月敷引判決における消費者契約法10条後段の判断部分を引用しているという事実は，最高裁平成23年3月敷引判決は事例判決ではなく，居住用建物賃貸借契約における敷引特約事案のみならず，後述する最高裁更新料判決も同様の判断構造を有することから，一時金事案一般に妥当する基準を提示した判決であるということになる。

さらに，本判決では，第一審および原審判決を支持し，本判決に反対する岡部喜代子判事の反対意見の他，補足意見として，田原睦夫，寺田逸郎判事の意見が付されている。その中で，本事案は，賃貸借契約締結後，最初の更新時に賃借人が賃料値下げを賃貸人に了解させているという賃借人が比較的強い立場にあるという特殊性を有する[6]ものの，アパート，賃貸マンションの需給状況

---

6 都市部におけるアパート，賃貸マンションの供給過剰状態を考慮すれば，交渉において，このように賃借人の立場の強さが表れる事案が多いものと思われ，そうであるならば，この程度の事情は特殊な事情とはいえない。

は，団塊の世代が借家の確保に難渋した時代と異なり，全住宅のうち15％近く（700万戸以上）が空き家であって，建物の賃貸人としては，かつての住宅不足の時代と異なり，入居者の確保に努力を必要とする状況にあるとし，賃借人は賃料が若干高くても契約締結時の一時金が少ない条件など，賃借にあたって自らの諸状況を踏まえて，賃貸人が示す賃貸条件を総合的に検討し，賃借物件を選択することができる状態にあり，賃借人が賃借物件を選択するにつき消費者として情報の格差が存するとは言い難い状況にあると田原睦夫判事が指摘するとおり，都市部の居住用貸家の供給過剰といった需給状況を勘案し，本判決がなされたものと思料される。このような需給状況にあれば，当事者間に交渉力・情報量の格差はないことから，消費者は一方的に不利益にはならない。当事者の力関係等が同等ということであれば私的自治は機能し，契約自由の原則が十分に作用する。したがって，このような状況においては消費者契約法によって消費者を保護する必要はないということになる。

　ただし，この理は供給過剰にある都市部においてのみ妥当するものであり，供給過剰にない地域・地区にあっては消費者契約法により消費者保護を図る必要がある。

　また，田原判事は，通常損耗に関する最二小判平17・12・16裁時1402・34，判時1921・61，判タ1200・127判断は，敷引特約事案には不適用であるとする。すなわち，当該判決は，通常損耗費を賃借人が負担する旨の明確な合意が存しないにもかかわらず，賃借人に返還が予定されている敷金から通常損耗費相当額を損害金として差し引くことは許されない旨の判示であって，当初から賃借人に返還することが予定されていない敷引金を通常損耗費に充当することを否定する趣旨ではないとする。

　なお，敷引金の法的性質につき田原判事はそれがいかなるものであっても，本件建物明渡し後に敷引金が返還されないものであることにつき，明確に認識できるものであるとし，法的性質のいかんによって左右されるものではなく，敷引特約の法的性質を一概に論じることは困難であるとする。それは礼金，権利金に通常損耗費補填の趣旨が包含されているか否かは明確ではなく，更新料

については地域ごとの慣行に著しい差異が存するのと同理であり，法的判断にあっては地域の実情を十分に認識した上でそれを踏まえて行う必要があると指摘する。

(3) 最高裁更新料判決

最高裁第二小法廷にて，大阪高判平 21・8・27 判時 2062・40, 金法 1887・117, 金判 1327・26, 大阪高判平 21・10・29 判時 2064・65, 大阪高判平 22・2・24 京都敷金・保証金弁護団ホームページ[7]（平 21（ネ）2690）の上告審としての三判決が同日になされた。

事案はそれぞれ異なることから，それぞれの事案を記載するが，最高裁判決についてはその一般的判断部分はほぼ同一の内容であることから，一括して記載する。

① **大阪高判平 21・8・27 判時 2062・40, 金法 1887・117, 金判 1327・26（更新料条項無効判決，第一審（京都地判平 20・1・30 判時 2015・94, 判タ 1279・225）は有効判決），合意更新事案**

契約内容と事案概要は以下のとおりである。

A. 契約内容

契約内容は次のとおりである。

賃料 4 万 5,000 円／月，礼金 6 万円，敷金 10 万円

賃貸期間：平成 12 年 8 月 15 日から平成 13 年 8 月 30 日までの約 1 年間

更新特約の内容：契約書記載の賃貸借期間の満了時より，賃貸人にあっては 6 か月前，賃借人にあっては 1 か月前までに各相手方に対し更新拒絶の申出をしない限り，本契約は家賃・共益費等の金額に関する点を除き，更新継続されるものとする。

更新期間 1 年，更新料 10 万円

B. 事案概要

---

[7] http://www1.ocn.ne.jp/~benagano/shikikin.html

賃借人と賃貸人は，更新後の契約期間を平成13年8月31日から平成14年8月31日とし，更新料10万円を支払った。その後順次更新され，平成18年8月31日まで支払われた更新料総額は50万円となった。賃借人と賃貸人は，いずれもその契約満了の前には解約の通知および更新拒絶の申出をしない一方，更新料10万円の支払いもしなかった。賃借人は賃貸人に対し，平成18年9月1日から同年10月31日までの2か月分の家賃9万円を支払った。賃借人は賃貸人に対し，平成18年10月28日付け賃貸借契約解約通知書を提出し，同年11月30日をもって賃貸借契約を解約する旨の意思表示を行い，同日，明け渡したが，同年11月分の賃料は支払っていない。

　賃借人は，賃貸借契約における更新料支払いの約定は消費者契約法10条または民法90条に反し無効であるとし，不当利得返還請求権に基づき，支払った更新料総額50万円の返還，敷金10万円から未払賃料4万5,000円を控除した5万5,000円の返還を求めて提訴したが，原審は賃借人の請求を棄却したため，賃借人が控訴した。

C．第一審判決（京都地判平20・1・30判時2015・94，判タ1279・225（法定更新が行われる余地はないと判断していることから，法定更新時にも更新料条項が適用になるかは不明），合意更新事案

　主たる法的性質は賃料の前払いであり，希薄ではあるが，賃貸人の更新拒絶権放棄の対価と賃借権強化の対価の性質も有するとする。

D．高裁判決

 a．更新料の法的性質

　本件更新料につき，賃貸人の更新拒絶権放棄の対価，賃借権強化の対価，賃料の補充の3点からの検討のうえ，いずれも否定した。

 b．消費者契約法10条該当性

　消費者契約法10条前段に該当するとし，さらに，更新料約定の趣旨，目的および根拠，当事者双方の情報収集力の格差，本件更新料約定の定め方，当該約定を含む契約条項の明確性を検討した結果，消費者契約法10条後段にも該当し，更新料条項は無効であるとした。

② 大阪高判平 21・10・29 判時 2064・65（更新料条項有効判決，第一審（大津地判平 21・3・27 判時 2064・70）も有効判決），合意更新事案

契約内容と事案概要は以下のとおりである。

A．契約内容

契約内容は次のとおりである。

賃料 5 万 2,000 円／月，敷金・礼金あり

賃貸期間：平成 12 年 12 月 1 日から平成 14 年 11 月 30 日までの 2 年間

更新特約の内容：契約期間満了の 1 か月前までに，賃貸人・賃借人のいずれからも書面による異議申出のない場合はさらに 2 年間更新されるものとし，以後も同様とする。

更新期間 2 年，更新料は旧賃料の 2 か月分

B．事案概要

賃借人は平成 14 年 11 月 23 日，平成 16 年 11 月 27 日に期間を更新すべく，賃貸人に対し更新料 10 万 4,000 円を支払った。そして，賃貸人・賃借人間で更新料を旧賃料の 1 か月分とする旨の合意をし，平成 18 年 10 月 21 日に 5 万 2,000 円を支払った。賃借人は，更新料支払条項は消費者契約法 10 条または民法 90 条に反し無効であるとし，既払いの更新料の支払を求めて提訴した。

原審では賃借人の請求が棄却されたため，賃借人は控訴した。

C．第一審判決（大津地判平 21・3・27 判時 2064・70，合意更新事案）

主たる法的性質として賃料の一部前払いであり，付随的に賃貸人の更新拒絶権放棄の対価，賃借権強化の対価でもあるとする。

D．判　決

　a．更新料の法的性質

本件更新料は，本件賃貸借契約に基づく賃貸事業上の収益の一つとして，賃借人に設定された賃借権が本件賃貸借契約の更新によって当初の賃貸借期間よりも長期の賃借権になったことに基づき，賃貸借期間の長さに相応して支払われるべき賃借権設定の対価の追加分ないし補充分であるとした。

　b．消費者契約法 10 条該当性

消費者契約法10条前段に該当する。しかし，①支払うべき更新料は，礼金よりも金額的に相当程度抑えられており，適正な金額にとどまっており，賃貸借契約の更新という名の下で実質的に新たな賃貸借契約を締結させられるような事情があったとは到底認めることはできない。②更新料を賃料に上乗せしてもその差額は1か月あたり5,000円未満であって，更新料支払条項を設定したことによって上記程度の金額差が生じたからといって，名目上の賃料を低く見せかけ，情報および交渉力に乏しい賃借人を誘引するかのような効果が生じたとは認められない。③本件更新料が存在しなかったとすれば，月額賃料は当初から高くなっていた可能性があるところ，これと比較して，本件更新料が存在しなかったことの方が，はたして賃借人にとって実質的に利益であったといえるのかは疑問である。以上より，信義則に反する程度まで一方的に不利益を受けていたということはできないとした。

③　大阪高判平22・2・24京都敷金・保証金弁護団ホームページ[8]（平21（ネ）2690）（更新料条項無効判決，第一審（京都地判平21・9・25判時2066・95（平20（ワ）947（第一事件）・1287（第二事件）・1285（第三事件）））も無効判決），**合意更新事案**

契約内容と事案概要は以下のとおりである。

A.　契約内容

契約内容は次のとおりである。

賃料3万8,000円／月，定額補修分担金12万円

賃貸期間：平成15年4月1日から平成16年3月31日までの1年間

更新特約の内容：賃借人は，契約期間の満了する60日前までに申し出れば，契約更新をすることができる。

更新期間1年，更新料は賃料の2か月分（法定更新の場合も支払必要）

B.　事案概要

賃借人と賃貸人は，平成16年2月27日，平成17年2月28日および平成

8　前掲注(7)

18年2月28日の3回更新がなされ，それぞれ賃料の2か月分にあたる7万6,000円を支払い，賃貸借契約を合意更新している。賃借人は賃貸借契約中の更新料を支払う旨の条項および定額補修分担金を支払う旨の条項はいずれも消費者契約法10条により無効であるとして，賃貸人に対し，既支払いの更新料および定額補修分担金合計の返還と未払いの更新料7万6,000円の支払債務が不存在であることの確認を求めたのに対し，賃貸人が反訴として，未払更新料7万6,000円の支払いを求めたものである。

原審は賃借人の請求を認容したため，賃貸人が控訴したものである。
C. 京都地判平21・9・25判時2066・95，更新料条項否定，合意更新事案
いずれの性質も否定している。
D. 判　決
　a. 更新料の法的性質
本件更新料は賃料の補充または一部，賃借権強化の対価の性質はない。更新拒絶権放棄の対価もないか，あるいはかなり希薄なものとしてしか認められないとした。
　b. 消費者契約法10条該当性
消費者契約法10条前段に該当し，後段要件をも充足し，更新料条項は無効であるとした。

④　**最高裁更新料判決と一般的評価**

更新料条項は消費者契約法10条に該当せず，有効であると判断している。一般的理由を次のように述べる。

すなわち，更新料は，期間が満了し，賃貸借契約を更新する際に，賃借人と賃貸人との間で授受される金員である。これがいかなる性質を有するかは，賃貸借契約成立前後の当事者双方の事情，更新料条項が成立するに至った経緯その他諸般の事情を総合考慮し，具体的事実関係に即して判断されるべきとして，最二小判昭59・4・20民集38・6・610[9]を引用し，更新料は，賃料と共に賃貸人の事業収益の一部を構成するのが通常であり，その支払いにより賃借人は円満に物件の使用を継続することができることからすると，更新料は，一般

に，賃料の補充ないし前払い，賃貸借契約を継続するための対価等の趣旨を含む複合的な性質を有するものと解するのが相当であるとして，更新料の一般的法的性質を判断している。

消費者契約法 10 条判断にあっては，まず，前段判断につき，前段にいう任意規定には，明文の規定のみならず，一般的法理等も含まれると解するのが相当であるとし，賃貸借契約は，賃貸人が物件を賃借人に使用させることを約し，賃借人がこれに対して賃料を支払うことを約することによって効力を生ずる（民 601）から，更新料条項は，一般的には賃貸借契約の要素を構成しない債務を特約により賃借人に負わせるという意味において，任意規定の適用による場合に比し，消費者である賃借人の義務を加重するものにあたると判断した。

後段については次のとおりである。すなわち，当該条項が信義則に反して消費者の利益を一方的に害するものであるか否かは，消費者契約法の趣旨，目的（消費契約 1 参照）に照らし，当該条項の性質，契約が成立するに至った経緯，消費者と事業者との間に存する情報の質および量ならびに交渉力の格差その他諸般の事情を総合考慮して判断するべきとの一般論を展開する。

そして，更新料の法的性質は前述のとおりであり，更新料の支払いには経済的合理性がないなどということはできないとした。また，一定の地域において，期間満了の際，賃借人が賃貸人に対し更新料の支払いをする例が少なからず存することは公知であり，裁判上の和解手続等においても，更新料条項は公序良俗に反するなどとして，当然に無効とする取扱いはなされてこなかったことは裁判所に顕著であることからすると，更新料条項が賃貸借契約書に一義的かつ具体的に記載され，賃借人と賃貸人との間に，更新料条項に関する情報の質および量ならびに交渉力について，看過し得ないほどの格差が存するとみることもできないとした。

9　最二小判昭 59・4・20 民集 38・6・610 は，借地契約の更新に関する事案であり，更新料の法的性質，そして更新料の不払いが当該賃貸借契約の解除原因となりうるか否かが問題となった事案である。

契約書への明記は，当事者間の情報の質・量，交渉力に格差がないことの要件と捉えているものと思われる。

さらに，賃貸借契約書に一義的かつ具体的に記載された更新料条項は，更新料の額が賃料の額，賃貸借契約が更新される期間等に照らし高額に過ぎるなどの特段の事情がない限り，後段要件にも該当しないとした。

特段の事情には高額に過ぎる場合の他，どのような場合が該当するかについては今後の裁判例の集積が必要であるが，本判決は更新料条項における一般的判断であり，事案ごとの特殊性が特段の事情として判断されることになるものと思われる。

なお，具体的事案の解決として，更新料の額が月額賃料の2か月分，更新期間が1年（あるいは2年）である更新料条項は特段の事情はないとしている。どのような条項内容の場合に高額に過ぎると判断されることになるのか，その判断についても今後の裁判例の集積が必要となる。

一方，上記以外の論点につき，その回答が事実認定により判断されたものとして，賃貸借契約の期間更新の拒絶については，借地借家法26条1項により，当事者（一般的に更新拒絶をするのは賃貸人側と考えられている）が期間満了の1年前から6か月前までの間に相手方に対して更新拒絶の通知または条件を変更しなければ更新しない旨の通知をする必要があるが，賃借人側からの合意更新については，期間満了の60日前までに申し出れば足りるとする点，更新料は，法定更新であるか，合意更新であるかにかかわりなく，支払う義務がある点，入居期間にかかわりなく，更新料の返還，精算等には応じない旨の条項があることにより，精算の必要はなくなるとの点である。

(4) 最高裁の敷引特約有効判決と更新料条項有効判決に見る経済的事情

最高裁平成23年3月敷引判決が，敷引特約は契約書にその旨明示されていれば敷引金額についても明確に認識・合意されており，その額が高過ぎるものでない場合には，当該敷引特約は有効であると判断したことから，敷引金と同じ一時金である更新料についても同様の論理が妥当するものと考えられ，最高

裁平成23年3月敷引判決が傍論で賃借人が更新料の支払義務を負うものと事実認定している点からも，更新料条項に関し，高額に過ぎる場合でなければ有効であるとの判断のなされる可能性が推測できた。

　本事案にあっては，敷引金は通常損耗による原状回復費用に充てられるべきものであり，そのような場合，前掲最二小判平17・12・16が通常損耗の原状回復費用を賃借人の負担とし，敷金から差し引くには契約書への明示のみならず，より厳格な明示と説明を必要とすると判示したところ，最高裁平成23年3月敷引判決が契約書への明示のみで賃借人による明確な認識・合意を認定している点につき，最高裁平成23年7月敷引判決における田原判事は，その補足意見で，事案が相違するものであり，前掲最二小判平17・12・16の規範的事項は敷引特約に関する事案に適用されないとの見解を述べている。

　しかし，その根本的要因は事案の相違ではなく，田原判事が前述のとおり補足意見で述べている「居住用貸家の供給過剰」という経済的事情が存するものと思われる。このような需給状況であれば，もはや当事者間に情報の質・量ならびに交渉力の格差はなく，消費者である賃借人が一方的に不利益になることはない。なぜならば，賃借人は自己の事情に合致した賃貸条件を有する賃借物件を十分に選別することができるからである。すなわち，賃借人の立場は賃貸人とほぼ同等かそれ以上の状況になっているのである。したがって，前掲最二小判平17・12・16で要求されていた厳格な明示と説明は，賃借人と賃貸人の同等の力関係が勘案されたことにより後退し，契約書への明示だけで認定されるものとなった。

　「居住用貸家の供給過剰」という経済的事情は，当事者間において，私的自治および契約自由の原則が十分に機能する状況を作り出し，裁判官の判断としても，当事者間における契約自由の原則を尊重する結果となっている。

　消費者契約法10条後段判断における，信義則に反して消費者の利益を一方的に害するとの判断にあっては，経済的事情は，最高裁更新料判決が提示する一般論，すなわち，「消費者契約法の趣旨，目的（同法1条参照）に照らし，当該条項の性質，契約が成立するに至った経緯，消費者と事業者との間に存する

情報の質及び量並びに交渉力の格差その他諸般の事情を総合考慮して判断されるべき」との文言の中で「その他諸般の事情」に該当する項目にすぎない。しかし，「居住用貸家の供給過剰」という経済的事情は，居住用建物賃貸借契約において，一時金条項に関する「消費者と事業者との間に存する情報の質及び量並びに交渉力の格差」判断に大きな影響力を有する事情であり，消費者・事業者間の格差は当該経済的事情が決定しているともいえる。

　経済的事情は，居住用建物賃貸借契約だけではなく，今後，他のさまざまな消費者契約に消費者契約法10条が適用され，後段判断がなされるにおいて，判断項目として総合考慮されるだけではなく，場合によっては決定的な影響を与える可能性を否定できない。

　一連の居住用建物賃貸借契約における一時金に関する最高裁判決，すなわち，最高裁平成23年3月敷引判決，最高裁平成23年7月敷引判決そして最高裁更新料判決が下した判断は，「居住用貸家の供給過剰」という経済的事情を根本的要因とした判断である。元来，建物賃貸借契約における賃貸人・賃借人間に情報の質および量ならびに交渉力に構造的に格差があるのが通常であるが，「居住用貸家の供給過剰」という経済的事情が存し，それが勘案されることにより，格差は消失した。反対に，「居住用貸家の供給過剰」という経済的事情がなければ，格差は歴然と存在し続けるのである。したがって，上記のような賃借人・賃貸人間の同等の力関係は，供給過剰状態にある都市部等において妥当するものであって，そうでない地域にあっては，消費者たる賃借人と賃貸人との格差はいまだ存在することから，賃借人の保護を消費者契約法等の適用により図る必要がある。

　ところで，これまで更新料ならびに敷引特約訴訟において消費者契約法10条該当性判断の前提として，その法的性質が問題とされることが多かった。それは，最高裁平成23年7月敷引判決における岡部喜代子判事が反対意見の中で述べているとおり，当該一時金の法的性質が具体的に明示されてはじめてその内容に応じた検討の機会が与えられ，賃貸人と交渉することができるからである。しかし，一時金の法的性質が具体的に明示されていなくとも，特約の契

約書への明示さえあれば，賃借人が当該特約を明確に認識し，明確に合意しているものとされ，最高裁更新料判決にあっては当事者間の当該特約に関する情報の質・量ならびに交渉力の格差までも存しないとの評価すらなされており，一時金の法的性質の重要性は消費者契約法 10 条における後段判断において後退したものと思われる。

なお，前段判断においては，一時金の法的性質の理解しだいで，民法等のどの規定に比して，どのような権利を制限または義務を加重しているか，比較の対象となる規定や，制限・加重の内容が変わってくることから，法的性質の検討は必要である[10]し，「居住用貸家の供給過剰」という経済的事情の存しない地域にあっては，後段判断においても，判断そのものの根拠や，判断に際し考慮される諸要素の意味付けにあたっての重要な指針となってくる[11]ことから，やはり一時金の法的性質を検討することには意義がある。

なお，更新料の一般的な法的性質については前述のとおり，最高裁更新料判決において明示されている。

---

[10] 梶山太郎＝髙嶋諒「建物賃貸借契約における更新料条項を巡る裁判例の諸相」判タ 1346・39（2011）
[11] 梶山＝髙嶋・前掲注(10)39

●第2節●
更新料の法的性質

1. はじめに

　平成 23 年 7 月 15 日に更新料条項の効力に関する初めての最高裁の判決（最二小判平 23・7・15 金判 1372・7（以下，最高裁更新料判決という））がなされ，有効であるとの判断が下された。

　ただし，判旨を詳細に見てみると，更新料条項は無条件に有効ではないことがわかる。また，敷引特約の有効性につき最高裁で初めての判断を下した最一小判平 23・3・24 裁時 1528・15，判時 2128・33，判タ 1356・81（以下，最高裁平成 23 年 3 月敷引判決という），それに続く最三小判平 23・7・12 判時 2128・43，判タ 1356・87（以下，最高裁平成 23 年 7 月敷引判決という）の三判決を相互比較するに，最高裁更新料判決は明らかに前二判決の影響を受けて判断がなされている。そして，この三判決の根底にあるのはある経済的事情，すなわち，「居住用貸家の供給過剰」であり，当該経済的事情が三判決における消費者契約法 10 条判断に影響を与えている。

　ここでは，今後の更新料のあり方を判断する材料とすべく，最高裁更新料判

決前における更新料をめぐる裁判例および学説の状況を示すとともに，最高裁更新料判決の判断をも勘案し，更新料の法的性質を検証する。

また，最高裁更新料判決前における更新料をめぐる学説の議論は，更新料に関する四つの大阪高裁判決（無効判決：大阪高判平 21・8・27 判時 2062・40，金法 1887・117，金判 1327・26【1】，大阪高判平 22・2・24 京都敷金・保証金弁護団ホームページ[1]（平 21（ネ）2690）【3】，大阪高判平 22・5・27 京都敷金・保証金弁護団ホームページ[2]（平 21（ネ）2548）【4】，有効判決：大阪高判平 21・10・29 判時 2064・65【2】）を中心に行われていた。これら裁判例はいずれも消費者契約法 10 条の枠組みを用いて，その有効・無効を判断している。

2. 四つの大阪高裁判決

まず，四つの大阪高裁判決を示す。

① 大阪高判平 21・8・27 判時 2062・40，金法 1887・117，金判 1327・26【1】（更新料条項無効判決，最高裁更新料判決の原審，なお，第一審（京都地判平 20・1・30 判時 2015・94，判タ 1279・225）は有効判決），合意更新事案（第 1 節 2.（3）①（11 頁以下）参照）

② 大阪高判平 21・10・29 判時 2064・65【2】（更新料条項有効判決，最高裁更新料判決の原審，なお第一審（大津地判平 21・3・27 判時 2064・70）も有効判決），合意更新事案（第 1 節 2.（3）②（13 頁以下）参照）

③ 大阪高判平 22・2・24 京都敷金・保証金弁護団ホームページ[3]（平 21（ネ）2690）【3】（更新料条項無効判決，最高裁更新料判決の原審，なお，第一審（京都地判平 21・9・25 判時 2066・81（平 20（ワ）947（第一事件）・1287（第二事件）・1285（第三事件）））も無効判決），合意更新事案（第 1 節 2.（3）③（14 頁以下）参照）

---

1 http://www1.ocn.ne.jp/~benagano/shikikin.html
2 前掲注(1)
3 前掲注(1)

④ 大阪高判平22・5・27京都敷金・保証金弁護団ホームページ（平21（ネ）2548）【4】（更新料条項無効判決，原審（京都地判平21・9・25最高裁ウェブサイト（平20（ワ）1286）も無効判決），**合意更新事案**

契約内容と事案概要は以下のとおりである。

A．契約内容

契約内容は次のとおりである。

賃料5万3,000円／月，保証金30万円，保証金引き15万円

賃貸期間：平成18年4月1日から平成20年3月31日までの2年間

更新特約の内容：契約期間の満了する6か月前までに賃貸人より更新拒絶の通知がない場合は更新し，更新料および更新手数料は期間満了2か月前に支払う（法定更新の場合も支払必要）。賃借人の契約期間内の解約であったとしても，賃貸人は更新料の日割り・月割り計算による返金は一切行わない。

更新期間2年，更新料は旧賃料の2か月分（法定更新の場合も支払必要），更新手数料1万5,000円（法定更新の場合も支払必要）

B．事案概要

賃借人は賃貸借契約が平成20年3月31日で満了するにもかかわらず，期間満了2か月前に支払うべき更新料を支払わなかった。そこで，賃貸人は未払更新料の支払いを求め提訴した。

原審は賃貸人の請求を棄却したため，賃貸人が控訴したものである。

C．判　決

　a．更新料の法的性質

本件更新料は賃料補充，賃貸借契約更新の異議権放棄の対価，賃借権強化の対価のいずれでもないとした。

　b．消費者契約法10条該当性

裁判所の判断箇所の「はじめに」で次のように記載されている。すなわち，更新料がいかなる性質のものであるかは，当該賃貸借契約成立後の当事者双方の事情，当該更新料の支払いの合意が成立するに至った経緯その他諸般の事情

を総合考慮したうえ，具体的事実関係に即して判断されるべきものである（最二小判昭 50・4・20 民集 38・6・610）。したがって，本件でも，一般的に賃貸借契約で定められた更新料条項が消費者契約法 10 条により無効であるか否かを検討するのではなく，あくまでも，本件賃貸借契約を巡る具体的な事実関係のもとにおいて，本件更新料条項が消費者契約法 10 条により無効であるか否かについて，以下判断することになるとし，本判決が本事案についてのみの判断であることの念押しがなされた上で，消費者契約法 10 条前段，後段に該当し，無効であるとした。すなわち，本件更新料条項の合理性は認めることができず，本件更新料条項は，賃借人の利益を犠牲にし，賃貸人や管理業者の利益確保を優先した不合理な制度であって，本件ワンルームマンションは，更新料額が高額（一部の地域で徴収されている更新料額は月額賃料の 1 か月未満がほとんどであり，更新料額が全国で最も高い京都でも月額賃料の 1.4 か月であるのに，本件賃貸借契約の更新料は，月額賃料の 2 か月分であり，全国的にみても多額の更新料額といえる）であるのに，賃料額が低額であるとはいえない。本件更新料条項は，強行規定である借地借家法 26 条，同法 28 条（法定更新）に抵触するおそれがあること，本件更新料条項が無効とされても，賃貸人の不利益が大きいとはいえないこと，を総合すると，本件更新料条項は，民法 1 条 2 項に規定する基本原則に反して賃借人の利益を一方的に害する内容であることが認められ，消費者契約法 10 条後段の要件も充足するとする。

3. アンケート結果に見る更新料条項の実態

　大阪経済大学中小企業・経営研究所の共同研究「不動産ビジネス研究」グループが，平成 22 年 2 月 19 日に㈱リプロスに依頼し，㈶日本賃貸住宅管理協会の会員に対して，大阪高裁における更新料無効判決等に関するアンケート調査[4]（以下，中小研アンケートという）を実施し，その結果を都道府県別に集計し直した。その結果をここに明示する。なお，㈶日本賃貸住宅管理協会の会員は家主たる賃貸人から委任を受け，アパートや賃貸マンションを管理する業者

であることから，本アンケートは賃貸人側に対するアンケート結果ということがいえる。

　特に更新料の法的性質に関する結果は重要な結果だと思われる。それというのも，四つの大阪高裁判決は，いずれも，第一に，事案における更新料において想定される各種の法的性質の妥当性につき検討しており，更新料条項無効判決においては，すべての法的性質を否定した上で，その否定を根拠に消費者契約法10条後段該当性を引き出しているなど，法的性質の合理性を重視しているからである。

　なお，調査票郵送数は㈶日本賃貸住宅管理協会会員934社であり，実質回答回収数は310社（実質回答回収率33.19％）である。回答会社の営業テリトリー内の物件に関して回答をしてもらったため，複数の営業地域を有する賃貸住宅管理会社にあっては複数回答がなされており，その集計数は404社となっている。

　営業地域は，全国，北海道，東北（青森県，秋田県，山形県，岩手県，宮城県，福島県），関東（群馬県，栃木県，茨城県，埼玉県，千葉県，神奈川県，なお，横浜市除く），東京都，横浜市，中部（静岡県，山梨県，長野県，岐阜県，新潟県，石川県，富山県，福井県，三重県，愛知県，なお，名古屋市除く），名古屋市，関西（滋賀県，京都府，大阪府，奈良県，和歌山県，兵庫県，なお，大阪市，京都市，神戸市除く），大阪市，京都市，神戸市，中国（鳥取県，島根県，岡山県，広島県，山口県），四国（愛媛県，香川県，高知県，徳島県），九州（福岡県，大分県，宮崎県，鹿児島県，熊本県，佐賀県，長崎県，なお，福岡市除く），福岡市，沖縄県，とした。

　四つの大阪高裁判決事案は，【2】は大津市事案で，それ以外は京都市の事案であることから，京都市と関西（大津市はここに該当する）の調査結果が参考となる。

4　大阪経済大学中小企業・経営研究所「住宅の賃貸借契約に関する意識調査報告書《都道府県別》」（2010年5月5日）

(1) アンケートにおける質問および結果

中小研アンケートの質問および結果を以下に記載する。

なお，本意識調査は予め質問と複数の選択肢を用意して行われ，予め用意した選択肢に回答がない場合は「その他」を選択してもらい，その場合は，文章で回答してもらう形式となっている。

〈質問1〉
【設問4】更新料について
1. 更新料を受け取っていますか。
①ハイ　②イイエ　③その他（　　　　　　　　　　　　　　）

〈結果〉

①ハイ 48.4%　②イイエ 45.5%　③その他 6.2%

2. 更新料を受け取っている方に質問します。
（1）更新料は入居何年毎に受け取ることが多いですか。
①1年毎　②2年毎　③3年毎　④4年毎　⑤その他（　　　　　）

〈結果〉

①1年毎 2.0%　②2年毎 89.6%　③3年毎 0.4%　④4年毎 0%　⑤その他 7.8%

（2）更新料は月額家賃の何か月分が多いですか。
①1か月分　②2か月分　③3か月分　④4か月分　⑤5か月分　⑥6か月分　⑦その他（　　　　　）

〈結果〉

①1か月分 64.8%　②2か月分 3.0%　③3か月分 0.9%　④4か月分 0%　⑤5か月分 0%　⑥6か月分 0%　⑦その他 31.3%（更新事務手数料として一定額を定めて受け取っているとの回答も多かった）

第1章 居住用建物賃貸借契約における敷引特約と更新料条項

(3) 更新料にはどのような意味があると思いますか（複数回答可）。また，もっとも意味が大きいものを番号でお答えください。
1. 賃料補充の対価①（賃料の前払）
2. 賃料補充の対価②（賃料の後払）
3. 賃料補充の対価③（よりよい条件で他の賃借人に賃貸できるかもしれないところを，従前と大差ない賃料で契約を継続させる分の穴埋めのために支払うもの）
4. 賃貸人による更新拒絶権放棄の対価（紛争解決金）
5. 権利金・敷金充填の対価（更新することによって敷金・権利金が目減りするのを填補するために支払うもの）
6. 更新手数料
7. 賃借人の中途解約権の対価（賃借人からの中途解約を認め，しかも民法上賃借人からの中途解約は3か月前であるところを，それよりも短い期間とする短期中途解約権の対価）
8. 契約更新による賃借権設定の対価の追加分ないし補充分（礼金は当初契約期間における賃借人たる地位を取得するための賃借権設定の対価であり，更新料は更新によって当初の賃貸借期間よりも長期の賃貸借になったことに基づき，賃借人たる地位を継続するための，賃貸借の長さに相応して支払われる対価）
9. その他（　　　　　　　　　　　　　　　　　　　　　　　　　　）

もっとも大きい意味があるのは，番号＿＿＿です。

〈結果〉
1 − 13.4%　2 − 4.4%　3 − 6.1%　4 − 15.2%　5 − 5.6%　6 − 27.9%　7 − 8.9%
8 − 15.4%　9 − 3.1%

【設問5】更新料裁判の影響について
(1) 更新料・礼金・敷引き（解約引き）が無くなった場合について

更新料・礼金・敷引き（解約引き）が無くなれば，
①月額家賃が上がる　②月額家賃に変動はない　③どちらともいえない　④わからない

〈結果〉

①月額家賃が上がる 32.8%　②月額家賃に変動はない 35.4%　③どちらともいえない 23.7%　④わからない 8.1%

(2)　更新料返還請求の裁判について
　　8月27日大阪高裁判決の更新料返還請求で出された更新料無効の判決は正当と考えられますか？
①正当である　②不当である　③どちらともいえない　④詳細を知らないので判断ができない　⑤その他（　　　　　　　　　　　　　　）

〈結果〉

①正当である 19.0%　②不当である 35.7%　③どちらともいえない 34.1%　④詳細を知らないので判断ができない 7.5%　⑤その他 3.6%

(3)　上記の (2) で正当であると答えられた方は，その理由をお願いします（複数回答可）。
①消費者保護になる　②更新料の趣旨が不明である　③更新料について説明が不十分　④更新料は押し付けられている　⑤更新料にはだましがある。⑥その他（　　　　　　　　　　　　　　　　　　　　）

〈結果〉

①消費者保護になる 12.1%　②更新料の趣旨が不明である 25.8%　③更新料について説明が不十分 21.2%　④更新料は押し付けられている 17.4%　⑤更新料にはだましがある 6.8%　⑥その他 16.7%

(4)　上記の (2) で不当であると答えられた方は，その理由をお願いします（複

数回答可)。
①更新料は契約上約束された金員である　②更新料は契約前に代金の一部として明示されている　③更新料は家主の収入であることを借主は承知して借りている　④更新料についての説明は十分になされている　⑤契約後の返還請求はおかしい　⑥更新料返還請求の判決は，倫理観，モラルを喪失させる　⑦その他（　　　　　　　　　　　　　　　　　　　　　　　　　　）

〈結果〉
①更新料は契約上約束された金員である 20.9%　②更新料は契約前に代金の一部として明示されている 16.0%　③更新料は家主の収入であることを借主は承知して借りている 15.6%　④更新料についての説明は十分になされている 14.0%　⑤契約後の返還請求はおかしい 17.4%　⑥更新料返還請求の判決は，倫理観，モラルを喪失させる 13.1%　⑦その他 2.9%

(5)　平成13年4月1日の消費者契約法の施行に遡って一律更新料の返還が命じられる事態になった場合について，お答えください。
①経済的に破たんする家主はいない　②破綻する家主は出てくる：その破綻する家主の割合は，取引のあるオーナーの約＿＿＿％ぐらい

〈結果〉
①経済的に破たんする家主はいない 37.4%　②破綻する家主は出てくる 62.6%：その破綻する家主の割合は，取引のあるオーナーの「0%」が23.8%と最も多く，次いで「10%」が21.1%，「20%」が13.0%となり，10%〜20%の割合が30%を超える結果となった。

(2)　地域別アンケート結果

地域別アンケート結果は前述の『住宅の賃貸借契約に関する意識調査報告書《都道府県別》』(作成日2010年5月5日) に基づき概要を以下に記載する。

〈質問1〉

【設問4】更新料について

1. 更新料を受け取っていますか。

　「ハイ」と答えた率が高い地域は，関東73.6％，東京都90.2％，横浜市85.0％，京都市75.0％であった。

2. 更新料を受け取っている方に質問します。

(1) 更新料は入居何年毎に受け取ることが多いですか。

　いずれの地域も2年毎がもっとも多かった。

(2) 更新料は月額家賃の何か月分が多いですか。

　沖縄県を除き，1か月分がもっとも多かった。

(3) 更新料にはどのような意味があると思いますか（複数回答可）。

　京都市を除き，いずれの地域でももっとも多いのが更新手数料であった。更新料を受け取っていると答えた率が高い地域では，関東で，①更新手数料30.6％，②賃料の前払い13.9％，③賃借権設定の対価の追加分・補充分12.5％，④賃貸人による更新拒絶権放棄の対価12.5％，東京都では，①更新手数料29.4％，②賃貸人による更新拒絶権放棄の対価15.7％，③賃借権設定の対価の追加分・補充分11.8％，横浜市では，①更新手数料30.0％，②賃借権設定の対価の追加分・補充分20.0％，③賃貸人による更新拒絶権放棄の対価15.0％，④賃料の前払い15.0％，京都市では，①賃料の前払い33.3％，②更新手数料20.8％，③賃貸人による更新拒絶権放棄の対価12.5％であった。

(3) 小　括

　更新料条項が建物賃貸借契約に付随して設定されることの多い地域は，関東73.6％，東京都90.2％，横浜市85.0％，京都市75.0％という結果となった。しかし，他の地域で更新料条項がまったく設定されないということではなく，割合的には少ないが更新料条項が設けられていることから，更新料条項の有効性の問題は，特別の地域だけではなく，全国的に影響する問題といえる。ただ

し，関東，東京都，横浜市，京都市で更新料条項が慣習法とまではいえないが，事実たる慣習となっているかどうかについては判断の分かれるところである[5]。

更新料支払条件については2年毎の更新期間で，その額は月額賃料の1か月分とするのが圧倒的に多く，この条件がほぼ一般的なものと思われる。

上記の一般と思われる条件からすれば，四つの大阪高裁事案はいずれもいくつかの点で特殊性を有しているものといえる。

A. 大阪高判平21・8・27【1】（京都市事案）

更新期間1年は短い（一般的条件は2年），更新料10万円は高い（一般的条件は1か月分であり，10万円は2か月分以上）。

B. 大阪高判平21・10・29【2】（関西（大津市）事案）

更新期間2年は一般的であるが，更新料2か月分は高い（一般的条件は1か月分である）。

C. 大阪高判平22・2・24【3】（京都市事案）

更新期間1年は短い（一般的条件は2年），更新料2か月分は高い（一般的条件は1か月分である）。

D. 大阪高判平22・5・27【4】（京都市事案）

更新期間2年は一般的であるが，更新料2か月分は高い（一般的条件は1か月分である）。

更新料を更新手数料であると捉える一般的事案も多い中で，更新料と更新手数料を取っているのは一般的ではないともいえる。

更新料の法的性質については，地域別では，京都市を除き，更新料を「更新手数料」と位置付けている回答がもっとも多かった。中小研アンケートが賃貸住宅管理業者へのアンケートであることから，このような回答がなされたもの

---

[5] 【4】は，更新料の法的性質の検討において得られた結果に基づき，更新料徴収の慣行を否定しているが，大津地判平21・3・27判時2064・70【14】（【2】の原審）は大津地区に更新料支払いの慣行が存すると認定するなど，裁判例においても更新料慣行の存在につき判断が分かれている。

と思われるが，そこからは管理業者が収入名目の一つとして更新時に事務手数料を取得している実態が読み取れる。賃借人の当初入居時に連帯保証人を立てる場合があるが，更新事務とは，更新時に当該連帯保証人の保証意思確認のための連絡と更新契約書作成等である。更新事務手数料の実額が更新料額に匹敵しているかについてはアンケートを取っていないことからわからないが，更新事務手数料が更新料とは別に支払われている事案（【4】）もあり，その場合，更新事務手数料の金額は更新料額に比して低額であり，1万数千円程度となっている[6]。

なお，京都市では，「賃料の前払い」33.3％がもっとも多く，ついで「更新手数料」20.8％となっており，京都市では更新料を更新期間における賃料の前払いと捉えている状況が浮き彫りになった。

全国平均としては，①「更新手数料」27.9％，②「契約更新による賃借権設定の対価の追加分ないし補充分」15.4％，③「賃貸人による更新拒絶権放棄の対価（紛争解決金）」15.2％，④「賃料補充の対価①（賃料の前払い）」13.4％の順となっているが，更新料条項の設定されることの多い関東，東京都，横浜市でも，ほぼ同様の結果となった。

更新料・礼金・敷引き（解約引き）がなくなった場合の月額賃料への影響であるが，「月額家賃が上がる」32.8％と「月額家賃に変動はない」35.4％がほぼ同率である。月額家賃が上がる場合は，月額家賃額は更新料等の一時金があったことにより低く設定されていたことを意味し，変動がない場合は，当該一時金と月額家賃との間には何ら相関関係がないことを意味する。

大阪高裁判決【1】における更新料無効判決が「不当である」とする回答35.7％と「どちらともいえない」との回答34.1％はほぼ同率であるが，「正当である」との回答は19.0％と少ない。

また，不当である理由としては，「更新料は契約上約束された金員である」

6　【4】の月額賃料は5万3,000円で，更新料額は旧賃料の2か月分（10万6,000円），更新事務手数料は1万5,000円である。

20.9％が最も多く，契約した事実が重視されている実態が判明した。ついで「契約後の返還請求はおかしい」17.4％,「更新料は契約前に代金の一部として明示されている」16.0％と続くが，前者は契約締結の事実を重視したものであるといえ，後者は契約締結の前提である賃借人の契約内容に対する認識を重視している。

　正当であるとの理由として,「更新料の趣旨が不明である」25.8％がもっとも多い。賃貸人側も更新料の法的性質を的確に認識していないとの実態が表れたものといえ，ついで「更新料について説明が不十分」21.2％,「更新料は押し付けられている」17.4％となっている。前者は更新料について賃貸人側も十分に説明をしていない自覚があり，後者は更新料を賃借人に半ば強制している実態が反映されたものと思われる。

　最高裁判決により更新料条項が無効と判断された場合，平成13年4月1日の消費者契約法施行に遡って，一律更新料の返還が命じられる事態が考えられるが，その場合,「破たんする家主は出てくる」との回答が62.6％を占め，破たんする家主の割合は取引のある家主の10～20％であるとする回答が30％超となった。最高裁で更新料条項の無効が判断された場合，賃貸人に与える経済的影響は大きいものといえる。

4. 更新料の法的性質

　更新料の一般的な法的性質については，最高裁更新料判決において,「一般に，賃料の補充ないし前払い，賃貸借契約を継続するための対価等の趣旨を含む複合的な性質を有するものと解するのが相当である」と明示されているが，四つの大阪高裁判決で検討された更新料の法的性質を含め，これまで検討されてきた更新料の法的性質を見てみることとする。

(1)　四つの大阪高裁判決の内容

　四つの大阪高裁判決で検討された更新料の法的性質の主なものは，①賃貸人

の更新拒絶権放棄の対価（【1】【3】【4】で検討），②賃借権強化の対価（【1】【3】【4】で検討），③賃料の補充（賃料の前払いも含む）[7]（【1】【3】【4】で検討），④賃借権設定の対価の追加分ないし補充分（【2】で検討）である。

それぞれがどのような内容の性質であり，どのような理由で更新料の法的性質として否定され，あるいは肯定されたかにつき，四つの大阪高裁判決の内容を分析検討する。

① **賃貸人の更新拒絶権放棄の対価**[8]

更新料が賃貸人の更新拒絶権放棄の対価であることを否定する事由として以下のものが挙げられる[9]。

A. 賃貸人は，賃料収入を期待して賃貸借契約を締結しており，例外的事態を除き，更新拒絶はあり得ず，正当事由が認められる可能性も少ない（【1】。【3】【4】はほぼ同義の事由を明示している。以下，事由①―Aという）。

B. 賃貸人による更新拒絶権放棄の意思表示は，更新の要件とも更新料の支払義務発生の要件ともされていない（【1】。以下，事由①―Bという）。

---

[7] 「賃料の補充」とは，「賃料の前払い」および「賃料の後払い」をいう（星野英一『借地・借家法』65-66頁（有斐閣，1969），太田武聖「更新料・移転料・名義書換料」篠田省二『現代民事裁判の課題⑥』222頁（新日本法規出版，1990），浦野真美子「更新料をめぐる問題」判タ932・135（1997））。

[8] 【1】では，更新料が紛争解決金ではないことの説明を，賃貸人の更新拒絶権放棄の対価ではないことの説明に含めて行っている。更新料が紛争解決金であるということは期間更新について紛争をしないということを意味し，それは賃借人が更新を欲するのに対し，賃貸人が更新拒絶権を行使しないことと同義といえる。更新料が紛争解決金であることを否定する事由は次のとおりである。すなわち，居住用建物の賃貸借契約においては，賃貸人が更新拒絶する事態は例外的な場合を除いてあり得ない。それはつまり，更新料約定の有無にかかわらず，契約の更新をめぐって賃貸人と賃借人との間で紛争が予想されることはないということである。

[9] 【1】事案にのみ該当する事由として，借地借家法26条1項および同法30条に基づく，賃貸人からの更新拒絶の申出期間は期間満了の1年前から6か月前までであるが，【1】事案の賃貸借期間が1年と短いことから，かりに更新料が更新拒絶権放棄の対価であるとすると，賃借人の得られる更新拒絶権放棄の利益は契約期間の半分であるわずか6か月でしかないことになり，賃貸人はこのような短期間にもともと現実化する確率の極めて小さな更新拒絶という危険を放棄するという些少な利益のために10万円という些少とはいえない対価を支払うことを肯定することになるが，そのようなことはあり得ない。【1】事案は更新期間も1年であるが，更新のたびに上記の事由が該当することとなる。

C. 近時の賃貸物件の供給過剰状態からすれば，賃貸人も賃貸借契約の更新がされないことによる危険を負うべきであり，賃貸人のみが更新拒絶権放棄の対価として更新料を取得すべき理由はない（【1】。以下，事由①—Cという）。

事由①—Aは【1】【3】【4】が明示する。これは，「賃貸人による更新拒絶の申出可能性の低さならびに申出された場合における正当事由認容の可能性の低さ」と言い得る事由である。

② 賃借権強化の対価

賃借権強化の対価とは次のことをいう。すなわち，法定更新の場合は，更新後の賃貸借契約は期間の定めのないものとなり（借借26Ⅰ），賃貸人は正当事由がある限り，いつでも解約を申し入れることができることになるから，その限度で賃借人の立場は不安定なものとなる。これに対し，賃貸人・賃借人間にて更新料が授受されることにより，賃貸借契約の合意更新が行われると更新後の期間が期間の定めのある賃貸借期間となる。そうなれば，その期間は満了まで明渡しを求められることはない。よって，賃借権は強化されたということがいえる。また，かりに賃貸人が更新拒絶権を行使した場合，正当事由の存否判断にあたり，更新料が授受されていることが考慮されることから，その分正当事由が認容されにくくなることからも，賃借権が強化されるものといえる（【1】）のである。

否定事由，肯定事由として以下のものが挙げられる[10]。

—否定事由—

・賃貸専用目的の居住用建物の賃貸借契約では解約申入れの正当事由が認められる可能性は少ない（【1】【3】【4】）。そうであるならば，法定更新後の賃借人の立場と合意更新後の賃借人の立場の安定性の差異はわずかにすぎない（【3】。以下，事由②—否という）。

---

10 【1】事案にのみ該当する事由として，本事案の賃貸借契約期間が1年間という借地借家法上認められる最短期間であることから，合意更新により解約申入れが制限されることにより賃借権が強化される程度はほとんど無視してよいのに近いというものである。

―肯定事由―
- 賃貸専用目的の居住用建物の賃貸借契約であっても，更新拒絶あるいは解約申入れの正当事由発生が予測される場合は賃借権強化の対価として理解する余地がある（【1】。以下，事由②―肯という）。

　以上より，賃借権強化の対価の性質を否定する事由として，賃貸人の更新拒絶権放棄の対価であることを否定する事由（事由①― A）がほぼそのまま妥当する。すなわち，いずれも正当事由の認容される可能性が低いという点が否定事由となっている。したがって，正当事由が認容される可能性が高い場合は，たとえば事由②―肯が存する場合，更新料には，賃借権強化の対価と賃貸人の更新拒絶権放棄の対価の二つの性質が同時に認められることとなる。

③　**賃料の補充（賃料の前払いも含む）**

　更新料が賃料の補充であることを否定する事由として以下のものが挙げられる[11]。

A. 賃借人途中退去時の未経過分相当額の精算規程不存在（賃料の前払いとして捉えた場合）（【1】【4】。以下，事由③― A という）。
B. 法定更新時の更新料不払いに対する債務不履行解除が認められない（【1】。以下，事由③― B という）。
C. 更新料授受の目的，性質等につき，契約書等への記載および説明がないゆえに賃借人による更新料支払義務の認識がない（【1】【3】[12]。以下，事由③― C という）。
D. 慣習法および事実たる慣習の不存在（【1】。以下，事由③― D という）。
E. 継続賃料と新規賃料との差額補充の前提崩壊（近時の賃料相場の横ばいない

---

[11] 【1】事案にのみ該当する事由として，本事案における更新料は定額の10万円であり，その額を変更することが予定されておらず，また，家賃の増減と連動しないことから，本件更新料の性質を前払賃料として説明することも困難であるとしている。

[12] 【3】にあっては，賃借人が更新料を更新の際に支払われる賃貸人の収入になる金員であると考えていたとしても，それが直ちに「目的物の使用収益の対価」，すなわち，賃料であると捉えていることにならないとする。そして，更新料を更新をしてもらうことに対する謝礼と考えて支払う可能性も十分に認められるとしている。

し下落傾向により差額はほとんどみられない)(【4】。以下,事由③―Eという)。

以上からすれば,DおよびEを除き,更新料が賃料として明確に認識され,実際に賃料として捉えられているかが肯否の重要なポイントになっていることがわかる。

④ **賃借権設定の対価の追加分ないし補充分**

【2】は,更新料は賃借権設定の対価の追加分ないし補充分であるとするが,使用収益の対価である期間賃料以外に,なぜ,権利設定料なるものが必要となるかにつき何らの説明もなく[13],ただ単に賃貸借契約に基づく賃貸事業上の使用収益の対価の一つとして位置付け,賃借人に設定された賃借権が賃貸借契約の更新によって当初の賃貸借期間よりも長期の賃借権になったことに基づき,賃貸借期間の長さに相応して支払われるべき賃借権設定の対価の追加分ないし補充分であるとする[14]。

(2) **他の裁判例および学説に見る法的性質**

四つの大阪高裁判決は,いずれも消費者契約法10条の判断枠組みを利用して更新料条項の肯否を判断していることから,裁判例・学説も消費者契約法施行前のものと施行後のものとに区分して検討するのが妥当と思われる。

① **消費者契約法施行前**

更新料条項については,それが法定更新にも適用されるかが問題となる。裁判例については法定更新において更新料条項の効力が判断された事案と合意更新のみに関する事案とに分けて表示し,学説にあっては,法定更新事案への適用の可否も分類の基準とする。

A.裁判例[15]

---

13 牛尾洋也「更新料・二つの大阪高裁判決」龍谷法学42・3・57(2010)
14 【2】は礼金の意義についても次の説明をしている。すなわち,礼金は,当初に合意された賃貸借期間の長さに相応した賃借権設定の対価ということはできるが,同地域,同規模の賃貸物件と比べて金額が明らかに高額であるなどの特段の事情のない限り,更新後に永続的に継続される賃貸借期間の長さを含んだ賃借権設定の対価まで含んでいるものと直ちに解されるものではないとする。

居住用建物の賃貸借契約に関する裁判例は少ない。それというのも賃料は非居住用に比し低額であり，更新料額は月額賃料の1か月分から2か月分の場合が多いため，更新料も低額になり，訴訟になる前に和解されることもあり得るし，年代的にもまだアパートや賃貸マンション等の供給量の少ないときであったことから，賃借人による異議がなされることも少なく，適正に支払いがなされてきたのが大半ではないかとも思われる。これに対し，非居住用は賃料が高額であり，当然更新料額も高く，賃借人の事業収益への影響も大きいゆえに訴訟になるケースが多いのではないかと推測される。

　なお，事案によっては判決文から居住用か非居住用かの判断がつかないものもあるが，明確に居住用事案であるもののみを取り上げる。

　a．東京地判昭45・2・13判時613・77，判タ247・280【5】：賃料とは別個の物（更新料条項有効），法定更新事案

　居宅目的，賃料2万円／月，賃貸借期間2年，更新料8万円，更新期間不明。

　8万円の更新料を支払うとの約定のあったこと，および賃貸借契約が更新されたことは当事者間に争いがないとし，この約定を借家法6条により無効とすべき理由はないとする。

　また，更新料は賃料とは別個の物であることから，その不払いに対する催告は解除権を発生させるものではないとする。なお，賃貸人が主張する更新料額の増減特約として，国鉄東京―大阪間の二等旅客運賃に変更があったときはそれに比例して自動的に増減するものと解釈するが，契約書文言にその旨明確に記載されていないことから，賃借人もそのように理解していると判断することはできないとしている。

　b．東京地判昭50・9・22下民集26・9―12・792，判時810・48【6】：賃料の前払い，賃借権強化（更新料条項有効），合意更新事案

15　更新料判例の収集にあたっては牛尾・前掲(13)78を参考とした。また，石外克喜『権利金・更新料の判例総合解説』（信山社，2003）では判例につき細かい分析がなされており，これも参考とした。

社宅目的，賃料6万5,000円／月，期間不明，更新料1か月分，更新期間不明。

　更新料支払いの合意は，これまでと同一の期間の点も含む契約内容で賃貸借契約が新規に成立すると同時に，約定の賃料とは別に物件使用の対価としての賃料前払いとしての支払義務が賃借人に発生するとする。さらに，更新料の支払いにより更新前の契約と同じ賃借期間が確保されることになるから，一方的に賃借人に不利な特約とはいえず，借家法6条に反しないとする。

　c．東京地判昭51・7・20判時846・83【7】：賃貸人の更新拒絶権放棄の対価（更新料条項有効），法定更新事案

　居宅目的，賃料3万3,000円／月，賃貸借期間2年，更新料1か月分，更新期間2年。

　合意された更新条項は，理由を示すことなく，法定更新についても適用される旨，判断されている。また，更新料の支払約定がなされないならば，更新拒絶通知あるいは異議が述べられることになる。したがって，更新料の支払約定は更新後の賃貸借契約の成立基盤であり，更新料の不払いは更新後の賃貸借契約の解除原因となると解するのが相当であるとする。本事案における対象目的物である居宅がどのような状態であったかは判決文面から判断することはできないが，アパートや賃貸マンション専用の造りであったのであれば更新拒絶される可能性はかなり低いことから，上記事由はあてはまらないこととなる。

　本事案にあっては信頼関係の破壊にまで至っていないとして賃貸人に解除は認められなかった。

　d．東京地判昭57・10・20判時1077・80，判タ489・83【8】：賃料の前払い（更新料条項有効），法定更新事案

　居宅目的，賃料7万2,500円／月，賃貸借期間2年，更新料：新賃料の1か月分，更新期間2年。

　賃貸借契約時に更新料の支払いが約定され，その金額についても決定基準があらかじめ定められていること，支払いに関して更新事由を限定していないことを理由として，更新料を更新期間における賃料の一部前払いであるとしてい

る。更新料が賃料の一部前払いであるならば，賃借人の利益を考えた場合，更新料のない場合の賃料の方が更新料を取る場合の賃料よりも高いことが周辺事例より明確になっていることが要求されるが，そのような判断がなされないことは，消費者の利益を十二分に勘案していないものといえ，この点は消費者契約法施行前事案の特徴ではないかと思われる。

なお，更新料特約は法定更新にも適用されるとする。また，本件では，賃借人の不誠実な対応が信頼関係を破壊したと認めるに足る債務不履行があったものと認定されている。

　e．東京地判平4・1・23判時1440・109【9】：賃料の補充，賃貸人の更新拒絶権放棄の対価（更新料条項有効），法定更新事案

居宅目的，賃料5万3,000円／月，賃貸借期間1年，更新料：新賃料の1か月分，更新期間1年。

理由の明示なく，更新料を賃料の補充ないし賃貸人の更新拒絶権放棄の対価と意義づけ，賃貸借期間が1年と短期であることを一応は問題視するが，新賃料の1か月分と低額であることから，上記更新料の法的性質に照らしてかならずしも不合理ではないとの判断により，更新料特約は有効と判断された。

なお，賃貸借契約書において，更新料支払いを合意による更新の場合に限定しておらず，本件更新料の法的性質からしても法定更新を除外する理由はないとし，法定更新の場合にも更新料条項の適用があるとした。

B．学　説

学説には借地に関するものも多い。それは更新料の支払いが多くみられるようになったのが借地契約からである[16]ことも起因していると思われる。アパートや賃貸マンションなどの借家にあっては管理を担う宅地建物取引業者の圧力により更新料を取るケースが多い[17]。

借家は借地に比し，賃貸借期間が相当程度短い[18]点，更新料の額も月額賃料

16　山野目章夫「建物賃貸借の更新の際に更新料を支払う旨の合意の効力」内田勝一＝山崎敏彦編『借地・借家の裁判例』224頁（有斐閣，第二版，2001）
17　座談会「借地借家紛争の問題点」（鈴木秀雄発言）自由と正義25・8・28（1974）

第1章　居住用建物賃貸借契約における敷引特約と更新料条項　41

の1か月分であるなどかなり低く，法定更新後においては期間の定めのない契約になるといった借地とは異なる規定（借借26 I 但）を有していることもあり，借地の論理のすべてをそのまま借家に適用することはできないものと思われることから，ここでは借家に関する学説あるいは借地について述べたものであっても借家についても妥当し得ると考えられる見解を取り上げた。

借家更新料の法的性質は，賃貸借契約の当事者の合意に基づいて支払われるものであるから，それがいかなる性質を有するかは，当事者の合意，それがない場合はその解釈によって定めるほかないとする見解[19]が存するものの，そのような解釈によるのではなく，合理的な性質を主張する見解も多い。

まず挙げられるのは，権利金の不足分の補充とみる見解である。この権利金の目的は，格安な実際賃料の不足分を補うことであり，賃料の一括払いに該当する[20]。ただし，当初権利金は，期間の経過とともに償却され，期間満了で償却され尽くすので，更新後は，当初権利金と同額の更新料が支払われなければならない[21]が，当初権利金が更新後の期間も考慮に入れて支払われていたとすれば，更新料が支払われるとしても少額で足りることになる[22]。これには賃料前払説[23]と後払説[24]とがある。

その他，単独性質を主張するものに，賃貸人の愚痴を引っ込めるため慣行により賃貸人に贈与される安心料（慣行による贈与）とみるのが，あいまいな性格の更新料をよく説明しているとする見解[25]，謝礼としての贈与とみる見解[26]，

18　星野・前掲注(7)495頁，鈴木重信「更新料」遠藤浩ほか監修『現代契約法大系・第3巻不動産の賃貸借・売買契約』53頁（有斐閣，1983）
19　塩崎勤「判批（最二小判昭59・4・20判時1116・41）」曹時39・2・363（1987）
20　石外克喜「権利金・礼金・敷金・更新料の法的性格」ジュリ448・38-39（1970），石川明「借地権利金の性質」中川善之助＝兼子一編『不動産法大系(3)』266頁（青林書院新社，改訂版，1975）。借地と借家とを区分せず論じているが，借家に該当する解釈と思われるものを示した。
21　鈴木・前掲注(18)52頁
22　金沢良雄＝西山夘三＝福武直＝柴田徳衛編『住宅経営　住宅問題講座5』426頁〔宮下滋発言〕（有斐閣，1968）
23　星野・前掲注(7)66頁，鈴木・前掲注(18)52頁
24　阿部諄『不動産の管理と経営』52頁（商事法務研究会，1969）

家主による更新拒絶権放棄の対価とみる見解[27]，紛争解決金とみる見解[28]，更新事務手数料とみる見解[29]，賃借人は安心料として，賃貸人の更新拒絶権放棄の対価として捉えているが，その両者の一種の和解的なものとみる見解[30] などがある。

一方，裁判例【9】のように単独の性質に限定するのではなく，複合の性質を取り上げ，そのどちらかの性質を有するものと判断する裁判例[31] が出始め，学説もそれに呼応する形で，複合的性質を主張する見解も多くなってきた[32]。

これら学説を法定更新との関係で分類すると下記のようになる。

25　小山俊彦「借地非訟の問題点」伊藤秀郎＝田尾桃二＝賀集唱編『判例から見た借地借家の諸問題』470頁（新日本法規出版，1976）
26　河村直樹「借地契約更新に伴う更新料について―更新料支払請求権は認められるか」法時 48・2・124（1976）
27　石川明「借地権利金の性質」中川善之助＝兼子一編『不動産法大系（3）』237-238頁（青林書院新社，1970）。ここでの賃貸人の更新拒絶権放棄の対価は，賃貸人の側に正当事由がなくても，訴訟に持ち込まれて受ける損害を防止する意味合いもあり，これは賃借人にとって利益であり，訴訟になってからであっても，調停や和解の段階で，更新料や一定の金額の支払いで決着をみる意味合いがあり，裁判で時日と費用をかけることと比べれば賃借人の利益となるのである（新田孝二「賃貸借契約における更新料の支払義務（二・完）」判評 214・6（判時 828・120）（1976））。しかし，賃貸を専用とするアパートやマンション供給の多い近時にあっては賃貸人の正当事由が認容される可能性は非常に低いことから，上記のように常に賃借人の利益になると断言することはできないものと思われる。
28　鈴木禄弥＝高島良一編『借地の法律相談』468頁〔甲斐道太郎〕（有斐閣，増補2版，1976）。この見解は借地について述べたもので，その金額は更新された借地権の価格とそれ以前の期待権の価格との差という非常に高額となるものである。借地権には土地の価値と匹敵する経済的価値が一般的に認められるが，居住用建物の借家権にはそのような経済的価値は一般に認められない。したがって，紛争解決金の金額は，上記金額以外の一要素として示されている，節約できた裁判の費用，訴訟を差し控え譲歩したことに対する一種の慰謝料的なものが紛争解決金の金額の内容を構成するものと考えるべきと思われる。
29　原田強一「借地権の物権化と借家権（四）」季刊不動産研究 7・2・75-76（1965）。これは，原田氏が借地について示した見解であるが，西村判事は額が少額にならざるを得ないことから，借地につきこの性質を否定する（西村宏一「借地契約更新に伴う更新料について」商事法務研究 518・2（1970））。しかし，借家であれば更新料額は月額賃料の1か月分程度であるから，更新事務手数料としても妥当性を有するものといえる。
30　鈴木禄弥「借地関係における更新料支払の諸問題」判タ 345・47-49（1977）
31　東京地判平 10・3・10 判タ 1009・264 は，使用目的が店舗・事務所であるが，更新料の法的性質を裁判例【9】と同様，賃料の補充ないし異議権放棄の対価であるとしている。

a. 無効説

　更新料条項は無効とする見解である。借家更新料は，賃料の前払いおよび賃貸人の更新拒絶権放棄の対価である借地更新料とは異なり，借家が短期であることから，それらの意味もなく合理性もないとし，合意で更新されたときでも賃貸人は更新料請求権を有しない[33]とし，賃貸人が更新の交渉においてごねどくしたのが更新料であるとも断言する[34]。この見解は，合意更新と法定更新とを区別することなく更新料支払特約を無効とする点に特徴があるとする[35]。無効説の場合，賃貸人は更新料請求権を有しないということであるから，給付保持力しかない訴求力のない債権であるといえ，それはすなわち自然債務であるから，賃借人にはすでに支払った更新料の返還請求権はないということになる。

b. 法定更新事案適用説

　更新料を更新拒絶権放棄の対価であると主張する見解は，更新料を支払って更新を認めてもらっておけば，明渡しを要求される心配もなくなるとするが，法定更新事案と合意更新事案との区別については特に論及していない[36]。

　また，裁判例に着目し，借家では法定更新の場合も更新料の支払約束がなさ

32　片桐善衛「判批（最二小判昭51・10・1判時835・63）」建設総合研究27・3＝4・47（1979），滝沢聿代「判批（東京高判昭58・12・23判時1105・53）」判タ529・172（1984），渋川満「更新料」水本浩＝田尾桃治編『現代借地借家法講座(1)―借地法』56頁（日本評論社，1985），太田・前掲注(7)222-225頁，石外・前掲注(15)203頁。北河隆之「判批（東京地判平2・11・30判時1395・97）」季刊不動産研究34・3・43（1992）は，安心料と賃料補充両者の渾然一体説を採る。なお，借地についてであるが，広中俊雄教授は，最二小判昭59・4・20判時1116・41の判断を受け，その更新料は，常に賃貸人の更新拒絶権放棄の対価が含まれ，特段の事情がないかぎり将来の賃料の一部たる性質（賃料の前払い）が含まれ，場合によってはさらに特別の事情に基づく付加的性質たる紛争解決金たる性質も包含されるとする（同「判批（最二小判昭59・4・20判時1116・41）」判評310・27（判時1129・189）（1984））。
33　星野・前掲注(7)65頁，495頁
34　甲斐道太郎＝石田喜久夫編『借地借家法』231頁〔新垣進〕（青林書院，1996）
35　木崎安和「借家契約における特約の効力―特に更新料特約の効力について」稲葉威雄ほか編『新借地借家法講座・第3巻　借家編』178頁（日本評論社，1999）
36　古山宏＝水本浩編『借家の法律相談』399頁〔山田卓生〕（有斐閣，増補版，1970）

れていた以上，更新料の支払義務を認める場合が多いとし，実際に諸々の要素を複合しており，当事者の合意ないしその解釈によって決することが必要であるが，しいていえば（借地と借家の区別なく）賃料の補充（経済賃料と実際支払賃料との差額補充），賃貸人の更新拒絶権放棄の対価，借家権消滅の危険性消失，紛争予防のいずれをも複合的に有する場合が多いとする見解[37]もある。しかし，賃料の補充以外のものは，ほぼ同一の性質であるから，結局，賃料の補充と賃貸人の更新拒絶権放棄の対価の二つの複合的性質に帰着する。さらに，上記の複合的性質を提示する見解を支持し，若干修正（賃料の補充については差額前払い，すなわち賃料の前払い説とする）した上で，法定更新であっても，合意された更新料の額が暴利性を帯びず相当な範囲内にある場合には，賃借人に不利益を及ぼすものではなく，有効であるとする見解[38]も示されている。

具体的事案ごとに更新料の意義を探求するものとして，法定更新となりうる場合であっても，その更新は合意更新に他ならないと解し，更新料条項を適用するとする見解もある。その理由として借家法の強行規定（借家6）は合意更新の場合における更新料支払いの約定の効力についてまでも規制したものと解されないからとする[39]。

なお，更新料の性質につき明示はないものの，更新料の支払約束を尊重し，法定更新の際に更新料を支払う必要がないとすると，賃借人は更新料の支払いを任意に拒絶でき，更新料の支払いは賃借人の自由意思にゆだねられることになってしまい契約拘束性を阻害してしまうとし，法定更新での更新料条項の有効性を解く見解もある。もちろん，法定更新の際にも更新料の支払義務を負う旨の記載があれば，暴利でない限り，強行法規違反とは解されず，更新料の支払義務は有効であるとする[40]。

c. 限定的法定更新事案適用説[41]

---

[37] 太田・前掲注(7) 222-225 頁
[38] 浦野・前掲注(7) 136
[39] 梶村太市「更新料の請求と支払い」塩崎勤編『裁判実務大系 (11) 不動産訴訟法』301-302 頁（青林書院，1987）
[40] 宮川博史「判批（東京地判平5・8・25 判時 1502・126）」判タ 913・79（1996）

限定的法定更新事案適用説の一つとして，経済賃料と実際支払賃料との差額補充である将来の賃料補充（賃料の前払い）的性質と賃貸人の更新拒絶権放棄の対価のいずれか，あるいは両者を兼ね合わせているのであるが，法定更新にあっては，賃料補充の性質を有するもののみが適用されるとする見解がある。その理由として立退料が賃貸人側の正当事由として考慮されるのであれば，更新料の支払いは賃借人側の正当事由として考慮されるべきだからである[42]とする。

また，一般的には常に賃貸人の更新拒絶権放棄の対価の性質を有し，もっぱら当該性質を有するものであるか賃料前払いの性質をも具備するものであるかに分類されるとする見解もある。更新料が前者の性質のみを有する場合，賃貸人が更新拒絶の通知をせず異議も述べないことによって法定更新が生じた場合には，特段の事情がない限り，更新拒絶権の放棄とみることができ，賃借人は特約に基づく更新料支払義務を負うと解すべきである。これに対し，賃貸人の更新拒絶通知および異議があって，それにもかかわらず訴訟において正当事由の存在が認められなかったために法定更新が生じた場合，更新拒絶権放棄の対価としての更新料の支払いが問題となる余地はなく，賃借人は更新料の支払義務を負わないとする。さらに，更新料が賃料前払いの性質をも具備するものである場合には，それが適正な範囲内である限り，法定更新の場合にも支払義務を負うことになるとする[43]。

C. 小　括

a. 裁判例

まず，裁判例に目を向ける。裁判例の数は少ないものの，更新料の法的性質は賃料とは別個の物【5】とする裁判例はあるが，総じて，賃料の補充【6】【8】【9】と賃貸人の更新拒絶権放棄の対価【7】【9】に絞られる。賃料の補充

41　木崎・前掲注(35)179頁の用語を引用し，賃料補充の性質を有するもののみが法定更新にも適用されるとする説はこの分類に属するものとした。
42　鈴木・前掲注(18)51-57頁
43　広中俊雄編『注釈借地借家法・新版注釈民法（15）別冊』931-933頁〔広中俊雄＝佐藤岩夫〕（有斐閣，1993）

は，賃料の後払いの場合と前払いの場合とに区分されるが，【6】【8】が賃料の前払いであると明示しているのに対し，【9】は当該区分を明示していない。【6】は賃料の前払いと賃借権強化，【9】は賃料の補充と賃貸人の更新拒絶権放棄の対価との複合的性格である旨示している。賃借権強化は，合意更新されることにより更新後は期間の定めのある賃貸借となり，その期間中賃借権が保持されることから，賃借権確保の点で賃貸人の更新拒絶権放棄の対価と同様の効果が得られる。いわば類似の性質であるといえる。

　これらの点からすれば，更新料の法的性質は賃料の補充と賃貸人の更新拒絶権放棄の対価の二つに集約され，これらが複合して更新料の性質となっているかが問題となる。これについては後に述べる学説の状況からすれば，複合的性質を有するものとして説明することは十分に可能であり，実際に賃貸人の更新拒絶権放棄の対価の性質は合意更新においては常に認められる性質である[44]。

　また，法定更新にも適用されるかについてであるが，【7】【8】【9】が法定更新にも適用される旨，明示する。【8】【9】は賃料の補充としての性質を有するものと判断されていることから，当然に法定更新にも適用される。そして，更新料の未払いは債務不履行責任を発生させ，解除原因となる。これに対し，賃貸人の更新拒絶権放棄の対価とする【7】は，理由を示さないが，法定更新にも適用されるとする。法定更新であっても更新拒絶通知あるいは異議が述べられた場合，そこでの正当事由の肯否の判断は容易ではなく，訴訟を提起してわかるのであり，賃借人にとってそのような訴訟の煩わしさ，要する時日・費用を回避する利益があることが考慮されたのではないかと思われる。しかし，今日のように賃貸されている建物のほとんどが，明らかに賃貸用としてしか利用できないアパートや賃貸マンションである場合には，正当事由が認容されない可能性を当初より判断できることから，上記理由は不合理といえる。

44　借地の更新料に関する判例である前掲最二小判昭59・4・20は，前掲注(32)で記載したとおり，当該事案において合意された更新料には，将来の賃料の一部たる性質（賃料の前払い）と更新につき異議を述べないことの対価（賃貸人の更新拒絶権放棄の対価）としての性質，そして賃借人の義務違反にかかる紛争の解決金としての性質が含まれていると認定している。

したがって，法定更新にも適用される場合は，更新料の法的性質が賃料の補充の場合に限られることになろう。

b. 学　説

学説は，更新料条項が法定更新にも適用されるか否かに関して，三つに区分（無効説，法定更新事案適用説，限定的法定更新事案適用説）される。更新料の法的性質は法定更新への適否に端的に表れることから，このような分類が必要となる。ちなみに借地において，法定更新の場合にも更新料の支払義務があるとなれば，更新拒絶の正当事由が賃貸人に何らない場合であっても，賃借人は常に更新料を支払うべきことになり，借地借家法の予定している法定更新の規定に比べ，借地人に著しく不公平な負担を生じさせることになる[45]ことから，法定更新の場合にあっては更新料支払請求権を否定する学説[46]が多いものの，借家においては前述のとおり，肯定する学説が多い。

無効説は賃料の前払いおよび賃貸人の更新拒絶権放棄の対価の性質を否定し，合意更新，法定更新を問わず，賃貸人からの更新料請求権を否定する。借家が短期間であることにより賃料の前払いの性質が否定されるのは，家賃増減請求権（借借32）で十分に賄えるからである[47]。

また，賃貸人の更新拒絶権放棄の対価の性質が否定されるのは，更新が否定されたとしても，それは借地と異なり短期の更新期間が否定されるだけのことであり，賃借人が対価を拠出する意味はあまりないことが理由かと思われる。しかし，更新が否定されれば借地の場合と同様，賃貸借契約が終了し，当該建物を使用収益することができなくなるわけで，賃貸人による更新拒絶権放棄は，賃借人にとってメリットがあるはずである。なお，近時にあっては上記と

---

[45] 梶村太市「借地借家契約における更新料をめぐる諸問題（下）」判タ 342・62（1977），内田勝一「判批（最二小判昭 59・4・20 判時 1116・41）」判タ 536・144（1984）。最二小判昭 59・4・20 判時 1116・41 は，借地の更新料支払いの合意につきその効力を承認している。

[46] 論理は異なるが伊東秀郎「特約の効力」水本浩＝田尾桃二編『現代借地借家法講座（1）借地法』267-268 頁（日本評論社，1985）もここに位置する。

[47] 梶村・前掲注(39)301 頁

は別の事由（事由①—Ａ）から【1】【3】【4】によって否定されている。

　法定更新事案適用説には，更新料の法的性質の分類からすると，賃貸人の更新拒絶権放棄の対価説，賃料の補充と賃貸人の更新拒絶権放棄の対価の複合的性質説，具体的事案ごとに探求する説とがある。法定更新に適用されるとする根拠は，暴利でないことを要件とした契約拘束力にある。なお，更新料が賃料の補充的性質を有する場合，更新料が賃料の前払いであるか後払いであるかが問題となるが，更新料は，礼金等権利金支払いの有無にかかわらず，更新期間における賃料の前払いと捉えるのが妥当と思われる。礼金等権利金も賃料の補充的性質を有するものと捉えた場合，礼金等は契約時に支払われることから当初賃貸期間における賃料の前払いであるといえ，それに対応し，更新料は更新時に支払われることから，更新期間賃料の前払いということになる。一方，礼金等の支払いがない場合であっても，更新がなされなければ更新料は支払われないことから，その場合は当初期間賃料の前払いはないものの，更新期間賃料は更新料によって前払いがなされるということになる[48]。

　また，近時にあっては事由③—Ｅが妥当するものと思われることから，賃料補充の根拠である経済賃料と実際支払賃料との差額補充はもはやその根拠としての地位を失っている。むしろ現在にあっては，経済賃料と実際支払賃料との差額補充ではなく，より実際的な理由から更新料に賃料補充的役割を担わせる必要性が生じているものと思われる。すなわち，賃借人の需要を喚起すべく，賃料総額を維持しながら月額賃料のみを安くみせる場合における月額賃料以外の部分の賃料補充を更新料に担わせているのである。

　限定的法定更新事案適用説は総じて次のとおりである。賃料の前払い的性質を有する場合，更新料は賃料の一部であり，その不払いは債務不履行になるこ

---

[48] 礼金等の支払いがなく，更新料のみが支払われるケースとしては，当初賃貸期間賃料は周辺地域の標準的賃料額であって，賃貸借当初は礼金等前払い賃料によって賃料不足分をあらかじめ補充しておく必要はまったくないものの，その後，周辺相場賃料が上昇しており，その中で更新がなされたときに，更新後の賃料を急激に上げることはできないことから，更新料が更新期間賃料の前払いとして実質的に賃料値上げの経済的効果を担わせるといった場合等があげられる。

とから，かならず法定更新にも適用される。賃貸人の更新拒絶権放棄の対価のみの性質の場合には，法定更新には適用されないとする説と一定要件の下で適用されるとする説とがある。ここでの説は，法定更新への適否について，更新料の法的性質で区分している。

以上，法定更新事案適用説は契約拘束力を根拠とするかぎり，アパート，賃貸マンションといった賃貸専用建物の供給過剰状態，地価下落，賃料相場の横ばい・下落が認定されるといった消費者契約法施行後のような状況下にあっても，法的性質の肯否とは無関係にその支払義務が課されることから，法定更新への適用が肯定されるが，無効説および限定的法定更新事案適用説は，更新料の法的性質を根拠とするから，法的性質の肯否が更新料の支払義務，法定更新への適否に影響を与えることとなる。

② 消費者契約法施行後の裁判例・学説
A．裁判例
　a．京都地判平16・5・18LEX/DB28091807【10】：賃借権強化の対価（法定更新にあっては更新料条項無効），法定更新事案

居宅目的，賃料6万2,000円／月，賃貸借期間1年，更新料：新賃料の2か月分，更新手数料1万500円，更新期間1年。

更新手数料は合意更新の場合の新たな契約書の作成等の一定の費用であり，法定更新の場合には更新手続に費用がかかるとは通常考えられないことから，更新手数料に関する規程は合意更新を前提とした約定であり，これと同一の「更新」の場合の約定である更新料についても合意更新を前提としているとする。

なお，更新料は合意更新から次の更新時までは期間の定めある賃貸借契約となることから，賃借権が強化されるとする。

　b．東京地判平17・10・26LexisNexis（平17（レ）149）【11】：賃借権強化の対価（法定更新に対する更新料条項の有効性については判断されていない），法定更新事案

居宅目的，賃料5万5,000円／月，賃貸借期間2年，更新料：新賃料の1か

月分，更新期間 2 年。

　本件は，原審が，本件賃貸借契約にある更新料の支払いに関する定めは，消費者契約法 10 条，借地借家法 30 条，同法 37 条に違反するものとは解されないとして，賃貸人の主張が全部認容されたために，賃借人が控訴したものであるが，原判決は相当であるとして，更新料額も妥当であることから，控訴は理由がないとして棄却された。賃借人が法定更新されたと主張するが，期間満了の 2 か月前までに契約期間の更新等に関する申し出がなされていないことから，更新特約に基づき更新されたものであり，法定更新がなされたのではないとする。したがって，本件にあっては，法定更新に対する更新料条項の有効性の判断はなされていない。

　また，更新料は賃借人としての権利を実質的に強化することに対する対価であり，賃貸人側からみれば強化された賃貸借契約関係を承諾することに対する対価であるとする。

　c. 明石簡判平 18・8・28 更新料問題を考える会 HP【12】：賃料の補充，賃貸人の更新拒絶権放棄の対価，賃借権強化の対価（法定更新にあっても更新料条項有効），法定更新事案

居宅目的，賃料 3 万 7,000 円／月，賃貸借期間 1 年，更新料：新賃料の 2 か月分（法定更新の場合も支払必要），更新期間不明。

新賃料の 2 か月分の更新料額は妥当であるとしている。

　d. 京都地判平 20・1・30 判時 2015・94，判タ 1279・225【13】（最高裁更新料判決・【1】の第一審）：賃料の前払い（主），賃貸人の更新拒絶権放棄の対価（希薄），賃借権強化の対価（希薄）（法定更新が行われる余地はないと判断していることから，法定更新時にも更新料条項が適用になるかは不明），合意更新事案

居宅目的，賃料 4 万 5,000 円／月，賃貸借期間約 1 年，更新料 10 万円，更新期間 1 年。

　本件は，更新時に特段の合意をしない場合でも，賃貸借契約は自動的に更新されることから法定更新が行われる余地はないと判断している。

・賃貸人の更新拒絶権放棄の対価

　賃貸人は，正当事由が存在しないことが明らかではないときにおいても，更新料を支払うことをあらかじめ合意している場合には，賃貸人は，更新料の支払いが受けられることを期待して，更新拒絶権を行使せず，契約を合意更新（自動更新）するのであるから，一般的に，更新料は，更新拒絶権放棄の対価の性質を有するとする。ただし，専ら他人に賃貸する目的で建築された居住用物件の賃貸借契約においては，更新拒絶の正当事由が認められる場合は多くなく，その性質は希薄であるとする。

・賃借権強化の対価

　契約期間が1年間という短期であり，賃借権が強化される程度は限られている点，専ら他人に賃貸する目的で建築された居住用物件の賃貸借契約においては，正当事由が認められる場合は多くない点から，この性質も希薄である。

　なお，更新後も期間の定めのある賃貸借契約となっても，本件賃貸借契約15条3項により，賃貸人は解約を申し入れることができるとされていることから，何ら賃借権は強化されていないとの賃借人からの主張があったが，これについては，借地借家法は，建物の賃貸借について期間の定めがある場合には，賃貸人が期間内に解約する権利を民法618条に基づいて留保することを予定していないものと解するのが妥当であり，本条項は無効であるから，賃借人の主張は採用できないとしている。

・賃料の前払い

　約束した経済的な出捐であること，期間が1年と短期であること，更新しない場合には授受が予定されていないことからすると，更新料条項は，賃料の支払方法に関する条項であるとする。

以上より，主は賃料の前払いであり，希薄ではあるが，賃貸人の更新拒絶権放棄の対価と賃借権強化の対価の性質を有するとする。

　e. 大津地判平21・3・27判時2064・70【14】（最高裁更新料判決・【2】の第一審）：賃料の前払い（主），賃貸人の更新拒絶権放棄の対価（付随的・希薄），

賃借権強化の対価(付随的・希薄)(法定更新が行われる余地はないと判断していることから,法定更新時にも更新料条項が適用になるかは不明),合意更新事案

居宅目的,賃料5万2,000円/月,賃貸借期間2年,更新料:旧賃料の2か月分,更新期間2年。

・賃料の前払い

　大津地区において更新料の定めが設けられている契約率は55.1%であり,その数値をもって,不動産取引の専門家でない者でも,賃貸借契約更新時に更新料の支払いを求められ,それが契約終了後も返還されない慣行が存するとし,賃貸人が月額賃料等のみならず一時金も加えて,目的物の使用収益の対価として把握し,契約期間終了時までに受領すべき賃料の一部をまとまった形で前払いにより回収する代わりに,その分月額賃料を低くするところに賃貸人のメリットがあるとする。

・賃貸人の更新拒絶権放棄の対価

　【13】とほぼ同様の理由により希薄であるとする。

・賃借権強化の対価

　【13】とほぼ同様の理由により希薄であるとする。

以上より,主として賃料の一部前払いであり,付随的に賃貸人の更新拒絶権放棄の対価,賃借権強化の対価であるとする。

　f. 京都地判平21・7・23判時2051・119,判タ1316・192【15】:更新料条項否定,合意更新事案

居宅目的,賃料5万8,000円/月,保証金35万円,保証金解約引き30万円,賃貸借期間2年,更新料:新賃料の2か月分,更新期間2年。

解約引き金特約と更新料条項の消費者契約法10条に基づき,有効か否かの判断がなされている。

更新料は,更新料授受の慣習化が認められない点,更新料特約について交渉する余地がほとんどなく,賃貸物件を選ぶ際に更新料の存在およびその額を知りえないこともあり,更新料まで考慮して特約を締結することは困難である

点，正当事由の有無に関係なく支払わなければならず，法定更新であれば支払う必要はない点を指摘した上で，賃貸人の更新拒絶権放棄の対価，賃借権強化の対価，賃料の補充，中途解約権の対価のそれぞれについて検討し，いずれも否定している。

賃貸人の更新拒絶権放棄の対価は主に事由①―Ａ，賃借権強化の対価は事由②―否，賃料の補充は事由③―Ａと賃料増減請求訴訟において，その対象に更新料も含まれることを前提としていることはほとんどないこと，同請求訴訟の審理において賃料の適正額を判断する際，通常，更新料の額まで考慮されることは稀であることを理由に挙げる。さらに，中途解約権の対価は賃貸借契約で賃貸人にも中途解約権が留保されていることから，賃借人に一方的に負担させる合理的理由はないとしている。

　g．京都地判平21・9・25判時2066・81【16】：更新料条項否定，合意更新事案

居宅目的，賃料5万8,000円／月，保証金33万円，保証金解約引き28万円，賃貸借期間1年，更新料：旧賃料の2か月分（法定更新の場合も支払必要），更新期間1年。

賃料の補充としての性質，賃貸人の更新拒絶権放棄の対価，賃借権強化の対価について検討がなされ，更新料条項は，賃料の補充または一部としての性質，賃借権強化の対価の性質はいずれも認められない。賃貸人の更新拒絶権放棄の対価の性質も，否定されるかかなり希薄なものとしてしか認められず，更新料の金額とは均衡しない。そうすると，更新料条項は，極めて乏しい対価しかなく，単に更新の際に賃借人が賃貸人に対して支払う金銭という意味合いが強く，終始不明瞭な部分の大きいものであって，一種の贈与的な性格を有するとしている。

なお，賃料の補充としての性質については，更新料が賃料の補充または一部であると認めた規定はない点，事由③―Ａ，賃貸人は，「本来受けるべき経済賃料額」として考える額を定めて，そこから一定額を更新料という名目に移し替えるという作業をしたようにも窺われないから，更新料を「目的物の使用収

益の対価」である賃料の一部という狭い意味ではなく，「本件賃貸借契約に係る全体の収益の一部」という広い意味において考慮し設定した可能性がある点，賃借人も賃料の一部として認識していたとは認められない点（これは事由③―Ｃに該当するといえる），以上のように当事者の合理的意思を検討した上で否定している。

賃貸人の更新拒絶権放棄の対価については，事由①―Ａ，高額な点のほか，更新料が更新拒絶権放棄と一定の対応関係を有するとしても，そのような関係は，解約申入れに正当事由があるか，またはあるか否かが判然としない場合であり，かつ，賃貸人が，その自由な選択の下，解約よりも更新料の支払いを受ける方を選択したという限られた場合に認められるもので，これにより賃借人が受ける紛争回避の利益はそれほど大きく評価できるものではない点から，更新料の対価となっているとまではいえないか，対価としての性質は認められるとしてもその意義は希薄で，更新料の金額とは均衡していないとする。

賃借権強化の対価については，事由②―否と，法定更新時にも更新料を支払うことになっているが，法定更新時に更新料を支払っても賃借権は強化されない点が指摘され，否定されている。

 h．京都地判平21・9・25判時2066・95【17】（最高裁更新料判決・【3】の原審）：更新料条項否定，合意更新事案

居宅目的，賃料3万8,000円／月，定額補修分担金12万円，賃貸借期間1年，更新料：賃料の2か月分（法定更新の場合も支払必要），更新期間1年。

【16】と同じであり，事案もほぼ同様の事案ということもあって，裁判長裁判官が，【16】とほぼ同様の理由により，同様の結論を判示している。

 i．京都地判平21・9・25（平20（ワ）1286）【18】（【4】の原審）：更新料条項否定，合意更新事案

居宅目的，賃料5万3,000円／月，保証金30万円，保証金解約引き15万円，賃貸借期間2年，更新料：賃料の2か月分（法定更新の場合も支払必要），更新期間2年，更新手数料1万5,000円（法定更新の場合も支払必要）。

賃料の補充としての性質（事由③―Ａ，同―Ｃ），賃貸人の更新拒絶権放棄の

対価（事由①—A），賃借権強化の対価（事由②—否）について検討がなされ，いずれの性質も否定し，単に更新時に賃借人から賃貸人に対し支払うことを約束した金銭にすぎず，その対価性はないとした。

j．京都地判平22・10・29判タ1334・100【19】：賃料の前払い，途中解約時の違約金，合意更新事案

居宅目的，賃料4万8,000円／月，敷金30万円，敷引25万円，賃貸借期間1年，更新料10万円，更新期間1年。

更新料の法的性質については，賃料の補充と賃料の前払いとは異なる観点として捉え，これを区分して検討されている。

賃料の補充とは，地価の高騰により，継続賃料と新規賃料との間に格差が生じ，それを是正するために更新料が始まったとの経緯からすると，更新料は賃料の補充という面を有しているとする。しかし，今日，地価は上昇傾向にはなく，賃料の補充を考えなければならない状況にはないということから，賃料の補充的性質を否定する。

そして，賃料の前払いについては事由③—Aにより否定する。

賃貸人の更新拒絶権放棄の対価については事由①—Aにより，賃借権強化の対価については事由②—否により，いずれも否定され，更新料について，その法的な意味を与えることはできないとした。

しかし，更新料は賃貸借契約において対価性のないあるいは対価性の乏しい給付であって，本来，賃借人が支払う必要のなかった給付であるという点については疑問があるとする。

すなわち，本件のような多数の賃借人を予定している居住用建物における賃貸借契約においては好意等の人間関係に基づく贈与あるいは贈与類似の無償契約はありえず，当事者間の合理的意思を勘案した場合，何らかの対価性を有するとし，住宅供給過剰状態といった経済的事情のある現在にあっては，賃料収入を確実に得たいとの思惑が賃貸人にあり，一方，賃借人はいつでも賃貸借契約を解約できる契約内容となっている。よって，途中解約された場合，新たな賃借人が入居するまでの空室リスクを軽減する必要がある。これらの状況を勘

案すれば，更新料は満期まで居住した場合は賃料（賃料の前払い）に，更新後途中解約した場合は，既経過部分については賃料（賃料の前払い）に，未経過部分は違約金になると考えるのが居住用建物賃貸借契約における更新料の実態に最も適合するとする。

したがって，更新料を授受した時点では，いまだ更新料の法的性質は未確定であり，後日，上記の情況が生じた場合に初めて法的性質が確定するのである。

なお，更新料は民法601条にいう純粋な「賃料」ではないので，賃貸人が賃借人に対し更新料の未経過分を返還しないことには問題はないとする。

B. 学　説

消費者契約法施行後の更新料に関する学説は，裁判例が出始めて間もないことから，かならずしも多くはない[49]が，その中でも更新料に法的性質を認めるものとしては次のものがある。

平野裕之教授は賃料の前払い的性質を指摘する。更新料が特に約束されなかった場合にも，権利金が支払われている場合には，これを基準として更新料を認める余地はあるとする[50]。近江幸治教授も賃料の前払いであるとするが，礼金的性質も有するとし，そうであれば，約定された更新料の不払いは解除原因になるとする[51]。宮崎裕二弁護士は，更新料の法的性質を論ずるものではないが，消費者契約法10条の判断と絡め，賃貸借契約において，賃料と並んで更新料や礼金等の金額も対価性を持つことを否定できない以上，当事者の自由意志や市場経済システムによって決定される事項であると考えられ，消費者契約法の対象外となるべきものである[52]とする。更新料の対価性につき，加藤雅信教授は，取引の場において【1】【3】がいうような対価性の乏しい給付は元来ありえず，更新料においても同様であるとする。賃借人は更新料をも含めた自

49　牛尾・前掲注(13)70
50　平野裕之『契約法　民法総合5』466頁（信山社，第3版，2007）
51　近江幸治『民法講義Ⅴ　契約法』212頁（成文堂，第三版，2006）
52　宮崎裕二「賃貸住宅契約と消費者契約法」法時81・13・372（2009）

己の負担と，目的物件を使用収益するという自己の利益が，他の物件を賃借した場合と比べて自己に有利であると考えて契約するものであり，その中にあって，更新料は中途解約の場合の空室リスクのショックアブソーバーであるとする。空室リスクはすべて賃貸人が負担するのが合理的とはかならずしもいえず，賃借人も一部負担するものであり，そうであれば消費者契約法10条該当性もない[53]とする。これに対し，大澤彩准教授は，更新料の法的意義を完全に否定することは難しいとし，更新料特約を無効とした【16】【17】が希薄であっても認めている点を捉え，更新料に賃貸人の更新拒絶権放棄の対価たる性質を認めている[54]。また，岡本裕樹准教授は，賃貸人の更新拒絶権放棄の対価は，期間満了時に正当事由の有無に関係なく紛争を惹起する脅しにもとれるとし，正当性を否定するも，【2】判決が示す賃借権設定への対価支払いの意義に疑問を呈するが，賃借権設定の対価の追加分ないし補充分は妥当である，そして，賃借人の実利はわずかながら，更新後の賃借権強化ももたらすとする[55]。

一方，更新料に法的性質を認めないものとしては次のものがある。

武田信裕弁護士は，更新料に関するいずれの説あるいは要素についても合理性は認められない，つまり，更新料の法的性質について，合理的な説明ができない[56]とし，澤野順彦弁護士は，契約更新時での支払合意は，法律上は自然債務であり，贈与と考えるほかない[57]とし，栗原由紀子准教授は，贈与という点では澤野弁護士と同じであるが，その意味は紛争回避のための安心料や当事者関係の調整金である[58]とする。牛尾洋也教授は，近年は，もっぱら賃料の補充として対価性を有すると評価しうるか否かの判断に収斂されるようになった

---

[53] 加藤雅信「賃貸借契約における更新料特約の機能と効力—近時の大阪高裁の相反する裁判例の検討を兼ねて」法時82・8・56-57（2010）

[54] 大澤彩「建物賃貸借契約における更新料特約の規制法理（上）」NBL931・23（2010）

[55] 岡本裕樹「判批（大阪高判平21・10・29判時2064・65，金法1887・130）」現代民事判例研究会編『民事判例Ⅰ 2010年前期』167頁（日本評論社，2010）。岡本准教授は，更新料は，賃貸収入や賃借費用として計算・認識されていても，賃貸借期間に対応しないことから，使用収益の対価たる性質も認められないとする。

[56] 武田信裕「家屋賃貸借契約における更新料支払条項・敷引契約と消費者契約法」NBL855・37（2007）。単に慣行，贈与としか考えることができないとする。

が，法的な意味で対価性は否定される[59]とする。

以上，肯定説を見る限り，かならずしも牛尾教授のいうような賃料の補充として対価性の判断に収斂されるものとはなっておらず，賃料の補充的性質を含めた，何らかの対価性認否に議論が展開しているといえる。

C. 小 括

　a. 裁判例

消費者契約法施行後における9裁判例は【11】を除き，すべて関西であり，そのうち，7件（【10】【13】【15】【16】【17】【18】【19】）が京都市である。また，更新料条項を有効とした裁判例は6件（【10】【11】【12】【13】【14】【19】），無効とした裁判例は4件（【15】【16】【17】【18】）である。有効例の中では更新料条項が法定更新にも適用されるとするものが【12】，適用されないとするものが【10】でそれぞれ1件である。

消費者契約法10条の検討は，【10】（【10】は，更新約定が「消費者契約法10条に違反するものとして無効であるかどうかはさておく」として判断を留保している）を除きなされているが，詳細な検討は【13】から行われるようになった。

更新料条項の有効・無効判決を問わず，更新料の法的性質として認定されたものは次のとおりである。

・賃貸人の更新拒絶権放棄の対価

　　【12】【13】【14】【16】【17】。【13】【14】は希薄あるいは付随的であるとし

---

[57] 澤野順彦「更新料特約および敷引特約の効力―京都地判平21・7・23，大阪高判平21・8・27を受けて」NBL913・21（2009），城内明「建物賃貸借契約における更新料支払特約と消費者契約法10条」国民生活研究50・3・62（2010），河上正二「判批（大阪高判平21・8・27判時2062・40，大阪高判平21・10・29判時2064・65）」判評628・31-32（判時2108・177-178）（2011）。城内講師は，更新料の法的性質につき，一般的に，当事者の認識の合致はなく，合理的意思解釈としてもその認定は困難であるとする。また，河上教授は，事実上，「否応なく」支払われているのが現状であり，賃貸人側の計算上，更新料は一種の建物の使用収益の実質的対価であり，賃貸人に対する一種の謝金・礼金といったヌエ的性格のものというほかないと指摘する（河上・前掲29,31-32（175,177-178））。

[58] 栗原由紀子「更新料支払特約と消費者契約法10条―大阪高判平成21年8月27日と同判平成21年10月29日の検討―」尚絅学院大学紀要59・133（2010）

[59] 牛尾・前掲注(13)73

ている。【16】【17】は更新料条項否定例であるものの，当該性質については，否定，あるいは，かなり希薄であるも均衡性の乏しい対価であり，一種の贈与的性格であるとする。また，関連する紛争回避の利益についても更新料の対価となっていない，あるいは意義は希薄であるとする。なお，更新料条項否定例である【3】もこの性質をある程度認めている。

・賃借権強化の対価

【10】【11】【12】【13】【14】。なお，【13】【14】は希薄あるいは付随的であるとしている。

・賃料の補充

【12】【13】【14】。【13】【14】は賃料の前払いであり，複合的性質を有する中で主たる性質であるとする。

なお，【19】は賃料の補充と前払いとを区分し，更新料は賃料の補充ではなく，賃料の前払いであるとする。

上記以外に，否定例である【15】が中途解約権の対価について検討している。当該性質は否定されているが，否定理由として賃貸借契約において賃貸人にも中途解約権が認められている点を挙げている。仮に賃貸人に中途解約権が認められていない事案であるならば，中途解約権の対価は更新料の法的性質として認められる可能性を残している。

以上のように，消費者契約法施行後事案にあっても，更新料の法的性質の検討は賃貸人の更新拒絶権放棄の対価，賃借権強化の対価，賃料の補充（前払い）に集約される。検討結果は，事案の特殊性（高額，更新期間が短期など）も若干ではあるが勘案されてはいるものの，主たる理由は否定例・肯定例いずれも事案一般に該当するであろう理由に依拠している。

なお，前述のように賃貸人の更新拒絶権放棄の対価と賃借権強化の対価を類似の性質であると解するならば，検討されるべきは，実質，賃貸人の更新拒絶権放棄の対価と賃料の補充（前払い）の二つの性質[60]ということになる。

ところで，更新料授受の慣行の有無については，【14】が，大津市で更新料の定めのある契約率が55.1％（中小研アンケートでは大津市は関西地域に該当し，

48.0％。以下，中小研アンケートの数値を記載する）であるにもかかわらず，慣行の存在を認定している。京都市事案である【15】は，京都市が同75.0％もあるが，慣行の存在を否定している。更新料授受の慣行の有無を契約率等の数値で判断するとした場合，同数値が90.2％ある東京都では慣行の存在は肯定されるのであろうか。全地域の数値を比較した場合，東京都，横浜市（同85.0％），関東（東京都・横浜市除く）（同73.6％）および京都市は，他地域が60％以下である中で，いずれも70％を超えており，明らかに更新料授受の多い地域ということがいえる。

b. 学　説

否定例にあっては更新料の法的性質を完全に否定するもの（【18】）がある一方で，一定程度ある種の性質を認定するもの（【16】【17】，四つの大阪高裁判決では【3】）があり，また，事案によっては否定する事由が存しない場合（中途解約権の対価につき【15】）もある。

学説にあっては，更新料の法的性質を否定するものも多いが，大澤准教授は更新料の法的性質が裁判例で完全に否定されているものではないことを受けて，希薄ではあるものの賃貸人の更新拒絶権放棄の対価を認めている[61]。岡本准教授は，賃貸人の更新拒絶権放棄の対価について否定し，賃借権設定の対価の追加分ないし補充分は妥当性を認めている[62]。また，宮崎弁護士，加藤教授は，更新料の対価性は否定されるべきものではなく，そうである以上，何らかの意義があるはずだとし，その意義を見出すことに重点を置いて説を展開している[63]。

60　【19】は中途解約時の違約金も法的性質として挙げるが，これまでの裁判例からすれば異質であり，加藤教授の見解（同・前掲注(53)50）が影響を与えたものとの評価がなされている（新井剛「判批（京都地判平22・10・29判タ1334・100）」ジュリ1430・90（2011））。
61　大澤・前掲注(54)23
62　岡本・前掲注(55)167頁
63　宮崎・前掲注(52)369-374，加藤・前掲注(53)50-58

(3) まとめ

　以上，消費者契約法施行前後を問わず，更新料の法的性質の検討は，賃貸人の更新拒絶権放棄の対価，賃借権強化の対価，賃料の補充（前払い）に集約されるが，賃貸人の更新拒絶権放棄の対価と賃借権強化の対価はいずれも賃貸人が期間更新を賃借人に約するものであることから，実質，同性質と見ることができる[64]。

　消費者契約法施行後の否定例をみると，賃貸人の更新拒絶権放棄の対価については【15】【16】【17】【18】が事由①─Ａを，賃借権強化の対価については【15】【16】【17】【18】が事由②─否を，賃料の補充（前払い）にあっては【15】が事由③─Ａを，【16】【17】【18】が事由③─Ａと─Ｃを否定理由としている。

　四つの大阪高裁判決をみると，否定例【1】【3】【4】が事由①─Ａと事由②─否を，【1】【4】が事由③─Ａを，【1】【3】が事由③─Ｃを否定理由としている。

　以上のように事由①─Ａ，事由②─否，事由③─Ａ，同Ｃを複数の裁判例が判示しているということは，これら事由はいずれも説得性を有するものといえる。事由①─Ａと事由②─否は近時の賃貸専用物件の供給の多さを反映した事由であり，事由③─Ｃは消費者契約法10条の判断枠組みが関係しているものと思われる。

　これに対し，肯定例にあって【2】が判示する「賃借権設定の対価の追加分ないし補充分」を更新料の法的性質として取りあげるものは一つもなく，【2】判決事由をみても説得力を欠いている。

　宮崎弁護士や加藤教授が主張するように，支払われた更新料額はかならず対価性を有するものであるとするならば，何らかの，明確かつ十分に説明可能

---

[64] 武田・前掲注(56)37。丸山絵美子教授も賃料としての対価性を有すると捉えることにつき一定の説得力があるとする（同「『更新料特約』の効力」消費者法ニュース86・270（2011））。

で，その額（および更新期間）と均衡する法的性質が存するはずである。加藤教授が，更新料に更新期間の賃料前払いと併存機能である空室リスクのショックアブソーバーを主張するが，これはそれなりに説得力を有するものの，唯一【19】が採用している。

5. 消費者契約法 10 条判断

　これまで更新料の法的性質について検討してきた。四つの大阪高裁判決における更新料条項肯否の判断枠組みは，消費者契約法 10 条を用いる[65]ものであるが，ここでは，これまでみてきた更新料の法的性質を踏まえ，四つの大阪高裁判決が消費者契約法 10 条判断の枠組みを使ってどのように更新料条項の効力を判断しているかを検討する。

(1) 消費者契約法 10 条判断の枠組みと大阪高裁の判断

　消費者契約法 10 条判断の枠組みに，四つの大阪高裁判決での消費者契約法 10 条判断を当てはめると以下のようになる。

① 消費者契約法適用の有無

　まず，消費者契約法適用の有無が判断される。

　当事者の一方が「消費者」（消費契約 2 Ⅰ），他方が「事業者」（消費契約 2 Ⅱ）に該当するか否か，該当する場合，当事者間で締結された契約が「消費者契約」（消費契約 2 Ⅲ）に該当するかが判断される。

　【1】では，上記の検討の前にまず更新契約が消費者契約法施行日（平成 13

---

[65] 丸山絵美子教授は，消費者契約法 10 条が適用されることになった理由として次の点を挙げる。すなわち，更新料は，その法的性質が第 1 の根拠とされてきた理由として，通常損耗補修特約が通常損耗分の補修費用まで包含されるかにつき一義的に明確でなかったのに対し，更新料特約の場合は，定められた額を支払うこと自体は明確に記載されており，不明瞭なのは更新料を何の対価として支払うのかという点であったのであり，その点を内容規制のレベルで消費者に有利に考慮できないかが検討され，消費者契約法 10 条が適用されることになったものと推測（同・前掲注(64)269）している。

年4月1日）以降に締結された契約であるかが検討されている。すなわち、当該更新契約は平成13年8月31日以降の契約であり、契約内容を従来どおりとするものの、このように契約期間を新たに定めた以上は、新たな賃貸借契約とみるべきであるから、消費者契約法の適用を受ける。さらに更新契約では当初の賃貸借契約を引用していることから、当初の賃貸借契約自体もすべて消費者契約法の適用を受ける。そして、当初の賃貸借契約に規定されている更新料条項も更新契約の一部として消費者契約法の適用を受けることとされた。

② **消費者契約法10条の条文構造**

消費者契約法10条の条文は以下のとおりである。

すなわち、「民法、商法（明治32年法律第48号）その他の法律の公の秩序に関しない規定の適用による場合に比し、消費者の権利を制限し、又は消費者の義務を加重する消費者契約の条項であって、民法第1条第2項に規定する基本原則に反して消費者の利益を一方的に害するものは、無効とする。」であり、大まかな判断枠組みは、まず前段「民法、商法（明治32年法律第48号）その他の法律の公の秩序に関しない規定の適用による場合に比し、消費者の権利を制限し、又は消費者の義務を加重する消費者契約の条項」に該当するかが判断され、該当する場合は後段「民法第1条第2項に規定する基本原則に反して消費者の利益を一方的に害するもの」に該当するかが判断される。後段にも該当してはじめて対象条項が無効となる。

③ **前段要件該当性**

―任意規定―

前段にいう「民法、商法（明治32年法律第48号）その他の法律の公の秩序に関しない規定」は「任意規定」を意味する。【1】【3】は民法601条と、【2】は借地借家法28条と、【4】は民法601条の他に借地借家法26条、同法28条[66]と比較している。民法601条と比較するのは、更新料を対価性の乏しい給付とする裁判例であり、他にも【16】【17】【18】が該当する。また、民法614条と比較する裁判例【13】【14】は、賃料の前払いと捉えている[67]。

なお、「任意規定」には、明文の規定のみならず、一般的な法理等も含まれ

ると解されている（最高裁更新料判決）。

―中心条項該当性との関連―

　中心条項に該当する場合は，消費者契約法10条の前段要件を満たさない。すなわち，前段の条文構成は，「民法，商法その他の法律の公の秩序に関しない規定の適用による」場合に「比し」となっており，依るべき法的基準と契約条項との比較によって前段該当性が判断される。中心条項とは契約の要素や価格についての定めなどをいい，市場メカニズムによって機能し，当事者の主観的意思が関与しているもので，私的自治が強く尊重される事項であるから，司法的内容審査に服させるべきものではないと解される。更新料が中心条項に該当するならば，そもそも依るべき法的基準は与えられていないのであるから，消費者契約法10条前段が適用される余地はないことになる。

　しかし，私的自治が強く尊重される事項であっても，対価性が認定されない場合には，民法601条が依るべき法的基準となり，前段該当性が認容される場合がある。つまり，私的自治が強く尊重される事項というのは，中心条項性の要件ではあっても，前段非該当性の要件ではない。基本条項が民法601条である場合，前段該当性要件は対価性にある。対価性の有無は，更新料が明確かつ十分に説明可能で，その額（および更新期間）と均衡する法的性質を有している否かが問題とされる。

　【1】は，契約における対価に関する条項は，消費者と事業者との間で取引される本体部分，すなわち，基本的に市場の取引によって決定されるべきである

66　消費者契約法10条前段要件該当性の判断において，借地借家法26条，同法28条を任意規定として取り上げているが，これらは強行規定であって，法の適用を誤ったものともいえる。この場合は，消費者契約法10条前段を不適用とし，借地借家法26条，同法28条に反して無効であるとすべきである（寺内正三「居住用建物の更新料に関する最近の裁判例」市民と法65・83（2010））との指摘がある。しかし，城内講師は，借地借家法30条で，強行規定に反しても「賃借人に不利なもの」でなければ無効とはならないが，この実質審査が，「消費者と事業者との間の情報の質及び量並びに交渉力の格差」を背景とする消費者契約法10条後段の判断と異なりうることから，借地借家法における強行規定に反する特約を消費者契約法の適用対象とする実益が生じるとする（同・前掲注(57)66）。

67　岡本・前掲注(55)167頁

から，消費者契約法10条の対象にならないとするが，更新料等の経済的性質をも含めた広い意味で対価とされるものを理解すべき情報に不当な格差等が存する場合は，消費者契約法の対象になるとする。つまり，【1】は，更新料条項に私的自治が強く尊重される事項として中心条項性を認めるものの，対価性を有しないことから前段該当性を認めているともとれる。この点では，【2】も，法定更新時に更新料の支払いを義務付けられないにもかかわらず，更新時に更新料の支払いを義務付ける更新料条項は前段に該当するとしているが，月額賃料と更新料を月額賃料に直して月額賃料に加算した場合の金額との比較を行っていることからしても，【1】と同様，中心条項性は認めるが，対価性に疑義があることから，前段該当性を有するものと判断しているとも見ることができる。

これに対し，【3】【4】は中心条項性を否定している。

すなわち，【3】は，本件更新料は目的物の使用収益に対する対価としての性質を有していないことから，中心条項に該当しないとし，さらに，中心条項であるためには，当事者間に当該条項に関する情報の質の点で格差があってはならないとするが，後者は中心条項性の要件ではなく，前段該当性の要件ではないだろうか。

また，【4】は，更新料特約は付随的なものであって，目的物の使用とその対価としての賃料に該当しない，すなわち，契約の主要な要素（中心条項）ではないとし，任意規定等の基準として民法601条，借地借家法26条，同法28条が存するとし，中心条項性を否定している。そして，民法601条との関連では賃料補充の合理性のない更新料の支払いを求めている点，借地借家法26条，同法28条との関連では，法定更新時にも更新料の支払義務がある点より，前段要件充足を認容している。これらはいずれも更新料は合理的な法的性質を有しないことが中心条項性を否定する根拠となっている。

④ 後段要件該当性

後段の「消費者の利益を一方的に害する」とは，「消費者と事業者との間にある情報，交渉力の格差を背景として不当条項によって，消費者の法的に保護

されている利益を信義則に反する程度に両当事者の衡平を損なう形で侵害すること」[68]と解されている。したがって，かならず「情報および交渉力の格差」の存否が検討される。

A. 情報および交渉力の格差

ここでは，当事者による情報量の入手の格差，個々の契約条項の存在理由の知不知等の当事者が認識する情報の質の格差，交渉が可能かどうかの交渉力の格差が検討される。

【1】は賃貸人が不動産賃貸事業者であり，賃借人とは情報収集力に大きな格差があり，更新料条項には法定更新に関する事項は規定されておらず，契約および更新契約締結時においても重要事項説明時においても，本件賃貸借契約に法定更新の適用があることや法定更新時に更新料を支払う必要がないことを説明したことは全く認められないとして，情報格差を認定する。さらに，更新料条項の明確性の高さを認定しながらも，合意更新する場合と法定更新する場合の支払額等の比較考量の機会の不十分さもここでの格差として検討されている。【3】も情報および交渉力の格差を認めるが，【4】は当事者の個別事情を詳細に検討した上で，格差の存在を判断している。

【2】は，賃借人は，不動産仲介業者から多数の賃貸物件の紹介を受けた上，さまざまな情報を総合検討して契約締結に至ったことから，賃貸人との間に情報力および交渉力において格差はないとする。更新料条項の認識についても，契約書に明記され，契約条項として合意されていたことは更新料の法的性質を賃借人が理解することは不可能ないし著しく困難ではないとした。【1】が法定更新とその場合における更新料支払義務負担のない点の明記・説明の有無を重視しているのに対し，【2】はこの点を一切勘案せず，更新料条項の契約書明記が即賃借人の認識と捉えている点が視点を異にする。【2】の賃借人は【1】と同様，居宅として賃借する個人でありながら，理解度・法的知識の程度につき高レベルな消費者であると捉えている。しかし，事案を見る限り，当該賃借人

---

[68] 消費者庁企画課編『逐条解説消費者契約法』222 頁（商事法務，第二版，2010）

が高レベルの理解度・法的知識を有する旨を確認できる事実はない。【2】のように賃借人が高レベルの理解度・法的知識を有するとの根拠のない前提は，消費者と事業者間の情報および交渉力の格差を容易に認定できなくするだけではなく，消費者の利益を不当に害することにつながる。

B. 消費者（＝賃借人。以下，同様）の不利益

　ここでは実際に消費者に不利益が生じていることが要件とされる。

　【1】は，法定更新時において更新料の支払義務はないという対価性否定論と更新料の法的性質の箇所で検討した対価性否定の結論を提示した上で，対価性がないにもかかわらず，更新料という賃料とは異なる名称を使用することにより，賃借人に一見低い月額賃料を明示して賃借人を契約締結に誘引した点が消費者の不利益であるとする。【3】も対価性のないことが賃借人にとって不利益である旨認定している。

　有効判決である【2】は，まず消費者の利益を挙げる。すなわち，a. 期間の定めのある賃貸借契約として更新される点（賃借権強化の対価），b. 月々の賃料が抑えられている点，c. 賃借人が中途解約する場合の予告期間ないし猶予期間が短縮されることが多い点（中途解約権の対価）である。しかし，a については事由②─否は一切考慮されず，b も他の賃貸事案との比較によってこのような判断がされたものではない。

　さらに，更新料は礼金よりも金額的に相当程度抑えられており，適正な金額にとどまっていることから，実質的に新たな賃貸借契約を締結させられるような事情は認められないとし，更新料を事実上の賃料として計算しても1か月あたり5,000円程度の上乗せであり，名目上の賃料を低く見せかけることによって生ずる賃借人誘引効果を否定する。そして，更新料が存在しないとするならば，月額賃料は当初から高くなっていた可能性があるわけで，更新料があることによって賃借人の利益になっているとする。ただし，更新料がなく，月額賃料が高くなるとしても需給関係を勘案した上でそのような高額賃料の設定が実際に可能か否かについての検討はまったく行われていない。

　また，中途解約した場合の更新料の精算であるが，2年の更新期間を更新料

支払いによって賃借人自ら欲し,確保しておきながら,自己都合で中途解約したのであるから,精算を受けないとしても一方的に不利益とはいえないとした。

【4】は,消費者の不利益を「更新料のメリット,デメリット」「賃料額,更新料額の妥当性」「借地借家法26条,28条の抵触のおそれ」に分け,判断するが,すべてにおいて消費者に不利益であると認定している。「更新料のメリット,デメリット」では,更新料の支払いによって名目賃料が低くなるメリットよりも,更新時に更新料を払うことができず,賃借人の生活が破たんに追い込まれることも想定されることからデメリットの方が大きいとする。しかし,更新料額はたかだか月額賃料の2か月分であり,それを工面できないことにより生活が破たんする賃借人はそれほど多くはないと思われ,当該理由の不合理な側面を否定できない。「賃料額,更新料額の妥当性」であるが,名目賃料額は更新料条項の定めがあっても近隣賃貸物件に比し決して低水準ではなく,更新料額も前述のように高額と判断されている。「借地借家法26条,28条の抵触のおそれ」については,更新料の不払いが生ずると賃貸借契約は更新されず,借地借家法26条,同法28条が定める法定更新要件を加重することとなり,更新料条項は両条に抵触する可能性を指摘する。

なお,更新料の支払いによって名目賃料を低く見せることによる賃借人誘引の有無の検討は,情報および交渉力の格差とも関係し,その点に関しては検討項目の「A. 情報および交渉力の格差」と「B. 消費者の不利益」は相互に関連性があるといえる。

C. 社会的承認性

ここでは慣習法や事実たる慣習の有無が判断される。なお,この点は【1】【2】【3】では検討されていない。

【4】は,更新料の法的性質の検討において得られた結果に基づき,更新料徴収の慣行を否定する[69]。すなわち,全国一律の慣行ではない点,更新料額が高額である点(国土交通省が平成19年3月に実施した賃貸住宅管理会社を対象としたアンケートでは,更新料額は全国では賃料の1か月分未満がほとんどであり,京都

市でも 1.4 か月分であり，事案の 2 か月分はこれらよりも高額である），国土交通省作成の賃貸住宅標準契約書には更新料の規定はなく，公営住宅や住宅都市整備公団の住宅でも更新料の徴収がない点，住宅金融支援機構および旧住宅金融公庫では更新料の徴収を禁止している点，また，国からの生活保護では受給者が更新料の未払いにより退去を余儀なくされることを防ぐ目的で更新料の扶助が続けられているだけであり，国が賃貸住宅の更新料を合理的な制度として認めているわけではない点が考慮された。

D. 事業者（＝賃貸人。以下，同様）の不利益

当該契約条項が無効になった場合に，事業者に不当な不利益が生じるか否かが検討される。賃借人が一方的に不利益となるか否かを判断する上で必要な検討といえる。

【3】で賃貸人は，更新料は月額賃料を補充する貴重な収入源であり，その収入を過去に遡って返還を命ぜられることは不測の損害であると主張するが，更新料条項が消費者契約法 10 条により無効とされる場合には，不当利得として返還を要するものとなるのであって，それは賃貸人にとっての不測の損害とはいえないとする（【4】もほぼ同旨であり，賃貸人は更新料の徴収が不能になるだけであり，被る不利益の程度はごく軽微であるとする）。収入を確保するのであれば，単に更新料相当分を上乗せした額を賃料として賃借人に提示し，賃借するか否かを選択する機会を与えるべきであったと指摘する。

なお，この点は【1】【2】では検討されていない。

---

69 もともと更新料条項は借地で始まったものであるが，前掲最二小判昭 51・10・1 は借地における更新料の慣行を否定している。すなわち，「宅地賃貸借契約における賃貸期間の満了にあたり，賃貸人の請求があれば当然に賃貸人に対する賃借人の更新料支払義務が生ずる旨の商慣習ないし事実たる慣習が存在するものとは認めるに足りないとした原審（東京高判昭 51・3・24 判タ 335・192）の認定」を是認したのである。ただし，この判決後，年代を追うにしたがって更新料授受の慣行が一般化し，地域的には東京から首都圏および大都市に広まっており，その額も上昇しているというその後の状況からすれば，本判決に先例としての位置づけを与えることには疑問であるとする見解もある（片桐・前掲注(32)47，松原厚「借地契約における更新料は認定されるべきではないか──土地明渡し紛争防止のために」時の法令 1098・50（1981））。

(2) 学説の評価と検討

① 前段要件該当性

　消費者契約法10条の判断枠組みは，まず，適用の有無から判断される。消費者契約法の施行日が平成13年4月1日であることから，【1】が検討したとおり，対象の更新契約が施行日後の消費者契約であるか否かが判断される必要があるが，【2】【3】【4】は当然のこととして検討がなされなかったものと思われる。

　前段要件該当性では，中心条項性との関連が主たる問題となっている。宮崎弁護士は，更新料の返還請求を否定する立場から，四つの大阪高裁判決が民法601条を引用する（【16】【17】【18】も同様）のに対し，【13】【14】【15】が民法614条を引用することにつき，【13】【14】【15】が更新料は賃料の前払い的性格を有するものとして肯定的に捉えているといえ，賃貸人は大阪高裁判決において，更新料が賃料の前払いであることをもっと前面に出すべきであったと主張する[70]。加藤教授も更新料の前払い的性格を肯定的に捉える。すなわち，地上権者が一時金支払いによる地上権の購入も，定期の地代支払いも，両者の併用もあり得，学説上も当然視されている[71]ことからすれば，賃貸借契約においても契約自由の原則の下で，賃料を一時金にすることも定期的に分割払いすることも，ともに許されるはずであり，さらに消費者契約法10条前段要件性については更新料があっても賃料総額に変わりがないのであれば非該当であるとする[72]。

　牛尾教授は，【1】が民法601条を引用したことにつき，「賃料明示の原則」の下で，その対価性を検討すべきとする消費者契約法の判断枠組みに沿った立場を示すものであるが，その背後には借地借家法の下で適正な賃料を規律しようとする姿勢が見られるとする[73]。

70　宮崎・前掲注(52)372
71　我妻栄＝有泉亨補訂『新訂　物権法（民法講義Ⅱ）』374頁（岩波書店，1983）
72　加藤・前掲注(53)53, 56

四つの大阪高裁判決がいずれも民法614条を引用しないのは，牛尾教授が指摘する「賃料明示の原則」を前面に押し出す意図があり，その意図は，後段要件性でも検討する明確性とも関連するが，更新料などの一時金は賃料の一部である旨の明示かつ賃借人の認識を前提とし，これら一時金をも含めた賃料総額につき私的自治が十分に機能する場合には，賃料総額全体が中心条項として前段要件該当性が否定されるところに見出される。

中心条項性以外の前段要件該当性についていえば，民法601条との関連で更新料の法的性質が否定されたことによる対価性の否定，ならびに法定更新時にも更新料支払義務を課しているという不合理性があげられる。【4】が借地借家法26条，同法28条を引用するのは後者を指摘するためであり，【2】も同法同条を引用するものではないが，同主旨と思われる。

② **後段要件該当性**

後段要件に該当するには，「情報および交渉力の格差」により不当条項が締結され，当該不当条項により消費者の利益が信義則に反する程度に一方的に害されることが必要となるが，まずは当然に不当条項締結の背景に「A．情報および交渉力の格差」が存することが検討される。次に，当該不当条項により消費者に不利益が生じているかが検討（「B．消費者の不利益」）される。消費者の利益が一方的に害されていることの立証を容易にするために事業者には不利益が存しないことが検討（「D．事業者の不利益」）される場合がある[74]。また，社会的承認がないにもかかわらず，支払いを余儀なくされることは消費者の不利益に該当することから，「C．社会的承認性」は「B．消費者の不利益」に含めることもできよう。

「A．情報および交渉力の格差」における情報格差は，【1】【3】【4】が検討したように情報収集力，明示・説明，比較検討機会の各程度によって判断さ

---

[73] 牛尾・前掲注(13)74
[74] 「信義則」違反という要件は，当事者の均衡性の判定基準として捉えられている（大澤・前掲注(54)26）ことから，事業者の不利益も検討することが，当事者間の不利益の不均衡を検討する上で必要となる。

れ，交渉力の格差については【2】で検討がなされている。情報収集力，明示・説明の程度により，どれほどの格差が生ずるのかについては各事案における消費者のレベルによって個別具体的に判断されるものであるが，ほぼ同一の事案にあっては，消費者のレベルに差を設けるべきではない（【1】と【2】では【2】の方が消費者の理解度・法的知識の程度が圧倒的に高い）。

「B．消費者の不利益」では，さまざまな側面から消費者の不利益が検討される。その中でも，【1】【2】【3】が指摘しているように対価性が不利益判断の重要な要素の一つとなっている。つまり，【1】【3】のように更新料に対価性が認められないということは，更新料が明確かつ説明可能な，しかもその額と均衡する法的性質を有していないことを意味する。更新料の法的性質は前段要件該当性にも影響を与えるが，後段要件該当性にあってはその中心検討事項である「B．消費者の不利益」判断に影響を与える重要な事項となっているのである。また，【1】【4】は，法定更新時に支払義務がないはずの更新料を支払わなければならない点に消費者の不利益を認定するが，これは法定更新時における更新料の法的性質否認に基づく対価性否定であるといえよう。

さらに，【2】【4】では近隣賃貸物件との比較における金額の多寡が問題とされている。対価性と金額の多寡との関係は，【1】～【4】がすべて対価性の有無を問題としているのに対し，金額の多寡を問題とするのは【2】【4】だけだということもあるが，たとえ金額が妥当であるとしてもそれに対価性が認められなければ消費者の不利益といえることから，必要不可欠な要素は対価性であり，結局それは法的性質の問題であるといえよう。

③ 消費者契約法10条該当性

前段要件該当性を有し，後段要件該当性を有すれば，消費者契約法10条に該当することになる。

宮崎弁護士は，借地借家法30条は，正当事由の規定に反する特約で建物の賃借人に不利な特約は直ちに無効とするのに対し，消費者契約法10条は「信義則違反」と「消費者の利益を一方的に害する」の二要件具備が必要となり，後者の方が無効要件が厳しい[75]ことから，消費者契約法10条によって更新料

条項を無効とすることは容易ではないはずであると指摘する。しかし，借地借家法では有効とされていた更新料条項は，消費者契約法が借地借家法にはない「情報および交渉力の格差」を重要な要素とすることにより無効とされたと解すべき[76]と思われる。すなわち，不動産賃貸業において「情報および交渉力の格差」は消費者契約法施行前より歴然と存在しており，それは当該業界の特徴であった。借地借家法のみが適用されていた時期においては「情報および交渉力の格差」を問題とすべき根拠明文はなく，この点を明確に論じ，無効判決に導く論理は固まっていなかった。したがって，裁判例はこれまで判断を大きく二分してきたといえよう[77]。その後，消費者保護を目的として施行された消費者契約法によってはじめてこのような建物賃貸借契約における一時金条項を無効化する論理が固まった。つまり，消費者契約法10条の判断枠組みがその固定化された論理そのものなのである。

不動産賃貸業における事業者・消費者間には，かなりの「情報および交渉力の格差」が存するのが現状である。それは，不動産賃貸業は情報収集力が成果を大きく左右する業種だからであり，そのような業種にあって情報収集力の格差を埋めることは事実上不可能であるといえよう。そうであるならば，他の要因（明示・説明の程度，比較検討機会の程度，交渉力の格差の程度）にて格差を解消することが事業者に要求される。また，それが消費者契約法の意義といえる。

更新料等の一時金の場合，対価性が消費者の利益が一方的に害されていることの必要不可欠な判断要素である[78]ことから，その根拠となる法的性質は消費者契約法10条判断にあたっての中核事項ということになる[79]。

消費者契約法10条の適用において，更新料条項が有効と判断されるためには，当該更新料が，明確かつ十分に説明可能で，その額（および更新期間）と

75　宮崎・前掲注(52)373-374
76　大澤・前掲注(54)27
77　牛尾・前掲注(13)41
78　武田・前掲注(56)38

均衡する法的性質を有しており，賃貸人は，消費者契約法10条後段要件である賃貸人・賃借人間の情報および交渉力格差の解消を図るべく，その法的性質につき，契約書等に明示し，重要事項説明等も含めて消費者である賃借人に十分に説明し，そして賃借人に確実にそれを認識させることが必要となる。

④ 合理的な法的性質

ここでは，これまで見てきた裁判例が検討を行った法的性質等を中心に検討し，明確かつ十分に説明可能で，その額（一般的事案である月額賃料の1か月分程度，更新期間は2年を想定）と均衡する法的性質を導き出す。

なお，専ら他人に賃貸する目的で建築された居住用物件は，今日，すでに供給過剰状態となっているが，検討に当たっては，このような状態で賃貸人が当該物件を継続的に賃貸するケースを前提条件とする。

賃貸人の更新拒絶権放棄の対価と賃借権強化の対価は，更新拒絶に必要な正当事由が認容される可能性はほとんどないことから，事由①―Ａと事由②―否は説得的といえ，これら性質は否定されることになろう。また，紛争解決金としての性質も上記性質と密接な関係を有し，否定されるべき性質である。すなわち，賃貸人から更新拒絶される可能性はほとんどないことから，紛争への発展は想定し得ない。

賃料の補充については，四つの大阪高裁判決もそうであるが，法的性質として考察されるのは更新期間の賃料の前払いであり，ここでは更新期間の賃料の前払いについて検討する。更新期間の賃料の前払いには，賃借人途中退去時の

---

79 四つの大阪高裁判決は，いずれも更新料の法的性質を消費者契約法10条後段要件の信義則判断の第一の根拠としており，学説の多くも更新料の法的性質を重視する。このようなアプローチに対し，大野武准教授は，更新料の法的性質を同法10条後段要件の信義則判断を行う上での第一の根拠とするのではなく，信義則判断の一要素としてその位置づけを後退させて検討することを主張する。これは，客観的に一義的に評価することが困難である更新料の法的性質の評価いかんが更新料の金額の多寡，賃借人への更新料約定の説明の程度などの事情の解釈にも影響を及ぼす枠組みとなっていることから，更新料の効力に関する法的判断を不確実なものにしてしまうからであるとする。したがって，信義則判断の一要素として位置づける後段判断を重視するとする（同「最近の更新料判決と不当条項規制」市民と法66・57, 60（2010））。

未経過分相当額の精算規定不存在（事由③—A），法定更新時の更新料不払いに対する債務不履行解除が認められない点（事由③—B），明確な記載・説明・賃借人の認識（事由③—C），慣習の存在（事由③—D），継続賃料と新規賃料との差額補充の前提崩壊（事由③—E）といった否定事由がある。

　これら否定事由に対しては以下の対応をすることにより，当該性質を肯定できよう。すなわち，事由③—Aへの対応は契約書に精算規定を明示し，事由③—Bは，法定更新時に支払義務を課したとしても，信頼関係が破壊されない限り，債務不履行解除が認められないことはこれまでの判例理論[80]から当然のことであり，反対に信頼関係が破壊された場合には解除原因となる。また，事由③—Dは，関東，東京都，横浜市，京都市につき中小研アンケートによれば慣習になってはいないがなかば慣行化している[81]といえ，事由③—Cについては，賃貸借契約書に更新期間賃料の前払いである旨の明示・重要事項説明を行い，賃借人に十分に認識させる。事由③—Eへの対応は，更新料を取る代わりに月額賃料を低位にした旨明示するとともに，更新料を取らない場合の月額賃料等も明示する。以上の対応をとることにより，更新期間の賃料の前払いは法的性質として合理性を有することとなろう。

　賃借権設定の対価の追加分ないし補充分については，【2】で使用収益の対価である期間賃料以外に，権利設定料なるものが必要となるかにつき何らの説明はない。しかし，借地の場合，賃借権設定の対価とは借り得分としての借地権そのものの対価である[82]とされている。つまり，土地を購入するよりも賃料を支払って借りる方が経済的に得であり，賃料の支払総額等を基準とした額と土地の時価との差額が借地権価格であるとする。これは，借地権を賃貸借期間

---

[80] 最二小判昭27・4・25民集6・4・451，最三小判昭39・7・28民集18・6・1220，最一小判昭41・4・21民集20・4・720。なお，最二小判昭59・4・20民集38・6・610は借地の事案であるが，更新料の支払いが賃料の支払いと同様に，更新後の賃貸借契約の重要な要素に組み込まれ，その賃貸借契約の当事者の信頼関係を維持する基盤をなしている場合であり，当該不払いは著しい背信行為として賃貸借契約それ自体の解除原因になるとしている。

[81] 宮崎・前掲注(52)374

[82] 澤野順彦『借地借家法の経済的基礎』416頁（日本評論社，1988）

中，買い取ることを意味している。ところが，借家の場合，賃借対象の建物を買い取ること自体考えられず，このような道理は妥当しない。ただし，賃借権設定の対価を賃料の前払いである権利金（あるいは礼金）とし，更新時には更新期間の前払い賃料として当初期間の権利金（あるいは礼金）の追加分（補充分）とするのであれば認められる可能性はあるが，そうであれば，賃料の前払いと同義となる。

なお，更新料の法的性質として論じられるものに中途解約権の対価がある。これについては，【15】は，賃貸人にも中途解約権が契約条文上に規定されていることから更新料の法的性質として認めるものではないが，わが国の建物賃貸借契約においては，一般に中途解約権が認められていることが多く[83]，【2】もこの点を賃借人の利益として挙げている。これにつき，澤野弁護士は，更新前の当初の契約においても賃借人の中途解約権の留保特約は存することから，当該特約の存在と更新料との対価関係は見出せないとする[84]。しかし，当初の契約にあっては権利金（礼金）が支払われており，これが当初期間中の中途解約権の対価であるとすることは可能であるから，そうであれば賃借人にのみ中途解約条項がある場合，中途解約権の対価を更新料の一つの法的性質として捉えることができる。また，法定更新との関連であるが，法定更新時にも適用されるとの明文が存する場合であっても，期間の定めのない更新後の賃貸借契約における解約申入れ期間（3月）（民617 I ②）の短縮を図るものであれば，賃借人にとって有利な規定であり，当然有効となろう。ただし，中途解約に必要

---

[83] 加藤・前掲注(53)54。また加藤教授は，賃貸借契約に次の条項が置かれているとする。すなわち，「①賃借人がＮか月前に賃貸人に通知することにより，Ｎか月経過した時点で賃貸借が終了する。」「②前項の規定にかかわらず，賃借人にＮか月分の賃料を支払うことにより，賃貸借契約を即時解除することができる。」である。また，アパート等の賃貸借契約においては，上記Ｎか月は，現実には1か月程度の短期のものとして，賃借人が賃貸借契約から簡単に離脱できることを認めた契約も少なくはないとする（加藤・前掲注(53)54）。民法によれば当事者に解約権が留保されている場合は3か月経過後にその効力が生ずる（民618，同法617 I ②）が，それを1か月程度に短縮されている点は，賃借人にとって有利な規定といえる。

[84] 澤野・前掲注(57)20

な期間（あるいは即時解約時に支払うことを要する月額賃料の月数）よりも賃貸借の残存期間が短い場合には対価性がないと考えられることから，この点を解決しなければならない。

　また，加藤教授は，空室リスクをすべて賃貸人が負担するのは合理的ではないとし，更新料が更新期間の賃料前払いであるとともに空室リスクのショックアブソーバー機能を果たし，それを賃借人が負担することに合理性を認める[85]。すなわち，これは賃借人にのみ中途解約権の留保特約がある場合を前提とし，更新料は有期の更新期間の中途で賃借人が解約する場合の空室リスクを負う賃貸人へ支払われる利益部分であるとする（民136Ⅱ但）。なお，わが国のように更新料が賃料総額のごく一部（たとえば月額賃料の1か月分）として固定されている場合には，賃借人に賃借権の譲渡・転貸の権利を与える理由はないことから，これを認めないとする[86]。また，法定更新との関連であるが，前述のとおり中途解約権が法定更新時にも適用される場合，本来ならば解約申入れ時から3か月間賃貸借契約が存続し，賃貸人がその期間賃料を取得できるところ，中途解約規定の適用によって，現実にはそれ以下の存続期間となることによって賃貸人が取得できなくなる賃料（賃貸人の不利益分）部分の一部が更新料であると解することができよう。ただし，これについても中途解約に必要な期間や即時解約時に支払うことを要する月額賃料の月数を勘案しても賃貸人が有利な場合（たとえば更新料が1か月分で解約に必要な期間が1か月の場合で，賃貸借の残存期間が1か月より短い事案）には，賃貸人が取得できなくなる賃料はないことになるから，空室リスクのショックアブソーバー機能の説明がつかなくなる。したがって，この点の解決が必要となる。

　以上より，賃貸人の更新拒絶権放棄の対価と賃借権強化の対価，紛争解決金，賃借権設定の対価の追加分ないし補充分は，更新料の法的性質として合理性を見出し得ない。更新期間の賃料前払い，中途解約権の対価，空室リスクの

---

[85] 加藤・前掲注(53)54-55, 57
[86] 加藤・前掲注(53)55。更新料は月額賃料の1か月分とされる場合が多く，このような些少な額であれば賃借人が負担しても酷とはいえない。

ショックアブソーバー機能については，ある程度の合理性を見出すことができるものといえよう。

　ただし，上記の合理的な更新料の法的性質として挙げたものは，いずれもその合理性を取得するためには前述したとおりさまざまな工夫が要求される。このことは，現状において，更新料には合理的な法的性質を認識できないことを意味している。すなわち，当該法的性質は合理性のない，単なる名目的な性質にすぎないのである。

⑤　**最高裁更新料判決**

　最高裁更新料判決は，更新料の一般的性質を，賃料の補充ないし前払い，賃貸借契約を継続するための対価等の趣旨を含む複合的な性質を有すると説示する。

　「④合理的な法的性質」で検討し，更新期間の賃料前払い，中途解約権の対価，空室リスクのショックアブソーバー機能を合理性ある性質として捉えた。これらを最高裁更新料判決の説示と関連付けると，更新期間の賃料前払いは「賃料の補充ないし前払い」に該当するが，中途解約権の対価は賃貸借契約を終了させる権利の対価であり，空室リスクのショックアブソーバー機能は賃貸借契約終了後の負担であることから「賃貸借契約を継続するための対価」には該当しない。ただし，「～継続するための対価等」とあることから，「等」の箇所に該当することにはなる。

　「賃貸借契約を継続するための対価」に該当するものとして，合理性がないと判断した賃貸人の更新拒絶権放棄の対価，賃借権強化の対価，紛争解決金，賃借権設定の対価の追加分ないし補充分が挙げられよう。

　しかし，合理性のない単なる名目にすぎないこれら性質であっても，「居住用貸家の供給過剰」という経済的事情等により賃貸人・賃借人間における情報の質・量ならびに交渉力の格差がないと判断される場合には，契約書に一義的かつ具体的に明記されることにより，当事者間において当然に効力を有することとなる。

　ただし，「居住用貸家の供給過剰」という経済的事情等がなく，賃貸人・賃

借人間における情報の質・量ならびに交渉力の格差が存する場合には，合理性のない法的性質は認められず，ある程度の合理性のある法的性質についても，賃料の前払いについては，契約書への精算規定の明記，賃貸借契約書への更新期間賃料の前払いである旨の明示・重要事項説明等による賃借人の十分な認識，更新料を取る代わりに月額賃料を低位にした旨の明示，更新料を取らない場合の月額賃料等の明示などが必要となり，中途解約権の対価と空室リスクのショックアブソーバー機能は残存期間との対応策を取ることにより，はじめて認められることになろう。

⑥ 私 見

今日の経済社会において，賃貸人は自己の事業たる建物賃貸借を行うにあたり，賃借人からしか収入を得ることができず，その収入の一部を更新時に更新料として取得しようと，敷引金との名目で建物明渡時に取得しようと，あるいは当初の賃貸借契約時に権利金や礼金として取得しようと，それは賃貸人の政策判断の問題である。

たとえば賃料の一部の取得を月額賃料に含ませて行うか，更新料等の一時金をもって充てるかは，やはり賃貸人としての賃貸事業における政策判断の問題[87]なのである。

最高裁更新料判決が更新料の一般的な法的性質を挙げるが，今日の経済社会において正常な人間が無目的に金銭等の給付を行うことは通常ありえず，特別の目的が定められていても法的合理性のない場合ないし特別の目的が定められていない場合は，賃料の前払いないし賃料の補充としての意味，すなわち対価としての意義を有する[88]と考えるべきである。

私見は，「居住用貸家の供給過剰」という経済的事情等があるため，賃貸人・賃借人間の情報の質・量，交渉力の格差が存しない場合においては，一時

---

[87] 最高裁平成23年7月敷引判決における田原睦夫判事の補足意見。
[88] 加藤・前掲注(53)51,52。なお，一時金に特別の目的が定められていない事案である最高裁平成23年7月敷引判決と最高裁更新料判決では，法的合理性は問題とされていない。このことは，両最高裁判決は，当該一時金を賃料の前払いないし賃料の補充としての意味，すなわち対価としての意義を有するものと捉えていると見ることができる。

金条項（例：賃借人は，法定更新であるか，合意更新であるかにかかわりなく，2年経過するごとに，賃貸人に対し，更新料として賃料の2か月分を支払わなければならない等）の契約書への一義的かつ具体的記載[89]がある場合は，法的合理性のある特別の目的を有する一時金は当該特別の目的を有するものとして，特別の目的が定められていても法的合理性のない場合ないし特別の目的が定められていない一時金は当該一時金が使用収益の対価である賃料を構成することを，賃借人が認識しているものと推定する。

特別の目的が定められていても法的合理性のない場合ないし特別の目的が定められていない一時金については，賃借人は使用収益の対価を支払いさえすればよく，対価であることを認識していさえすれば，一時金の名称，意味が何であれ，当該一時金を含め実質的な賃料等の負担を把握・検討することができるからである[90]。ここで，法的合理性の判断は対価であるか否かという点でなされているものといえる。

これに対し，「居住用貸家の供給過剰」という経済的事情等がないため，賃貸人・賃借人間の情報の質・量，交渉力の格差が存する場合においては，その格差ゆえに，消費者たる賃借人の利益擁護にあたって，より厳格に明示・賃借人の認識・合意が要求される。これらがクリアされた場合に，法的合理性のある特別の目的を有する一時金は当該特別の目的を有するものとして，特別の目的が定められていても法的合理性のない場合ないし特別の目的が定められていない一時金は当該一時金が使用収益の対価である賃料を構成することを，賃借人が認識しているものと推定することになる。

---

89 最高裁更新料判決により，賃借人による認識の要件として「一義的かつ具体的」記載が要件として明確化されたものと思われる。
90 この点につき，消費者契約法10条との関係で，山本豊教授は次のように指摘する。すなわち，「通常は対価に算入される費用を別条項とすることは，たとえ一般の消費者が負担総額を容易に認識できる場合でも，許容されない」旨のルールを，ありとあらゆる消費者契約に適用されるべき消費者契約法10条の解釈として内在的に正当化できるとは思われない（同「借家の敷引条項に関する最高裁判決を読み解く―中間条項規制法理の消費者契約法10条への進出」NBL954・17（2011））。

6. おわりに

　ここでは更新料の法的性質について検討してきたが，建物賃貸借契約には権利金（礼金）[91]や敷引金などさまざまな名目で一時金が賃借人から賃貸人に交付される。まだ最高裁の判断が出ていない一時金として礼金があるが，これについても合理的な法的性質を検討することが今後必要になる。ただし，その有効性については，最高裁更新料判決のみならず，最高裁平成23年3月敷引判決および最高裁平成23年7月敷引判決の一連の論理を踏まえることにより，肯定することが可能となろう。

　また，民法（債権法）改正検討委員会が平成21年3月31日に取りまとめた「債権法改正の基本方針」の【三．一．一．三六】には，（消費者契約に関して不当条項と推定される条項の例）として，（個別の交渉を経て採用された消費者契約の条項を除く）とした上で，「〈ア〉契約の締結に際し，前払い金…その他の名目で事業者になされた給付を返還しないことを定める条項」があげられている[92]が，今後，上記三つの最高裁判決の論理も十分に踏まえ，改正条文が作成されることになると思われる。

91　礼金を賃料の一部前払いと位置づけ，借主側の認識等を考慮の上，礼金特約は有効とするものに京都地判平20・9・30最高裁ウェブサイト（平20（レ）4）がある。
92　民法（債権法）改正検討委員会「債権法改正の基本方針」NBL904・118（2009）

【別表】更新料に関するアンケート結果（中小研アンケート）

1. 更新料を受け取っている地域か否か。（全体にあっては％だけの表示となっている。以下，同様）

地域	集計数	更新料を受け取っている		受け取っていない	
全体	404		36.9		34.7
北海道	14	2	14.3	9	64.3
東北	31	5	16.1	22	71.0
関東（東京都・横浜市除く）	72	53	73.6	7	9.7
東京都	51	46	90.2	3	5.9
横浜市	20	17	85.0	1	5.0
中部（名古屋市除く）	37	11	29.7	24	64.9
名古屋市	14	7	50.0	5	35.7
関西（大阪市・京都市・神戸市除く）	25	12	48.0	11	44.0
大阪市	24	10	41.7	11	45.8
京都市	24	18	75.0	3	12.5
神戸市	14	8	57.1	3	21.4
中国	17	2	11.8	14	82.4
四国	20	2	10.0	15	75.0
九州（福岡市・沖縄県除く）	18	5	27.8	12	66.7
福岡市	10	3	30.0	6	60.0
沖縄県	10	5	50.0	5	50.0
全国	3	1	33.3	2	66.7

2. 更新料は何年毎に受け取っているか。

地　域	何年毎に受け取っているか（件数・%）					
^	1年毎		2年毎		3年毎	
全　体		1.2		51.0		0.2
北海道	0	0.0	7	50.0	0	0.0
東　北	0	0.0	18	58.1	0	0.0
関東（東京都・横浜市除く）	1	1.4	64	88.9	0	0.0
東京都	1	2.0	50	98.0	0	0.0
横浜市	1	5.0	19	95.0	0	0.0
中部（名古屋市除く）	2	5.4	20	54.1	0	0.0
名古屋市	2	14.3	11	78.6	0	0.0
関西（大阪市・京都市・神戸市除く）	2	8.0	16	64.0	0	0.0
大阪市	2	8.3	15	62.5	0	0.0
京都市	1	4.2	21	87.5	0	0.0
神戸市	2	14.3	10	71.4	0	0.0
中　国	0	0.0	10	58.8	0	0.0
四　国	0	0.0	4	20.0	0	0.0
九州（福岡市・沖縄県除く）	0	0.0	8	44.4	0	0.0
福岡市	0	0.0	4	40.0	1	10.0
沖縄県	0	0.0	5	50.0	0	0.0
全　国	0	0.0	3	100.0	0	0.0

3. 更新料は何か月分が多いか。

地　　域	何か月分が多いか（件数・％）					
^	1か月分		2か月分		3か月分	
全　　体		36.9		0.5		0.5
北海道	3	21.4	0	0.0	0	0.0
東　北	4	12.9	0	0.0	1	3.2
関東（東京都・横浜市除く）	52	72.2	0	0.0	0	0.0
東京都	48	94.1	1	2.0	0	0.0
横浜市	20	100.0	1	5.0	0	0.0
中部（名古屋市除く）	14	37.8	2	5.4	0	0.0
名古屋市	10	71.4	0	0.0	0	0.0
関西（大阪市・京都市・神戸市除く）	17	68.0	1	4.0	0	0.0
大阪市	17	70.8	1	4.2	0	0.0
京都市	21	87.5	5	20.8	0	0.0
神戸市	13	92.9	1	7.1	0	0.0
中　国	7	41.2	0	0.0	1	5.9
四　国	3	15.0	0	0.0	0	0.0
九州（福岡市・沖縄県除く）	7	38.9	0	0.0	0	0.0
福岡市	3	30.0	0	0.0	0	0.0
沖縄県	0	0.0	0	0.0	0	0.0
全　国	3	100.0	0	0.0	0	0.0

4. 更新料の意味 (複数回答可としている。)

地域	更新料の意味（件数・％）									
	更新手数料		賃借権設定の対価の追加分・補充分		賃貸人による更新拒絶権放棄の対価		賃料の前払い		賃借人の短期中途解約権の対価	
全　　体		39.6		21.8		21.5		19.1		12.6
北海道	8	57.1	2	14.3	0	0.0	0	0.0	1	7.1
東　北	8	25.8	2	6.5	4	12.9	1	3.2	0	0.0
関東（東京都・横浜市除く）	22	30.6	9	12.5	9	12.5	10	13.9	4	5.6
東京都	15	29.4	6	11.8	8	15.7	4	7.8	4	7.8
横浜市	6	30.0	4	20.0	3	15.0	3	15.0	1	5.0
中部（名古屋市除く）	11	29.7	2	5.4	4	10.8	5	13.5	2	5.4
名古屋市	8	57.1	2	14.3	2	14.3	0	0.0	0	0.0
関西（大阪市・京都市・神戸市除く）	8	32.0	1	4.0	4	16.0	3	12.0	2	8.0
大阪市	7	29.2	2	8.3	4	16.7	2	8.3	2	8.3
京都市	5	20.8	1	4.2	3	12.5	8	33.3	2	8.3
神戸市	6	42.9	2	14.3	1	7.1	1	7.1	2	14.3
中　国	9	52.9	1	5.9	1	5.9	2	11.8	0	0.0
四　国	4	20.0	0	0.0	1	5.0	0	0.0	0	0.0
九州（福岡市・沖縄県除く）	5	27.8	1	5.6	3	16.7	2	11.1	2	11.1
福岡市	3	30.0	0	0.0	2	20.0	0	0.0	0	0.0
沖縄県	5	50.0	1	10.0	1	10.0	0	0.0	1	10.0
全　国	2	66.7	0	0.0	0	0.0	0	0.0	0	0.0

5. まとめ（更新料を受け取っている地域か，更新料は何年ごとに受け取っているか，更新料は何か月分が多いか，更新料の意味を，地域ごとに一覧にして表示した。）

地 域	更新料を受け取っている地域か	更新料は何年毎に受け取っているか	更新料は何か月分が多いか	更新料の意味（多い順に並べている） 1	2	3
全 体		受け取っている場合は2年毎	受け取っている場合は1か月分	更新手数料	賃借権設定の対価の追加分・補充分	賃貸人による更新拒絶権放棄の対価
北海道	受け取っていない地域			更新手数料	賃借権設定の対価の追加分・補充分	賃借人の短期中途解約権の対価
東 北	受け取っていない地域			更新手数料	賃貸人による更新拒絶権放棄の対価	賃借権設定の対価の追加分・補充分
関東（東京都・横浜市除く）	受け取っている地域			更新手数料	賃料の前払い	賃借権設定の対価の追加分・補充分／賃貸人による更新拒絶権放棄の対価
東京都	受け取っている地域			更新手数料	賃貸人による更新拒絶権放棄の対価	賃借権設定の対価の追加分・補充分
横浜市	受け取っている地域			更新手数料	賃借権設定の対価の追加分・補充分	賃貸人による更新拒絶権放棄の対価／賃料の前払い
中部（名古屋市除く）	受け取っていない地域			更新手数料	賃料の前払い	賃貸人による更新拒絶権放棄の対価
名古屋市	どちらともいえない地域			更新手数料	賃借権設定の対価の追加分・補充分／賃貸人による更新拒絶権放棄の対価	
関西（大阪市・京都市・神戸市除く）	どちらともいえない地域			更新手数料	賃貸人による更新拒絶権放棄の対価	賃料の前払い

第 1 章　居住用建物賃貸借契約における敷引特約と更新料条項

大阪市	どちらともいえない地域		更新手数料	賃貸人による更新拒絶権放棄の対価	賃借権設定の対価の追加分・補充分／賃料の前払い／賃借人の短期中途解約権の対価
京都市	受け取っている地域		賃料の前払い	更新手数料	賃貸人による更新拒絶権放棄の対価
神戸市	どちらともいえない地域		更新手数料	賃借権設定の対価の追加分・補充分／賃借人の短期中途解約権の対価	
中 国	受け取っていない地域		更新手数料	賃料の前払い	賃借権設定の対価の追加分・補充分／賃貸人による更新拒絶権放棄の対価
四 国	受け取っていない地域		更新手数料	賃貸人による更新拒絶権放棄の対価	
九州（福岡市・沖縄県除く）	受け取っていない地域		更新手数料	賃貸人による更新拒絶権放棄の対価	賃料の前払い／賃借人の短期中途解約権の対価
福岡市	受け取っていない地域		更新手数料	賃貸人による更新拒絶権放棄の対価	
沖縄県	どちらともいえない地域		更新手数料	賃借権設定の対価の追加分・補充分／賃貸人による更新拒絶権放棄の対価／賃借人の短期中途解約権の対価	
全 国			更新手数料		

●第3節●
更新料のその他の法的諸問題

1. 更新料条項と法定更新との関係

(1) 裁判例

　裁判例（「第2節　更新料の法的性質」で取り上げた裁判例参照）をみると，法定更新にあっても更新料条項は有効であるとするもの[1]が多い（東京地判昭45・2・13判時613・77，判タ247・280，東京地判昭51・7・20判時846・83，東京地判昭57・10・20判時1077・80，判タ489・83，東京地判平4・1・23判時1440・109，明石簡判平18・8・28更新料問題を考える会HP）。その理由として，更新料条項における約定文言は合意更新に限定されていない点を挙げており，前掲東京地判平4・1・23はさらに更新料の法的性質からしても法定更新を除外する

---

[1] 居住用ではないが，飲食店舗の賃貸借契約において，更新料条項が任意規定においてのみ適用されるものとみられないこともない約定が，法定更新も合意更新も異なるところはないとして，更新料条項は法定更新にも適用されるとした裁判例がある（東京地判平5・8・25判タ865・213）。

理由がないとする。前掲東京地判平4・1・23が認定した更新料の法的性質は，賃料の補充ないし更新拒絶権放棄の対価であり，更新料の法的性質も重要な判断要素としている。

一方，京都地判平16・5・18LEX/DB28091807は更新料の法的性質を更新手数料とした上で，法定更新では手数料はかからないことを理由とし，更新料条項の適用を否定した。ここでも更新料の法的性質が重視されている。

なお，消費者契約法施行後における裁判例で法定更新における更新料の支払いが問題になることが少ないのは，合意更新時での支払いが問題となっている事案が多いとともに，更新料条項の効力が消費者契約法10条判断で無効とされる場合が多いこともその要因といえる。

(2) 学 説

学説においては，更新料条項は法定更新には無効との見解と有効との見解が存する。無効説には，法定更新の場合にも更新料を徴収するという更新料支払条項は，合意更新の場合に限って更新料を徴収する更新料支払条項に比し，より消費者を一方的に害するとして，消費者すなわち賃借人の不利益を理由とする見解[2]と契約自由の原則を重視する見解[3]がある。

有効説は，更新料を支払わなければ更新できないという特約は強行規定である借地借家法5条，同法6条に反し無効であるが，更新しないとは定めないで，「更新するときには，更新料を払う」というのは借地借家法に反しないことを理由とする。ただし，建物賃貸借契約において法定更新がなされた場合，当該契約は期間の定めのない賃貸借契約となることから，もはや更新料条項は不適用になる[4]とする。

---

[2] 武田信裕「家屋賃貸借契約における更新料支払条項・敷引特約と消費者契約法」NBL 855・38（2007）
[3] 平野裕之『契約法 民法総合5』466頁（信山社，第三版，2007）
[4] 澤野順彦「居住用建物の賃貸借契約における更新料条項の効力」東京司法書士会編『判例・先例研究』平成15年度版49頁（2009）

(3) 最高裁更新料判決と私見

　最高裁更新料判決は，原審である大阪高判平22・2・24京都敷金・保証金弁護団ホームページ[5]事案の更新料条項が法定更新の場合も支払いを要するとの約定であったために，更新料は法定更新の場合にも支払義務がある旨を事実認定している。この点からすれば，更新料条項は法定更新にも適用されるとの約定の存在を前提として，適用が認容されるものと最高裁更新料判決は捉えているものとみることができる。

　また，最二小判昭51・10・1判時835・63は，更新料条項のない借地事案で，法定更新につき，賃貸人に対する借地人の更新料支払義務が生ずる旨の商慣習ないし事実たる慣習の存在は認められないとして，更新料の支払いを否定した。慣習の不存在により更新料の支払いを否定したということは，約定の不存在を重視したともいえる。

　すなわち，両最高裁判決にいえることは契約自由の原則を重視している[6]ということである。これは下級審裁判例の大勢に反するものではあるが，支持することができよう。

　なお，上記の見解を採った場合，法定更新にも適用される旨の約定のない事案には，法定更新時に更新料条項の適用や更新料の支払いが義務付けられることはないが，更新料を更新期間の賃料前払いとする見解からすれば，賃料増額請求により賃料増額を図ることができるから賃貸人にとっても不利益はないとする[7]。

　また，法定更新にも適用される旨の約定の存する事案で，法定更新時に更新料の支払いが義務付けられても，期間の定めのない建物賃貸借契約になった以上は，その後に更新料条項の適用がないのはもちろんである。

5　http://www1.ocn.ne.jp/~benagano/shikikin.html
6　平野・前掲注(3)466頁
7　平野・前掲注(3)466頁

2. 更新料不払いと契約解除との関係

(1) 最高裁判決と下級審判決

　特約上の付随義務の不履行が賃貸借契約の解除原因になるとの最高裁判例（最一小判昭 50・2・20 民集 29・2・99[8]）が存するところ，最二小判昭 59・4・20 民集 38・6・610 は，借地事案であるが，特約上の付随義務である更新料の支払いを約しながら，これを履行しなかった場合において，当該更新料がいかなる性格のものであるか，およびその不払いが当該賃貸借契約の解除原因となりうるかどうかは，単にその更新料の支払いがなくても法定更新がされたかどうかという事情のみならず，当該賃貸借契約成立後の当事者双方の事情，当該更新料の支払いの合意が成立するに至った経緯その他諸般の事情を総合考慮したうえ，具体的事実関係に即して判断されるべきものと解するのが相当であるところ，本件更新料の支払いは，賃料の支払いと同様，更新後の本件賃貸借契約の重要な要素として組み込まれ，その賃貸借契約の当事者の信頼関係を維持する基盤をなしているものというべきであるから，その不払いは，当該基盤を失わせる著しい背信行為として本件賃貸借契約それ自体の解除原因となりうるものと解するのが相当であるとした。すなわち，更新料の不払いは原則として賃貸借契約の基本的な債務を不履行したことにはならない[9]が，更新料の支払いが賃貸借契約の重要な要素であり，当事者の信頼関係維持の基盤をなしている

---

[8] 本判決は，賃貸人が，ショッピングセンターとするために一棟の建物を区分してこれを青物商，果物商等の店舗として各賃貸するにあたり，ショッピングセンターの正常な経営維持のため賃貸借契約に特約を付し，賃借人が，粗暴な言動を用いたり，みだりに他人と抗争したり，あるいは他人を煽動してショッピングセンターの秩序を乱したりすること等を禁止している場合において，賃借人が当該禁止特約に違反して他の賃借人と争い，そのため，賃貸人が，他の賃借人から苦情をいわれて困却し，そのことにつき賃借人に注意をしても，賃借人がかえって暴言を吐き賃貸人に暴行を加える等のような事情があるときは，賃貸借契約の基礎である信頼関係は破壊され，賃貸人は無催告で解除することができるとした。

[9] 澤野・前掲注(4)49 頁

場合はその不払いは著しい背信行為に該当することもあり得，その場合は解除原因となるのである。

　更新料不払いが解除原因となるとするも信頼関係を破壊していないとした裁判例には次のものがある。社宅の事案としては東京地判昭50・9・22判時810・48があり，居住用借家の事案である前掲東京地判昭51・7・20は，更新料支払約定は更新後の賃貸借契約の成立基盤であるとするも，同じく信頼関係を破壊していないとした。

　信頼関係を破壊したとして解除の効力を認めたものには次の裁判例がある。居住用借家の事案である前掲東京地判昭57・10・20は，更新料不払いは信頼関係を破壊したと認めるに足る債務不履行であるとし，非居住用借家の事案である東京地判平5・8・25判タ865・213は，賃借人は契約書で定められた更新料の支払義務自体を一貫して否定し続けるとともに，本件賃貸借契約の存続期間は20年であるとの特異な見解[10]に固執して，賃貸人の更新料の請求に応じようとしないことから，このような賃借人の態度を勘案し，賃貸借当事者間の信頼関係を破壊したとし，契約解除を認めている。また，東京地判平19・7・27LexisNexis独自収集判例は，非居住用借家の事案であるが，賃貸人から再三支払いの催告を受けていたにもかかわらず，賃料等の一部を支払ったのみで支払遅滞を続けたことが認められ，このような賃借人の債務不履行が，賃貸人に対する背信的行為と認めるに足りない特段の事情があるとは認められず，賃貸人のした賃貸借契約の解除は有効であるとした。

　一方，解除原因たることを否定する裁判例として，居住用借家の事案である前掲東京地判昭45・2・13は，更新料は賃料とは別個のものであるとし，特約上の付随義務の不履行による契約解除を否定している。

　更新料の不払いが解除原因であることを否定する前掲東京地判昭45・2・13以降の裁判例では，解除原因とするも解除の効力が認められるには信頼関係の

10　契約書における賃貸借期間は3年であるにもかかわらず，賃借人は本件賃貸借契約における3年の期間は据置期間であって，契約の存続期間は20年であることから，いまだ契約更新の時期に至っていないと主張している。

破壊が必要であるとの一応の判断基準が確立されているように思われる。その中にあって前掲最二小判昭59・4・20が借地の事案でありながら，更新料不払いにおける契約解除の可否につき一般的基準を提示した。借地事案と借家事案とで更新料の額は大きく異なるものの，前掲東京地判昭57・10・20，前掲東京地判平5・8・25にあるように借家事案であっても更新料不払いが当事者間の信頼関係を破壊する場合はありえるのであり，前掲最二小判昭59・4・20の判断基準を借家事案に適用しても不合理はないと思われる。

(2) 学　説

更新料不払いを理由として建物賃貸借契約を解除できるかにつき，学説は否定する見解，正当事由の一ファクターとする見解，信頼関係の破壊を要するとする見解が存するが，前掲最二小判昭59・4・20の影響もあり，信頼関係の破壊を要するとする見解が有力である。

否定する見解は，更新の場面において賃借人に不利益を課す条項であることには間違いなく，更新料不払いの際に契約解除が可能となると，賃借人保護を立法趣旨とする借地借家法の目的に反するだけではなく，消費者契約法10条の解釈適用にあたって当然考慮される事情となる[11]とする。

正当事由の一ファクターとする見解は，約定更新料の不払いによっては賃貸借契約の解除権は発生せず，合意更新契約が解除されるのみであり，合意更新契約が解除されれば法定更新の成否の問題になる。すなわち，賃貸人に正当事由が存しなければ法定更新されてしまうわけだが，約定更新料の不払いは当該正当事由を具備させる方向に働く一つのファクターになるとする[12]。

信頼関係の破壊を要するとする見解は，法定更新にのみ信頼関係破壊の理論を適用する見解と合意更新と法定更新とを区別しない見解がある。前者は，更新料の不払いにより，更新の合意は遡及して無効となり，更新の合意が無効とならなかったとしても更新契約自体の解除原因となる。そして，合意更新契約

11　武田・前掲注(2)38
12　鈴木禄弥「判批（東京高判昭51・3・24 判タ 335・192）」判タ 339・125（1976）

が終了した場合には，改めて法定更新が問題となる。法定更新にあっても約定した更新料の不払いは，更新料支払合意に至る経緯，更新料不払いの経緯その他の事情からみて，当事者間の信頼関係を破壊すると認められる場合には，更新後の賃貸借契約それ自体の解除原因となりうる[13]とし，後者は，合意更新契約と法定更新とを区別せず，約定更新料の不払いは建物賃貸借契約の解除原因となり，解除の効力が認められるためには信頼関係の破壊が必要であると説く見解[14]である。

(3) 私 見

前掲最二小判昭59・4・20の判断基準は借地事案に関するものではあるが，借家事案にも妥当する基準であり，これを支持する有力説である信頼関係の破壊を要するとする見解が妥当と思われる。なぜならば，建物賃貸借契約の解除には信頼関係破壊の理論が適用されるのであり，更新料不払解除についてだけ，信頼関係破壊の理論を不適用とする理由はないからである。

しかし，この問題は別の論点である更新料条項の法定更新への適用の可否との整合性を保持する必要がある問題でもある。当該論点では，更新料条項が法定更新にも適用される旨の約定のある事案に限り，更新料条項が法定更新にも適用されるのであり，この理からすると本問題についても，更新料条項が法定更新にも適用される旨の約定のある事案に限って，更新料不払いが信頼関係破壊となった場合に，法定更新において賃貸借契約の解除原因になると解するべきものとなる。さらに，合意更新における更新料不払いは合意更新契約の解除原因であるが，当該不払いが信頼関係破壊となった場合には建物賃貸借契約の解除原因ともなる。

---

13 渋川満「更新料」水本浩＝田尾桃治編『現代借地借家法講座(1)―借地法』64-65頁（日本評論社，1985），塩崎勤「判批（最二小判昭59・4・20民集38・6・610)」曹時39・2・372, 375-376（1987）

14 小林資郎「判批（最二小判昭59・4・20民集38・6・610)」法学研究21・90（1985），澤田みのり「判批（最二小判昭59・4・20判時1116・41, 判タ526・129)」法時57・1・128（1985）

◉第4節◉

敷引金の法的性質

1. はじめに

　敷引特約とは，建物賃貸借契約の終了時に敷金の一部を賃借人に返還しない旨の特約である。敷引特約については多数の無効判決（京都地判平16・3・16 LEX/DB28091155，大阪高判平16・12・17判時1894・19，神戸地判平17・7・14判時1901・87，京都地判平18・11・8最高裁HP，京都地判平19・4・20最高裁HP，京都地判平21・7・23判時2051・119，なお，大阪地判平17・4・20LEX/DB25437323は一部無効）があり，その効力が注目されるところであったところ，最一小判平23・3・24裁時1528・15（以下，最高裁平成23年3月敷引判決という）は，敷引金が高すぎなければ有効であるとし，それに続く最三小判平23・7・12最高裁HP（以下，最高裁平成23年7月敷引判決という）は，敷引特約の契約書への明記が賃借人の当該特約に関する明確な認識と解され，特段の事情のない限り，有効である旨を最高裁平成23年3月敷引判決を引用する形で示した。

　これにより敷引特約の一般的有効性はゆるぎないものとなったが，敷引金の法的性質の判断はなされていない。

本節では，これまでの裁判例の判断，学説の議論，そして，二つの最高裁敷引判決を踏まえて，敷引金の法的性質を検証する。

2. 敷引金の法的性質

最二小判昭48・2・2民集27・1・80，判時704・44によれば，家屋賃貸借における敷金とは，「賃貸借存続中の賃料債権のみならず，賃貸借終了後家屋明渡義務履行までに生ずる賃料相当損害金の債権その他賃貸借契約により賃貸人が賃借人に対して取得することのあるべき一切の債権を担保し，賃貸借終了後，家屋明渡がなされた時において，それまでに生じた右一切の被担保債権を控除しなお残額があることを条件として，その残額につき 敷金返還請求権が発生するものと解すべきである」るとする。その名目は保証金等であっても実質敷金の性質を有するものは同様に解される。そして，敷金に関する特約は多様なものがあるが，賃貸借の終了時にその全額または一部を控除する旨の特約がなされる場合があり，それを敷引特約という。

最高裁平成23年3月敷引判決事案では敷引金は通常損耗等の補修費用であることが明確に合意されていたが，最高裁平成23年7月敷引判決事案では敷引金の法的性質の合意はなかった。最高裁平成23年7月敷引判決が最高裁平成23年3月敷引判決を引用していることから，最高裁平成23年7月敷引判決は当該事案における敷引金の法的性質を最高裁平成23年3月敷引判決事案と同様に，通常損耗等の補修費用であると判断しているとも考えられる。

敷引金の法的性質が当事者間で明示されていない場合，その法的性質は，通常損耗等の補修費用であるか，あるいはその他の性質を有するものか，またはさまざまな性質が混在しているのか，当事者間に明示があったとしても当事者意思を勘案した場合，さらに別の性質も黙示の性質として認識できるのか，そして，以上の法的性質は事案により異なるものであるか，などにつき検討する。

なお，検討にあたり，まず，敷引金の法的性質等に関するアンケート調査の

結果を示し，次いで判例，学説の順に見ていくものとする。

ところで，敷引特約は消費者契約法10条に該当し無効であるとした前掲神戸地判平17・7・14では，検討すべき敷引金の法的性質として，①賃貸借契約成立の謝礼，②賃貸目的物の自然損耗の修繕費用，③賃貸借契約更新時の免除の対価，④賃貸借契約終了後の空室賃料，⑤賃料を低額にすることの代償の五つが挙げられている。

(1) アンケートに見る法的性質

① アンケートにおける質問および結果

大阪経済大学中小企業・経営研究所の共同研究「不動産ビジネス研究」グループが，平成22年2月19日に㈱リプロスに依頼し，㈶日本賃貸住宅管理協会の会員に対して実施した『住宅の賃貸借契約に関する意識調査報告書』に関するアンケート（以下，中小研アンケートという）の質問および結果を以下に記載する。

なお，調査票郵送数は934社であり，実質回答回収数は310社で実質回答回収率は33.19％であった。

また，本意識調査は予め質問と複数の選択肢を用意して行われ，予め用意した選択肢に回答がない場合は「その他」を選択してもらい，その場合は，文章で回答してもらう形式となっている。

〈質問1〉
【設問2】礼金について
(5) 以前，「礼金」ではなく「敷引き（解約引き）」を行っていたが，神戸地裁の判決平17・7・14（「敷引き」は消費者契約法10条により無効である，との判決）が出てから「敷引き」をやめ礼金を取ることにした方は①ハイ，そうでない方は②イイエに○印を付けてください。
①ハイ　②イイエ　③その他

〈結果〉

①ハイ 22.6%　②イイエ 43.4%　③その他 33.7%

神戸地判平17・7・14の影響はあり，敷引き方式から礼金方式に変更した管理業者が意外と多いことがわかった。

なお，③その他の中には，「敷引きは行っていない」との回答が56社，「敷引きという慣習がない」が9社あった。

〈質問2〉

【設問3】敷引き（解約引き）について

1. 賃貸借契約にあたって礼金の設定がない場合，敷引き（解約引き）を行っていますか。

　①ハイ　②イイエ　③その他

〈結果〉

①ハイ 21.6%　②イイエ 69.8%　③その他 8.5%

敷引特約を実施している率は低いが，地域によって敷引特約を行っている地域とそうでない地域があるものと考えられ，どの地域で敷引特約が実施されているかを，地域ごとの集計を行って明確にする。

なお，③その他の中には，「もともと敷引きがない」が3社あった。特筆すべきものとして，「定額精算金の名目で敷金とは別に徴収している」「ハウスクリーニング代のみ」がそれぞれ1件ずつあった。

〈質問3〉

2. 敷引き（解約引き）を行っている場合について質問します。

　敷金（保証金）から引かれる金額は月額家賃の何か月分が多いですか。

　①1か月分程度　②2か月分程度　③3か月分程度　④4か月分程度　⑤5か月分程度　⑥6か月分程度　⑦その他

〈結果〉

①1か月分程度 38.6%　②2か月分程度 25.3%　③3か月分程度 8.2%　④4か

月分程度 0.6％　⑤5か月分程度 0.6％　⑥6か月分程度 0％　⑦その他 26.6％

　敷引金は月額家賃の1か月分が最も多い。また，月額家賃の1か月分と2か月分とで約64％を占める。

　なお，⑦その他の中には，「敷引きなし」が19社，「30％引き」「自然でない損耗の修繕費用」「間取りによる」がそれぞれ1社ずつあった。

〈質問4〉

3.　敷引き（解約引き）にはどのような意味があると思いますか（複数回答可）。また，もっとも意味が大きいものを番号でお答えください。

　①賃料を低額にすることの代償　②賃貸目的物の自然損耗の修繕費用　③賃貸借契約更新時の更新料の免除の対価　④賃貸借契約終了後の空室賃料　⑤賃貸借契約成立の謝礼　⑥賃料の補充（賃料の前払い）　⑦その他

　もっとも大きい意味があるのは，番号＿＿です。

〈結果〉

　①賃料を低額にすることの代償 13.2％　②賃貸目的物の自然損耗の修繕費用 46.8％　③賃貸借契約更新時の更新料の免除の対価 4.8％　④賃貸借契約終了後の空室賃料 9.4％　⑤賃貸借契約成立の謝礼 9.9％　⑥賃料の補充（賃料の前払い）5.1％　⑦その他 10.8％

　敷引金の意味（法的性質）として「②賃貸目的物の自然損耗の修繕費用」が最も多く，50％近い割合を占める。次に「①賃料を低額にすることの代償」，そして「⑤賃貸借契約成立の謝礼」，さらに「④賃貸借契約終了後の空室賃料」と続く。これらの性質は混在している可能性も否定できない。

　なお，⑦その他の中には「原状回復費用，契約精算金」が3社，「敷引きを行った時点での賃料後払金」「仲介業者への手数料」「短期中途解約権の対価」などがそれぞれ1社ずつあった。

② **地域別アンケート結果**

　地域別アンケート結果は前述の『住宅の賃貸借契約に関する意識調査報告書』を地域別に集計しなおし，『住宅の賃貸借契約に関する意識調査報告書

《都道府県別》』(作成日 2010 年 5 月 5 日)にまとめたものであり,これに基づき概要を以下に記載する。

なお,実質回答回収数は前述のとおり,310 社であるが,回答会社の営業テリトリー内の物件に関して回答をしてもらったため,複数の営業地域を有する賃貸住宅管理会社にあっては複数回答がなされており,その集計数は 404 社となっている。

営業地域は,全国,北海道,東北(青森県,秋田県,山形県,岩手県,宮城県,福島県),関東(群馬県,栃木県,茨城県,埼玉県,千葉県,神奈川県,なお横浜市除く),東京都,横浜市,中部(静岡県,山梨県,長野県,岐阜県,新潟県,石川県,富山県,福井県,三重県,愛知県,なお名古屋市除く),名古屋市,関西(滋賀県,京都府,大阪府,奈良県,和歌山県,兵庫県,なお,大阪市,京都市,神戸市除く),大阪市,京都市,神戸市,中国(鳥取県,島根県,岡山県,広島県,山口県),四国(愛媛県,香川県,高知県,徳島県),九州(福岡県,大分県,宮崎県,鹿児島県,熊本県,佐賀県,長崎県,なお福岡市除く),福岡市,沖縄県,とした。

〈質問 1〉に対する結果

「ハイ」と答えた率が高い地域は,関西 68.0%,大阪市 66.7%,京都市 58.3%,神戸市 64.3%,中国 52.9%,四国 70.0%,福岡市 70.0%であった。

〈質問 2〉に対する結果

「ハイ」が 50%を超える地域は四国だけであったが,敷引特約を実施している率の比較的高い地域は大阪市 37.5%,神戸市 35.7%,九州 38.9%,福岡市 50.0%であった。

〈質問 3〉に対する結果

「1 か月分」が最も多い地域は全国展開をする業者 66.7%,北海道 35.7%,東北 16.1%,関東 13.9%,東京都 19.6%,中部 21.6%,中国 29.4%,四国 35.0%,沖縄県 50.0%,「2 か月分」が最も多い地域は関西 24.0%,大阪市 37.5%,京都市 29.2%,神戸市 28.6%,九州 50.0%,福岡市 50.0%であった。なお,「1 か月

分」と「2か月分」が同数の地域は横浜市 15.0%,名古屋市 21.4%であった。
〈質問 4〉に対する結果
　すべての地域で「賃貸目的物の自然損耗の修繕費用」が最も多かった。

(2) 裁判例および学説に見る法的性質

① 消費者契約法施行前

A. 裁判例

　敷引金が単独の性質を有すると判断した裁判例として，大阪地判昭 52・11・29 判時 884・88 は，権利金であり，当然返還不要の性質を有するものであるとし，大阪地判平 7・10・25 判時 1559・94（居住用か否か不明）も建物通常損傷の修繕費を予定しているものと認定するが，実質は礼金と同様のものであったとも解せられるとし，返還不要が当然であるとする。実務では，敷引特約の存する借家契約にあっては礼金支払いの特約はなく，礼金支払特約の存する借家契約にあっては敷引特約が存しないという関連性があり[1]，当該実務がこのような見解を示す根拠となっているものと思われる。しかし，礼金の法的性質も不確定であることから，礼金と同様の性質であることを認定したところで，敷引金の法的性質が明確になるものではない。権利金についても同様のことがいえ，権利金ならびに礼金の法的性質が明確にならなければ，返還不要が当然であるとの判断すらできないはずである。

　複数の性質を有すると判断した裁判例として，大阪地判平 7・2・27 判時 1542・104 がある。本裁判例は，延滞賃料等賃借人の債務不履行による損害や修繕費用を予め算定したものと認定している。しかし，建物賃貸借契約が終了し，建物を明け渡す時に延滞賃料等がない場合は返還を要すべきことになるし，修繕費用が通常損耗に係るものであればかならず損耗が生ずるも，通常損耗を超える損耗に関する修繕費用ということであれば，当然に発生するもので

---

[1] 田原睦夫「判批（大阪高判平 7・12・20 判時 1567・104）」リマークス 15・59（1997）

はないことから，未発生部分に相当する敷引金は，不当利得返還請求の対象となる（判決も当該費用は未発生であることから，当該敷引特約は不適用であるとしている）。

消費者契約法施行間際になると，三種以上の性質の複合化，あるいは渾然一体化を有すると判断する裁判例が多数を占める。

神戸地判平7・8・8判時1542・94は，賃貸借契約成立の謝礼，賃料を相対的に低額にすることの代償，契約更新時の更新料，借主の通常の使用に伴う建物の修繕に要する費用，空室損料等，さまざまな性質を有するものが渾然一体になったものであるとし，当該慣習にはそれなりの合理性が認められ，公序良俗に違反するということは到底いえず，当該特約は最大限尊重されるべきであるとする（神戸地判平14・6・14最高裁HP，LEX/DB28072285も同旨）。

また，神戸地裁尼崎支判平8・6・28判タ929・217は，当事者の合理的な意思解釈を重視し，従前の賃借人が退去した後の内装等の補修費用，新規賃借人の募集に伴う費用，空室損料補填費用との複合的性質であるとしており，神戸地裁尼崎支判平8・9・27（判例集未登載）もほぼ同様の見解を示す。

大阪高判平9・5・7（判例集未登載）は，一般に，賃貸借契約成立の謝礼，建物の通常の使用に伴って必要となる修繕費用等，さまざまな性質を持つとし，敷引特約の適用場面や金額等から見て，一方的に賃借人に不利益なものであるとか，信義則上許されないあるいは公序良俗に反するといったものでないかぎり，有効と解するとする。

複数の性質の複合化あるいは渾然一体化との判断は，敷引金の性質が契約書等に明示されていないため，裁判官が当事者の合理的な意思を解釈してなされたものである。

B. 学　説

下級審裁判例でも敷引特約の効力を否定したものはなく[2]，それが合理的な範囲に止まるものである限り，有効性は学説によっても肯定されている[3]。

---

[2] 田原・前掲注(1)50

[3] 半田吉信「震災と借地借家人の保護」民商112・4=5・656-657（1995）

多くの学説は，賃貸目的物の自然損耗の修繕費用と解している[4]が，それ以外の性質についても認められるとして，賃貸借契約成立の謝礼，賃料を相対的に低額にすることの代償，契約更新時の更新料，賃借人が自己都合で退去した場合の空室損料，家賃の前払的性質，場所的利益など[5]，論者によりその主張する性質はそれぞれ異なる。

また，敷引金の法的性質を礼金と解する[6]など，単独の性質を有するものと解する見解も存するが，賃貸目的物の自然損耗の修繕費用を主，礼金を従とする複合的性質を主張する見解[7]，前掲神戸地判平7・8・8が示す法的性質を支持する見解からは渾然一体説が主張されている[8]。

なお，これらの性質のうち，どの性質を有するか，または複数の性質が存在する中でどの性質がより大きいかにより，震災等により賃貸借契約が終了した

---

[4] 石外克喜「判批（神戸地判平7・8・8判時1542・97，神戸簡判平7・8・9判時1542・101，大阪地判平7・2・27判時1542・104）」判評452・35（判時1573・189）（1996）

[5] 家近正直「敷金・権利金」塩崎勤『裁判実務大系 第11巻 不動産訴訟法』333頁（青林書院，1987），半田・前掲注(3)125，松森彬＝木内道祥「Q&A地震に伴う法律相談(4)」NBL570・54（1995），升田純「阪神・淡路大震災と財産法上の緊急課題(12)借地借家問題等を中心として」NBL574・45（1995），中本敏嗣「震災関係調停・罹災都市借地借家法臨時処理法による非訟事件の実情と問題点」判タ879・9（1995），野垣康之「建物が滅失して賃貸借契約が終了した場合の敷金返還義務およびその範囲」甲斐道太郎監修『震災と借地借家の法律相談』71-72頁（日本評論社，1995），田原・前掲注(1)59，井上泰人「判批（大阪地判平7・2・27判時1542・94）」判タ945・97（1997），渡辺達徳「判批（最一小判平10・9・3民集52・6・1467）」法セ533・105（1999）

[6] 野村豊弘「民法判例レビュー53」判タ908・50-51（1996）

[7] 生熊長幸「建物賃貸借契約終了時における敷金・保証金・権利金の取扱い―阪神地方における敷引特約を伴う敷金制度を中心に―」太田知行編『民事法秩序の生成と展開：広中俊雄先生古稀祝賀論集』311-313頁（創文社，1996）は，賃借人が自己都合で退去した場合の空室損料につき，前の借主が退去後，空室状態が長く続くとしたら，それは賃貸建物の条件が，近隣の賃貸建物の条件に比べて良くないためであるから，敷引部分に空室損料に対する備えの要素を求めるのは筋が通らないとし，また，家賃の一部前払いの要素を有し，その結果，家賃が当該物件の本来の家賃より低額になっているという見解に対しては，短期で終了しようと，長期に渡った後に終了しようと，敷引される金額は原則的に変らないことから，家賃の一部の前払いという要素を敷引部分の独立の要素と考えるのは困難であるとして，いずれの性質も否定している。

[8] 升田純「判批（最一小判平10・9・3民集52・6・1467）」NBL669・57（1999），石黒清子「判批（最一小判平10・9・3民集52・6・1467）」判タ1036・88（2000）

場合の敷引特約の効力に差異が生じる。すなわち，賃貸目的物の自然損耗の修繕費用や賃借人が自己都合で退去した場合の空室損料の場合には，消極に働き，礼金の場合には積極に働く[9]。

ところで，保証金における償却費と敷引金とを区別して判断する見解がある。その根拠につき，保証金における償却費は，賃貸借が中途解約により終了した場合は，使用期間に応じて按分し償却費の返還を認めるか否かが問題点となる場合があるのに対し，敷引特約については，阪神・淡路大震災の事案で，保証金償却特約と異なり，賃貸借契約の残存期間に応じた敷引金の一部返還を認めた裁判例がなく，この点が，保証金償却と敷引金とが異なる法的性質を有するものであることを示しているとする。ただし，償却費は，敷引金との類似面は多いとする[10]。

なお，居住用においてはこのような保証金における償却費が約定されることは少ないものと思われる[11]。

C. 小　括

敷引金の法的性質は事案により異なる場合があるものの，契約書等への明示

---

[9] 田原睦夫「判批（最一小判平10・9・3民集52・6・1467）」リマークス19・51（1999），平井一雄「判批（最一小判平10・9・3民集52・6・1467）」法教223・109（1999），田中嗣久「災害により賃貸建物が滅失した場合の『敷引特約』の適用の可否」阪経法論47・295-297（2000）

[10] 河邉義典「判批（最一小判平10・9・3民集52・6・1467）」最高裁判所判例解説民事編平成10年度（下）（6月〜12月分）767-768頁（2001）。なお，河邉判事は，保証金償却の約定については，一定の合理性，必要性を有し，暴利行為との認定がなければ有効であるとし，その償却費の趣旨は，賃貸借終了の場合に，新規テナントの募集，そのための賃貸物件の修繕・模様替えの費用，空室期間中の賃料収入を失う危険等の経済的負担の回避にあり，長期の賃貸借においては，中途解約の抑制ないし中途解約に至った場合の経済的損失の補填を図る意味もあるとする。なお，東京地判昭56・4・27判時1006・26は，木造アパートの賃貸借の事案であるが，保証金の償却部分は礼金または更新料の性質を有し，その他の部分は敷金の性質を有するものと判断している。

[11] 生熊・前掲注(7)328頁は，償却特約を伴う保証金は，営業用建物賃貸借の場合に見られるとする。また，「償却」という用語は，東京を中心とした関東地方で使用されているようであるとし，阪神地方における「敷引」という用語にほぼ対応するが，かならずしも同一ではないとする。

がない場合が多く，不明確であることから，裁判官が当事者の合理的意思を解釈して判断することが多くなっている。初期の裁判例において，建物の通常損傷の予定修繕費などの単独の性質を有するものとしていたが，徐々にその性質は三種以上の性質が複合化，あるいは渾然一体化しているものとして，敷引金の性質が意義づけられることになり，その後比較的多くの裁判例がそのような性質を支持することにより，消費者契約法施行前にあっては複合化，あるいは渾然一体化が一般的性質として捉えられるようになったものと思われる。これら複合化，渾然一体化している性質の一つには賃貸目的物の自然損耗の修繕費用が含まれており，当該性質は敷引金が単独の性質を有するものと判断されていた初期の裁判例の時点から把握されており，その点では中小研アンケートでも当該性質がもっとも多い結果となっているように，当事者の合理的意思解釈と称しながら，実は賃貸人の意思のみが解釈されていたものとも考えられる。

　一方，消費者契約法施行直前にあっては，学説に敷引特約の効力を否定したものはない点が注目すべきものと思われる。法的性質については，単独の性質を主張する見解もあるが，さまざまな性質の渾然一体化を示す前掲神戸地判平7・8・8を支持する見解もみられる。

　渾然一体化する法的性質は，本来的に賃料を構成するものと構成しないものとに区分できる。賃貸借契約成立の謝礼はそれが純粋に謝礼ということであれば，賃料を構成しない。賃料を相対的に低額にすることの代償は名目賃料たる月額賃料を低額に見せるための賃料の前払い（あるいは後払い）ということであれば，賃料を構成する。更新期間における賃料の前払いとの法的性質であれば賃料を構成するが，純粋に礼金的要素ということであれば，賃料を構成しない。借主の通常の使用に伴う建物の修繕に要する費用，新規賃借人の募集に伴う費用，空室損料補填費用は，本来ならば賃貸人が負担すべき費用であり，賃料に包含すべきものであって，会計学的には賃貸事業収益を算出するための事業経費に該当する。よって，これらは，本来的に賃料を構成するものといえる。

② 消費者契約法施行後

A. 裁判例

　大阪地判平17・4・20LEX/DB25437323，大阪簡判平17・12・6（刊行物未登載）[12]（居住用か否か不明）は，敷引金は賃貸中の損耗，破損等の修繕費に充てることが目的であると認定し，横浜地判平21・9・3（平21（ワ）2392）LexisNexis は，敷引額は賃料の1か月分相当額であり，次の賃借人を募集するのに必要な合理的期間の賃料分といえるから，空室補償的な性質を有する敷引として不合理ではないとする。

　複合的性質を有するものとして，大阪簡判平15・10・16兵庫県弁護士会HPは，家賃の一部前払い，場所的価値に対する対価および仲介手数料の一部負担としての礼金，大阪地判平18・2・28（刊行物未登載）[13]（居住用か否か不明）は，自然損耗の修繕費用，空室損料等の趣旨を兼備しているとする。

　また，前掲神戸地判平17・7・14，大阪地判平19・3・30判タ1273・221は，当事者の明確な意思が存しない場合は，前掲神戸地判平7・8・8が示す渾然一体的性質，すなわち，賃貸借契約成立の謝礼，賃料を相対的に低額にすることの代償，契約更新時の更新料，借主の通常の使用に伴う建物の修繕に要する費用，空室損料等，さまざまな性質を有するものが混然一体になったものと解するのが相当であるとし，事案の判断にあっては，敷引金の法的性質をすべて否定している。否定された法的性質は，①賃貸借契約成立の謝礼，②賃貸目的物の自然損耗の修繕費用，③賃貸借契約更新時の更新料免除の対価，④賃貸借契約終了後の空室賃料，⑤賃料を低額にすることの代償，であり，明石簡判平17・11・28LEX/DB25437261 も同様にこれら性質を否定する。

　前掲京都地判平18・11・8は，賃貸人が，賃料の一部前払い，契約更新時の更新料免除の対価，賃貸借契約成立の謝礼の渾然一体となったものと主張するのに対し，すべての性質を否定し，前掲京都地判平21・7・23も賃貸人が主張

---

[12] 判決の一部は武田信裕「家屋賃貸借契約における更新料支払条項・敷引特約と消費者契約法」NBL855・40（2007）で紹介。

[13] 判決の一部は武田・前掲注(12)40。

する自然損耗料，リフォーム費用，空室損料，賃貸借契約成立の謝礼，当初賃貸借期間の前払賃料，中途解約権の対価のすべてを否定した。

前掲神戸地判平 17・7・14 以降，事案の判断において，賃貸人が主張する，あるいは一般的に示される法的性質のすべてを否定する裁判例が多くみられるようになった。

B. 学　説

前掲神戸地判平 17・7・14 以降，消費者契約法の適用により，複数の裁判例で敷引金の法的性質の全てを否定する判決が出るようになったことを受け，学説も渾然一体化する法的性質のうちの一部あるいは全部を否定する見解が多くなった。

自然損耗，空室損料ないし経済的機能を有する場合のほか，礼金（権利金）の場合，あるいはこれらの渾然一体化を肯定するものの，自然損耗，空室損料については，一般的には賃料に含まれており，二重取りの問題が生ずることから消費者契約法 10 条により否定されるべきである[14]とする見解がある一方，前掲神戸地判平 7・8・8 が示した五つの性質等の渾然一体説を主張するも，合理性が認められるのは，賃貸借契約成立の謝礼（慣習上の合理性）と賃貸借契約更新時の更新料免除の対価（用途による）だけであるとする見解[15]，前掲神戸地判平 17・7・14 の理由付けを受け，法的性質のすべてを否定する見解[16]もある。

賃貸目的物の自然損耗の修繕費用を敷引きするについては，もはやその合理性は否定され[17]，名目たる月額賃料から通常損耗分の回収をすべきであるとの認識が共通化している[18]とも捉えることができる。

14　澤野順彦『判例にみる借地・借家における特約の効力』279 頁（新日本法規出版，2008）
15　鳥飼晃嗣「居住用建物賃貸借契約における敷引特約に対する消費者契約法の適用について」判タ 1257・33, 41（2008）
16　武田・前掲注(12)41
17　千葉惠美子「賃貸住宅の修繕・補修費用の負担と敷金特約・敷引特約―賃貸借契約の本質的債務関係から見た特約条項の効力」堀龍兒＝鎌田薫＝池田眞朗＝新美育文＝中舎寬樹編『伊藤進先生古稀記念論文集　担保制度の現代的展開』381 頁（日本評論社，2006）

C. 小 括

　消費者契約法施行後における裁判例では，敷引特約につき，原告から消費者契約法10条による無効主張がなされるのであるが，前述のとおり，同法施行前における下級審裁判例では敷引特約の効力を否定したものはなく，学説においてもそれが合理的な範囲に止まるものである限り肯定されている現状から，居住用における賃借人保護のためには消費者契約法の判断に託さざるをえない状況にあったといえる。

　敷引金の法的性質は，消費者契約法10条後段における信義則に反して，消費者，すなわち賃借人の利益を一方的に害するものかどうかの判断において検討されている。つまり，賃貸人が主張する，あるいは一般的に示される法的性質を有していないと判断されることは，賃借人に賃料以外の負担を強いる正当な理由がないことを示しており，それは賃借人の利益を一方的に害することにつながるという論理である。ただし，はたして一方的に害するのか，一方的に害するとしてもそれが信義に反するかの判断は，「消費者と事業者との間に存する情報の質及び量並びに交渉力の格差」の判断如何になる。

　敷引金の一般的性質は，当事者に明確な意思が存しない場合，前掲神戸地判平17・7・14，前掲大阪地判平19・3・30が判断するように，前掲神戸地判平7・8・8が提示する渾然一体説が有力と思われる。学説にも渾然一体説を支持するものが多い。ただし，渾然一体化している性質にはどのようなものがあるかについてはかならずしも明確になっていない。前掲神戸地判平7・8・8では，賃貸借契約成立の謝礼，賃貸目的物の自然損耗の修繕費用，賃貸借契約更新時の更新料免除の対価，賃貸借契約終了後の空室賃料，賃料を低額にすることの代償が挙げられ，前掲京都地判平21・7・23では，リフォーム費用，当初賃貸借期間の前払賃料，中途解約権の対価も挙げられている。

　渾然一体化する法的性質を，本来的に賃料を構成するものとそうでないものに区分する場合，①Cで検討したもの以外のリフォーム費用，当初賃貸借期

18　牛尾洋也「判批（大阪高判平21・8・27金判1327・26，京都地判平20・4・30判時2052・86，京都地判平21・7・23判時2051・119）」リマークス41・49（2010）

間の前払賃料，中途解約権の対価について見てみると，賃料を構成するものは前二者であり，中途解約権の対価は賃料を構成しないものと分類されよう。

　具体的事案の解決にあっては，当事者に明確な意思が存しない場合，一般的性質として，以上のようなさまざまな性質の渾然一体的性質が示され，次に渾然一体化しているさまざまな当該性質を個々別々に検討し，当該事案における不合理な性質を排し，残余の合理的性質をもって，当該事案における敷引金の法的性質とするといった手順が一般化しつつある。

　なお，前掲横浜地判平21・9・3に見るように，中小研アンケートでは，関東等で敷引金額が月額賃料の1か月分であるのが多いのに対し，関西では2か月分が多いことから，地域ごとの敷引金の法的性質の相違が額の相違に表れている可能性も考えられる。一般的性質の検討にあっては地域ごとに行うことも必要かと思われる。

(3) 合理的な法的性質

　一般化された上記手順は，消費者契約法10条の判断枠組みの一環としてなされている。消費者契約法10条を適用する裁判例は，法判断をする前段過程として敷引金の法的性質を詳細に検討し，その合理性を判断するものが多い。

　そこで，消費者契約法10条適用過程において取り上げられた法的性質の合理性・不合理性を判断する理由も踏まえ，これまでの検討結果をも勘案し，敷引金の合理的な法的性質を判断する。

① 消費者契約法10条適用裁判例に見る法的性質の合理性・不合理性

　消費者契約法10条を適用する裁判例のほとんどが敷引特約の有効性に消極の判断を下している。

　消極判断を下す裁判例は，敷引金の法的性質として取り上げられたそのすべてを不合理であると判断している。これに対し，積極の判断を下している裁判例（前掲横浜地判平21・9・3。なお，前掲大阪地判平19・3・30は，敷引金額のうち一部金額について合理性を有するとしている）は，法的性質の合理性を指摘し，敷引特約を有効としている。これらからするに，敷引金の法的性質は敷引特約

の効力判断を左右するほどの重要性を有しているものといえよう。

以下に法的性質ごとに，裁判例から得られた合理的理由および不合理的理由を記載する。

A. 賃貸借契約成立の謝礼

　―不合理性を示す理由―

- 賃借人の一方的な負担（消費者の不利益）
- 謝礼の趣旨・金額の明示がない（消費者の非認識）
- 使用収益の対価ではない（消費者の不利益）

B. 賃貸目的物の自然損耗の修繕費用（リフォーム費用を含む）

　―不合理性を示す理由―

- 賃貸人が負担すべき費用（消費者の不利益）
- 賃借人の二重負担の危険性（消費者の不利益：賃料は，目的物の通常使用に伴う自然損耗に要する修繕費用を含む総収入であり，賃借人に賃料に加えて敷引金の負担を強いることは，賃貸目的物の自然損耗に対する修繕費用について二重の負担を強いることになる）
- 補修費実費に比し金額過大（消費者の不利益）
- 通常損耗の範囲につき不明確かつ不合意（消費者の不理解：最二小判平17・12・16裁時1402・34，判時1921・61，判タ1200・127を引用）
- 賃貸人は，賃料から自然損耗の修繕費用相当分を回収可能（事業者の不利益不存在）

　―合理性を示す理由―

- 賃貸人としては，賃料の一部を構成する自然損耗の修繕費用を賃料以外から回収することは許される（消費者の不利益不存在：賃貸人は賃借人からしか回収できず，賃料以外にどのような時点・名目で回収するかは賃貸人の事業戦略の範囲）

C. 賃貸借契約更新時の更新料免除の対価

　―不合理性を示す理由―

- 賃借人は，賃貸借契約更新の可否にかかわらず，敷引金の負担を強いら

れる（消費者の不利益）
　・賃貸人は，賃料から更新料相当分を回収可能（事業者の不利益不存在）
D. 賃貸借契約終了後の空室賃料
　—不合理性を示す理由—
　・賃借人が使用収益しない期間の空室賃料を支払わなければならない理由はない（消費者の不利益）
　・賃借人不存在の不利益は賃貸人のみが負担すべき（事業者の不利益不存在）
E. 賃料の一部前払い（賃料を低額にすることの代償を含む。これらは実質的に同じ意味である）
　—不合理性を示す理由—
　・賃料減額の程度が敷引金額に不相応であれば，賃借人に賃料の二重負担の危険性あり（消費者の不利益）
　・月額賃料が敷引金に相応して低額になっている証拠はない（消費者の不利益）
　・精算規程の不存在（消費者の不利益：賃貸期間の長短にかかわらず，敷引金として一定額の負担を強いられる）
　・敷引金の負担によりどの程度賃料が低額に抑えられているかに関する情報の不提供により，有利，不利の判断が困難（情報の格差）
　・賃貸人は，月額賃料から回収すべき（事業者の不利益不存在）
　—合理性を示す理由—
　・賃借人に実質的負担の把握可能性あり（消費者の不利益不存在）
F. 中途解約権の対価
　—不合理性を示す理由—
　・賃貸人にも中途解約権が留保されているが，賃借人だけが対価負担（消費者の不利益）

　以上からわかるように，いずれの法的性質も不合理性を示す理由が明示されている。不合理性は，消費者の不利益と事業者の不利益とを対比し，事業者の不利益不存在の認識をもって，消費者の不利益が一方的に害されていることの

証左としている。なお，消費者の不理解，非認識，情報の格差はいずれも消費者の不利益の前過程である。

　一方，合理性を示すのは前掲横浜地判平 21・9・3 のみであるが，居住用貸家の供給過剰という経済的事情を根拠に賃貸人・賃借人間に情報の質・量，交渉力の格差を否定する。したがって，月額賃料の 1 か月分という額の妥当性もその根拠となり，敷引特約の有効性判断を行っている。

　不合理性の理由がすべて妥当だとした場合，賃借人にのみ中途解約権が留保されている事案にあっては，F で挙げた中途解約権の対価を否定する理由が喪失することになるから，中途解約権の対価は敷引金の合理的な法的性質として挙げられることになる。

　一方，前掲横浜地判平 21・9・3 が採用する，総収入である賃料を構成する費用相当額を賃料から回収するか，どの時点，どの名目で回収するかについては賃貸人の事業戦略の一つであるとする捉え方，すなわち，経済合理性を容認し，法的合理性を問わないとするのであれば，本来的に賃料を構成する名目を授与された敷引金は，その法的性質を賃料として把握されることになる。

② **最高裁敷引判決に見る敷引金の法的性質**

　最高裁平成 23 年 3 月敷引事案では，敷引金は通常損耗の修繕費用である旨，契約書に明示されており，最高裁平成 23 年 7 月敷引判決は，敷引特約が契約書に明記されていれば敷引金の法的性質を問題とすることなく，特約の有効性を肯定する。つまり，敷引金の法的性質をあえて検討せずとも，消費者契約法 10 条後段判断を行うことができることを意味する。消費者契約法 10 条後段が不適用とされ，賃貸人・賃借人間に情報の質・量，交渉力の格差が否定された背景として，田原睦夫判事が最高裁平成 23 年 7 月敷引判決の補足意見で「居住用貸家の供給過剰」との経済的事情を指摘する。

　最高裁平成 23 年 7 月敷引判決によれば，「居住用貸家の供給過剰」という経済的事情を前提とした場合，更新料等の一時金の法的性質が具体的に明示されていなくとも，特約の契約書への明示さえあれば，賃借人が当該特約を明確に認識し，明確に合意しているものと評価されるだけではなく，当事者間の当該

特約に関する情報の質・量ならびに交渉力の格差までも存しないとの評価がなされることになる。ここにおいて，一時金の法的性質の重要性は消費者契約法10条における後段判断において後退したものと思われる。

ただし，当該一時金の法的性質が具体的に明示されてはじめてその内容に応じた検討の機会が与えられ，賃貸人と交渉することができることから，なお，当該一時金の法的性質の検討は重要であるとする岡部喜代子判事の最高裁平成23年7月敷引判決での反対意見がある。

③　敷引金の合理的な法的性質（検討結果と私見）

消費者契約法10条を適用し，敷引金におけるすべての法的性質を否定する前掲神戸地判平7・8・8をはじめとする裁判例の判断と，それを受け，同様にすべての法的性質を否定する学説のある中で，今日の経済社会において正常な人間が無目的に金銭等の給付を行うことは通常ありえず，特別の目的が定められていても法的合理性のない場合ないし特別の目的が定められていない場合は，賃料の前払いないし賃料の補充としての意味を有すると考えるべきである。賃料の前払いないし賃料の補充は，もちろん建物賃貸借契約における目的物の使用収益の対価たる賃料に該当する。

私見[19]は，「居住用貸家の供給過剰」という経済的事情等があるため，賃貸人・賃借人間の情報の質・量，交渉力の格差が存しない場合においては，一時金条項（例：賃借人は，本件契約締結時に保証金として100万円（預託分40万円，敷引分60万円）を賃貸人に預託する。……本件契約が終了して賃借人が本件建物の明渡しを完了し，かつ，本件契約に基づく賃借人の賃貸人に対する債務を完済したときは，賃貸人は本件保証金のうち預託分の40万円を賃貸人に返還する等）の契約書への一義的かつ具体的記載がある場合は，法的合理性のある特別の目的を有する一時金は当該特別の目的を有するものとして，特別の目的が定められていても法的合理性のない場合ないし特別の目的が定められていない一時金は当該一時金が使用収益の対価である賃料を構成することを，賃借人が認識している

---

[19]　「第2節　更新料の法的性質」における私見も参照。

ものと考える。賃料を構成する費用項目（例：通常損耗の修繕費用相当額）を月額賃料とするか敷引金とするか，また別の一時金とするかは賃貸人の政策的判断の領域であり，法が介入すべき領域ではない。

　これに対し，「居住用貸家の供給過剰」という経済的事情等がないため，賃貸人・賃借人間の情報の質・量，交渉力の格差が存する場合においては，その格差ゆえに，消費者たる賃借人の利益擁護にあたって，より厳格に明示・賃借人の認識・合意が要求される。これらがクリアされた場合に，法的合理性のある特別の目的を有する一時金は当該特別の目的を有するものとして，特別の目的が定められていても法的合理性のない場合ないし特別の目的が定められていない一時金は当該一時金が使用収益の対価である賃料を構成することを，賃借人が認識しているものと考えることになる。

【別表】敷引特約に関するアンケート結果（中小研アンケート）

1. 神戸地判平17・7・14判決後，敷引きから礼金に変更したか。（全体にあっては％だけの表示となっている。以下，同様）

地　域	集計数	神戸地判平17・7・14判決後，敷引きから礼金に変更したか（件数・％）			
^	^	は　い		いいえ	
全　体	404		16.6		31.9
北海道	14	1	7.1	6	42.9
東　北	31	2	6.5	12	38.7
関東（東京都・横浜市除く）	72	4	5.6	40	55.6
東京都	51	6	11.8	18	35.3
横浜市	20	5	25.0	5	25.0
中部（名古屋市除く）	37	5	13.5	19	51.4
名古屋市	14	5	35.7	3	21.4
関西（大阪市・京都市・神戸市除く）	25	17	68.0	5	20.0
大阪市	24	16	66.7	6	25.0
京都市	24	14	58.3	8	33.3
神戸市	14	9	64.3	4	28.6
中　国	17	9	52.9	6	35.3
四　国	20	14	70.0	3	15.0
九州（福岡市・沖縄県除く）	18	7	38.9	6	33.3
福岡市	10	7	70.0	1	10.0
沖縄県	10	4	40.0	4	40.0
全　国	3	0	0.0	0	0.0

2. 礼金の設定がない場合，敷引きを行っているか。

地域	集計数	礼金の設定がない場合,敷引きを行っているか（件数・%） はい		いいえ	
全体	404		16.3		52.7
北海道	14	0	0.0	12	85.7
東北	31	1	3.2	27	87.1
関東（東京都・横浜市除く）	72	4	5.6	58	80.6
東京都	51	7	13.7	37	72.5
横浜市	20	1	5.0	16	80.0
中部（名古屋市除く）	37	7	18.9	29	78.4
名古屋市	14	3	21.4	9	64.3
関西（大阪市・京都市・神戸市除く）	25	7	28.0	16	64.0
大阪市	24	9	37.5	12	50.0
京都市	24	6	25.0	15	62.5
神戸市	14	5	35.7	6	42.9
中国	17	5	29.4	12	70.6
四国	20	11	55.0	7	35.0
九州（福岡市・沖縄県除く）	18	7	38.9	7	38.9
福岡市	10	5	50.0	4	40.0
沖縄県	10	2	20.0	6	60.0
全国	3	0	0.0	3	100.0

3. 敷引金は月額賃料の何か月分が多いか。

地　　域	1か月分		2か月分		3か月分	
全　　体		15.1		9.9		3.2
北海道	5	35.7	0	0.0	0	0.0
東　北	5	16.1	0	0.0	0	0.0
関東（東京都・横浜市除く）	10	13.9	5	6.9	0	0.0
東京都	10	19.6	6	11.8	0	0.0
横浜市	3	15.0	3	15.0	0	0.0
中部（名古屋市除く）	8	21.6	5	13.5	1	2.7
名古屋市	3	21.4	3	21.4	0	0.0
関西（大阪市・京都市・神戸市除く）	3	12.0	6	24.0	4	16.0
大阪市	2	8.3	9	37.5	5	20.8
京都市	2	8.3	7	29.2	3	12.5
神戸市	2	14.3	4	28.6	2	14.3
中　国	5	29.4	1	5.9	0	0.0
四　国	7	35.0	2	10.0	0	0.0
九州（福岡市・沖縄県除く）	2	11.1	9	50.0	0	0.0
福岡市	0	0.0	5	50.0	1	10.0
沖縄県	5	50.0	0	0.0	1	10.0
全　国	2	66.7	0	0.0	0	0.0

何か月分が多いか（件数・%）

4. 敷引金の意味 （複数回答可としている。）

地域	賃料を低額にすることの代償		賃貸目的物の自然損耗の修繕費用		賃貸借契約更新時の更新料の免除の対価		賃貸借契約終了後の空室賃料		賃貸借契約成立の謝礼		賃料の補充（前払い）	
全体		12.1		43.1		4.5		8.7		9.2		4.7
北海道	0	0.0	7	50.0	0	0.0	0	0.0	1	7.1	0	0
東北	1	3.2	13	41.9	0	0.0	0	0.0	2	6.5	0	0
関東（東京都・横浜市除く）	3	4.2	37	51.4	0	0.0	1	1.4	1	1.4	2	2.8
東京都	4	7.8	20	39.2	0	0.0	1	2.0	1	2.0	3	5.9
横浜市	0	0.0	12	60.0	0	0.0	1	5.0	0	0.0	0	0
中部（名古屋市除く）	2	5.4	18	48.6	1	2.7	4	10.8	1	2.7	0	0
名古屋市	0	0.0	7	50.0	0	0.0	1	7.1	0	0.0	0	0
関西（大阪市・京都市・神戸市除く）	2	8.0	12	48.0	0	0.0	0	0.0	2	8.0	1	4.0
大阪市	2	8.3	12	50.0	1	4.2	0	0.0	0	0.0	0	0
京都市	3	12.5	13	54.2	0	0.0	0	0.0	0	0.0	1	4.2
神戸市	1	7.1	8	57.1	0	0.0	0	0.0	0	0.0	0	0
中国	0	0.0	12	70.6	0	0.0	0	0.0	0	0.0	0	0
四国	1	5.0	9	45.0	0	0.0	3	15.0	2	10.0	0	0
九州（福岡市・沖縄県除く）	2	11.1	11	61.1	0	0.0	0	0.0	1	5.6	0	0
福岡市	1	10.0	5	50.0	0	0.0	1	10.0	0	0.0	0	0
沖縄県	0	0.0	7	70.0	0	0.0	1	10.0	1	10.0	0	0
全国	0	0.0	2	66.7	0	0.0	0	0.0	0	0.0	0	0

5. まとめ（敷引きを行っている地域か，敷引金は何か月分が多いか，敷引金の意味を，地域ごとに一覧にして表示した。なお，敷引きを行っている地域を，神戸地判平17・7・14判決後に，敷引きから礼金に変更した割合が50％を超える地域とした。）

地域	敷引きを行っている地域か	敷引金は何か月分が多いか	敷引金の意味（多い順に並べている） 1	2	3
全体		1か月分	賃貸目的物の自然損耗の修繕費用	賃料を低額にすることの代償	賃貸借契約成立の謝礼
北海道	行っていない	1か月分		賃貸借契約成立の謝礼	
東北	行っていない	1か月分		賃貸借契約成立の謝礼	賃料を低額にすることの代償
関東（東京都・横浜市除く）	行っていない	1か月分		賃料を低額にすることの代償	賃料の補充（前払い）
東京都	行っていない	1か月分		賃料を低額にすることの代償	賃料の補充（前払い）
横浜市	行っていない	1か月分もしくは2か月分		賃貸借契約終了後の空室賃料	
中部（名古屋市除く）	行っていない	1か月分		賃貸借契約終了後の空室賃料	賃料を低額にすることの代償
名古屋市	行っていない	1か月分もしくは2か月分		賃貸借契約終了後の空室賃料	
関西（大阪市・京都市・神戸市除く）	行っている	2か月分		賃料を低額にすることの代償／賃貸借契約成立の謝礼	
大阪市	行っている	2か月分		賃料を低額にすることの代償	賃貸借契約更新時の更新料の免除の対価
京都市	行っている	2か月分		賃料を低額にすることの代償	賃料の補充（前払い）

神戸市	行っている	2か月分	賃料を低額にすることの代償	
中　国	行っている	1か月分		
四　国	行っている	1か月分	賃貸借契約終了後の空室賃料	賃貸借契約成立の謝礼
九州（福岡市・沖縄県除く）	行っていない	2か月分	賃料を低額にすることの代償	賃貸借契約成立の謝礼
福岡市	行っている	2か月分	賃料を低額にすることの代償／賃貸借契約終了後の空室賃料	
沖縄県	行っていない	1か月分	賃貸借契約終了後の空室賃料／賃貸借契約成立の謝礼	
全　国		1か月分		

●第5節●
敷引特約：その他の法的諸問題

　敷引金の意義を通常損耗の原状回復費用と捉えた場合[1]，当該費用は賃貸人が賃料で賄うべき費用相当額であって，明確な合意なく賃借人が負担すべきものではないとする最二小判平17・12・16裁時1402・34，判時1921・61，判タ1200・127（以下，最高裁平成17年判決という）との関連が問題となる[2]。

　本節では，居住用建物賃貸借契約における敷引特約の通常損耗との関係，大災害後の敷引特約の適用の可否など敷引特約に関する法的諸問題を取り上げる。

---

[1] 大阪経済大学中小企業・経営研究所の共同研究「不動産ビジネス研究」グループが，平成22年2月19日に㈱リプロスに依頼し，㈶日本賃貸住宅管理協会の会員に対して実施した『住宅の賃貸借契約に関する意識調査報告書』に関するアンケート（以下，中小研アンケートという）によれば，敷引金は通常損耗の原状回復費用であるとする回答がもっとも多かった。

[2] 最高裁平成23年7月敷引判決での田原睦夫判事の補足意見がある。すなわち，当該判決は，通常損耗費を賃借人が負担する旨の明確な合意が存しないにもかかわらず，賃借人に返還が予定されている敷金から通常損耗費相当額を損害金として差し引くことは許されない旨の判示であって，当初から賃借人に返還することが予定されていない敷引金を通常損耗費に充当することを否定する趣旨ではないとし，当該判決は，敷引特約事案には不適用であるとする。

1. 中途解約時における償却

中途解約時にも約定敷引金の全額を敷金より差し引く旨の特約が存する場合，あるいは中途解約においても建物非使用期間に対応する保証金の償却を行う旨の特約の存する場合，建物賃貸借契約が中途解約されたときに，建物の非使用期間に応じた額（あるいは部分）を返還すべきかについて問題となる。

(1) 裁判例

裁判例は，公平の観点から，保証金の償却特約に関するものでは，保証金等償却額を建物使用期間に応じた額（すなわち，約定期間と賃貸借終了までの期間との比率を勘案した額）とするものとして，東京地判昭45・2・10判時603・62（賃貸目的物（以下，同様）：ビル），東京地判昭61・7・18判時1238・103（店舗），東京地判平4・7・23判時1459・137（事務所）等があり，敷引金事案としては，東京高判昭49・8・29判時759・37（店舗）が挙げられる。

これに対し，約定の償却額全額を賃貸人が取得できるとする裁判例には，東京地判昭50・10・28判タ334・247（ビル）がある。また，敷金全額を不返還とするものとして東京地判昭50・1・29判時785・89（事務所）があり，これは建物を使用収益し得る時から3年内に賃借人の都合で解約した場合，敷金全額を不返還とする特約は金額が高額とはいえない（月額賃料の6か月分）ことから有効と判断された。

約定の償却額全額を賃貸人が取得できるとする理由につき前掲東京地判昭50・10・28は，中途解約の場合に返還すべき保証金の額について特別の合意がなされていない点，合意解約が賃借人の責に帰すべき理由によるものである点を挙げるが，後者の事由は事案の特殊事情であり，賃借人の責に帰すべき事由が存しない場合は，使用期間に応じた額と判断される可能性がある。

これに対し，中途解約時における保証金償却約定が存する事案として，浦和地判昭60・11・12判タ576・70（店舗），東京地判平5・5・17判時1481・144

(店舗) があり，いずれも当該条項を有効とし，約定どおりの償却を認容している。

認容理由として，前掲東京地判平5・5・17は，賃借人は，仲介不動産業者から説明を受け，条項内容は明確容易であることから，賃借人は本件敷引特約を十分に理解して契約締結している点，償却される金額が月額賃料の3倍に満たない金額であり，賃借人の負担として過大でない点，賃借人の交替の際には新賃借人を見つけるまでにある程度の家賃収入を得られない期間を生ずることは往々にして避けられず，その際には，賃貸人において新賃借人獲得のための仲介業者に支払う報酬等の諸経費が必要となることが認められ，そうした事情を考えると，賃貸借契約が短期に終了することを防ぎ，ひいてはその安定的な収入を確保するために賃貸借契約がその期間の満了を待たず，中途で解約となる場合に，期間満了の場合に比して多額の償却をして保証金を返還することは不合理とはいえない点を総合すれば，本件敷引特約が借家法の精神や民法90条に照らして無効とは認めがたいと判断している。

一方，居住用建物にあっては，神戸地判平7・8・8判時1542・94（居宅）が，敷引きされる金額はさまざまな性質のものが渾然一体になったものであり，これを期間のみで按分する根拠に乏しいとし，さらに当事者間の合意の存在および合意の合理性をも併せ考えると，賃貸借契約直後に天変地異があったなど賃借人が賃貸借契約締結の目的をまったく達していないと認めるに足りる特段の事情のない限り，賃貸人および賃借人双方の責に帰さない事由によって賃貸借契約が終了する場合には，残存期間に対応する金額の返還は要しないとし，本事案にあっては2年間の約定賃貸借期間のうち，7か月間の使用収益があることから，賃貸借契約の目的をまったく達成していないと認めるに足りる特段の事情はないとした。

(2) 学 説

不可抗力か否かで区分する見解は，賃借人の責に帰すべき事由によって，賃貸借が終了した場合は，合意通りの敷引きを認めるが，不可抗力による場合

は，敷引きの内容が，かならずしも契約の開始から終了までの期間，終了の事由（不可抗力か，賃貸人の責に帰すべき事由か），敷金の性質および額，敷引きの性質および額などの総合的判断で決定すべきであるとする[3]。

用途により区分する見解は，合意解約または解約申入れの際の敷引特約は，営業賃貸借の場合になされるとする。その理由は，居住用の場合，外部事情が介入しない限り存続するが，営業用は，景気，立地条件等の多様の不確定な要素により左右され，中途解約の営業判断をせざるをえなくなる場合がかならず想定されることから，あらかじめこのような合意が必要となるからである。そして，総じて，営業賃貸借は，予定期間利用できたか否かで調整がなされる傾向にあり，賃借人側の営業上の都合による解約の場合であるから，短期の解約の場合には特に，帰責事由を考慮して調整がなされない場合もあり，これは純粋な権利金の場合における中途終了の際の処理と対応する[4]。

(3) 整理と私見

中途解約時における敷引等が問題となる事案は消費者契約法施行前のものがほとんどである。それというのも消費者契約法施行後の事案にあっては敷引特約（あるいは保証金償却特約）そのものの有効性が消費者契約法10条によって判断されることが多いことから，中途解約時における使用期間に応じた敷引（あるいは償却）が問題となることはないからである。

ただし，一連の最高裁判決にあるように敷引特約等の効力が認められる状況下にあっては，中途解約時の敷引（あるいは償却）の効力を問題としなければならない。

これまで見てきたように，保証金等から一定割合を償却する特約では，償却が使用期間に対応する概念であることから，中途解約時の償却は建物使用期間に応じた額のみとの判断をする裁判例が多い。保証金等から一定割合を償却す

---

[3] 野村豊弘「民法判例レビュー53」判タ908・50（1996）
[4] 平田健治「判批（最一小判平10・9・3民集52・6・1467）」判評485（判時1673・198-199）・36-37（1999）

る特約は非居住用においてなされる場合が多いものの，居住用も事案として少ないながらも存在している（敷引金に関しては居住用が圧倒的に多いといわれている）。

　居住用と営業用とでは用途により区分する見解が指摘するとおり，営業用は賃借人側の営業上の都合による解約の場合が圧倒的に多いものと思われる。賃借は自己の事業者としての適正な事業計画のもとになされるべきであるものの，中途解約は主として賃借人の当該計画の失敗に由来するものと推測される。すなわち，営業用における中途解約は賃借人に帰責性が認められる場合が多いことになる。しかし，そうはいってもかならずしも帰責性が認められるものばかりではなく，居住用と同様，帰責性を問えない外部事情が介入することもある。よって，私見としては，用途により区分するのではなく，帰責性，すなわち，不可抗力か否かで区分する見解を支持したい。

　なお，中途解約時における敷引（あるいは償却）の特約のない場合，前掲神戸地判平7・8・8の判断にあるように，敷引金等の法的性質はさまざまな性質のものが渾然一体となったものであり，それを根拠として期間での按分を否定するが，当該敷引金等の性質を本来的に期間按分すべき性質（たとえば賃料としての性質である場合，賃貸目的物の自然損耗の修繕費用である場合など）のものと期間按分すべきでない性質のものとを金額的に区分できる場合は，期間按分すべき性質に対応する金額部分については按分すべきである。

　本来的に期間按分すべき性質のものとそうでないものとを明確に金額を区分できない場合は，政策的に考えるしかなく，消費者保護の見地から，居住用にあっては全額について期間按分し，営業用にあっては期間按分をしないとの対応も考えられよう。

　ただし，中途解約時にも約定敷引金の全額を敷金より差し引く旨の特約が存する場合あるいは中途解約においても建物非使用期間に対応する保証金の償却を行う旨の特約が存する場合も，賃貸人・賃借人間に情報の質・量および交渉力の格差のない場合は，当該特約は当然に有効となることから，期間按分の必要はない。

2. 賃借人の責に帰すべからざる事由により賃借家屋が焼失した場合の敷引特約の効力

不可抗力により賃貸目的物たる建物が焼失等した場合の敷引特約の効力について検討する。

(1) 最高裁（最一小判平 10・9・3 民集 52・6・1467（居宅）（以下，最高裁平成 10 年判決という））判決以前

① 裁判例

大阪地判昭 52・11・29 判時 884・88（居宅）事案は，賃借家屋が不可抗力による火災で焼失したために賃貸借契約が終了した事案であり，敷引特約は有効であるとした。

これに対し，大阪地判平 7・2・27 判時 1542・104（居宅）は，敷引金の性質を前述のとおり，延滞賃料等の賃借人の債務不履行による損害や修繕費用と認定していることから，債務不履行による損害もなく，賃借人の責に帰すべからざる火災で，全焼，滅失したものであることから，修繕する必要性がなくなった事案にあっては，敷引特約の適用はないものと判断している（神戸地裁尼崎支判平 8・9・27（判例集未登載）（居宅，最高裁平成 10 年判決の第一審）も同旨）。

また，店舗の裁判例であるが神戸簡判平 7・8・9 判時 1542・94 は，阪神・淡路大震災により借家が滅失した事案であり，賃借人が「自己の都合」で賃貸借契約を解約した場合に敷引（28％に相当する金員を控除）するとのことであり，「自己の都合」の内容は明確ではないが，地震による賃貸建物の滅失は賃借人の「自己の都合」ではないと端的に結び付けられるものではなく，賃貸人側の事情での解約にあっては全額返還されることから，漠然と賃貸人側の事情で契約を解約される場合以外を広く指すと考えるべきであるとし，敷引特約の適用が認められないものではないとする。なお，最終的な適否の判断としては，本件敷引金は，賃貸人が主張するような維持・管理等に関する費用に該当

するものではないとして，敷引特約の適用を否定しており，敷引金の法的性質に着目した結論を導いている。

　以上の判例は当事者間の合意に根拠を置いているのに対し，前掲神戸地判平7・8・8（居宅）は慣習を根拠とし[5]，敷引金はさまざまな性質のものが渾然一体となっているものと認定し，賃借人による「自己の都合」との限定もないことから，敷引特約を有効とした。なお，本判決は，阪神・淡路大震災によっても借家は滅失していないとし，賃借人からの保証金返還請求をもって解約申入れとみなし，約定により1か月経過時に賃貸借契約が終了したと判断した。なお，控訴審判決である大阪高判平7・12・20判時1567・104は，天災地変の場合に保証金（敷金）全額を返還する旨の特約の存在は認定したが，敷引特約の効力については判断していない。

　大阪地判平7・10・25判時1559・94（不明）も阪神・淡路大震災により借家が滅失した事案であり，これまでの判例と同様，敷引金を建物通常損傷の修繕費として予定されているものと認定するが，すでにこれまでの修繕費として使用された可能性があり，月額賃料の2.5か月分という当時の通常の礼金額に匹敵する額であることから，礼金として取得されたものと解釈することも可能であり，そうであるならば，修繕を実施したか否か，実施したとしてその日時，内容，金額を賃借人に対し具体的に説明する必要がなくとも，敷引特約は有効であるとする。判決当時，礼金は一般的な取引慣行としてその具体的性質を考慮することなく授受されていたものであることが，このような判断に至った要因であると思われる。

　神戸地裁尼崎支判平8・6・28判タ929・217（居宅）は，賃貸借契約の目的物が滅失した場合には敷引特約適用の実質的根拠を失い，もはや敷引きはできない（控訴審である大阪高判平9・1・29判時1593・70も同旨）とし，さらに目的物の滅失については不可抗力による滅失と賃貸人による滅失を区別するもので

5　石外克喜「判批（神戸地判平7・8・8判時1542・97，神戸簡判平7・8・9判時1542・101，大阪地判平7・2・27判時1542・104）」判評452（判時1573・192）・38（1996）

はないとする。

大阪高判平 9・5・7（判例集未登載）（居宅，最高裁平成 10 年判決原審）は，次の(イ)から(ホ)の事情を総合考慮し，阪神・淡路大震災によって建物が滅失した場合にも有効であるとする。(イ)地震等天災によって建物が滅失する場合をも予測した上で，敷引特約が定められていること，(ロ)阪神・淡路大震災によって本件建物が滅失したことによる被害は，賃貸人・賃借人双方とも等しく被っており，いずれか一方のみに損害が偏って生ずるというものではないこと，(ハ)控除される金額は，敷金 100 万円の 2 割の 20 万円で，当時の賃料の約 3.6 倍であって，さして高額でないこと，(ニ)本件賃貸借契約は，滅失時まで 18 年以上も継続していたこと，(ホ)本件建物は，一戸建てで，立地条件も極めて良い場所にあったこと，である[6]。

② 学　説

学説は，敷金全額の返還請求につき，不可抗力により賃貸借契約が終了した場合にも敷金全額を返還しない旨の特約は無効であるとする見解[7]が有力であるが，一部金額が不返還とされる敷引特約については，個々の契約によりその内容がさまざまであることから，個々の契約に則して，敷金の性質および額，敷引きの性質および額，当事者間の負担の公平，災害の規模などを総合的に判断すべきであるとする見解（総合考慮説：償却部分が権利金としての性質を有する場合は返還義務が生ぜず，有効となるが，家賃の前払いとしての性質を有する場合は残存期間に相応する部分は返還することになり，借家の原状回復に必要な修理・修繕等の費用としての性質を有する場合は，原状回復の必要がないことから特約は無効となる）[8]，当事者が内容を理解して契約した以上有効とする見解[9]（原

---

[6] 平井一雄教授は，(ハ)は礼金的に考えてもさほど高額ではないとし，(ニ)は借賃の一部一括前払的性格があり，(ホ)は場所的な利益の対価ととらえうるとの推測を提示する（同「判批（最一小判平 10・9・3 民集 52・6・1467）」法教 223・109（1999））。ただし，居住用賃貸借にあって，月額賃料の約 3.6 倍は，今日のように 1 か月分が多い礼金額からすれば高いものといえる。

[7] 星野英一『借地・借家法』267 頁（有斐閣，1969），中本敏嗣「震災関係調停・罹災都市借地借家臨時処理法による非訟事件の実情と問題点」判タ 879・9（1995）

則有効説),特約の効力を否定する見解[10](原則否定説),少なくとも未経過の賃借期間に対応する金額は返還すべきとする見解[11](一部否定説)がある。

また,総合考慮説の一つに位置付けることができるが,敷引特約の効力を否定するのは不可抗力による滅失等に限定すべき見解として,次のものがある。すなわち,契約成立直後に双方の責に帰すことのできない事由により契約が終了し,契約の目的を達成することができなかった場合等では返還が認められるべきであり,賃貸借の期間が定められかつ敷引の比率が高率で賃料の前払い的な要素が認められる場合には,契約終了時の残存期間に応じてその返還が認められるべきであり,敷引特約の効力判断にあたっては,礼金,更新料の定めの有無,敷引きの比率,周辺の敷引きの定めのない賃貸借契約の賃料との比較,地域の慣行等様々な要素を総合考慮する必要があり,殊に関西と関東との慣行の相違にも十分に意を払うべきである[12],とする。

③ 整理

敷引特約については無制限に有効とするもの(前掲大阪地判昭52・11・29,前掲神戸地判平7・8・8,前掲大阪地判平7・10・25)は少なく,特約としては有効だが滅失の場合には適用されないとして結局適用を拒否するもの(前掲大阪地判平7・2・27,前掲神戸地裁尼崎支判平8・6・28,前掲大阪高判平9・1・29)がほとんどであり,その根拠を敷引の趣旨が通常の終了の場合に考えられる費用担保であることにおいている点に注目される。反対に有効とする判決は,敷引きの趣旨を渾然一体であり性質決定できないと考えている(前掲神戸地判平7・8・8)点にある[13]。

---

8 田中敦「判批(神戸地判平7・8・8・判時1542・94)」判タ913・82(1996),升田純「阪神・淡路大震災と財産法上の緊急課題(12)―借地借家問題等を中心として」NBL574・45(1995),野村・前掲注(3)51,石外・前掲注(5)37
9 星野・前掲注(7)267頁
10 野垣康之「建物が滅失して賃貸借契約が終了した場合の敷金返還義務およびその範囲」甲斐道太郎監修『詳しい震災と借地借家の法律相談』71頁(日本評論社,1995)
11 松森彬=木内道祥「Q&A地震に伴う法律相談(4)」NBL570・55(1995)
12 田原睦夫「判批(大阪高判平7・12・20判時1567・104)」リマークス15・59(1997)
13 平田・前掲注(4)36

また，裁判例は特約の内容にもよるが，不可抗力による滅失とそうでない滅失とを区別しないものが多いのに対し，学説は，総合考慮説が有力となると思われるが，不可抗力による滅失につき，敷引特約の効力を否定する見解が有力となっている。

(2) 最高裁平成10年判決

① 判　決

最高裁平成10年判決は，災害により賃借家屋が滅失し，賃貸借契約が終了したときは，特段の事情のない限り，敷引特約を適用することはできず，賃貸人は賃借人に対し敷引金を返還すべきものと解するのが相当である，とした。その理由として，当事者間に明確な合意が存する場合を別として，賃貸借契約が火災，震災，風水害その他の災害により当事者が予期していない時期に終了した場合についてまで敷引金を返還しないとの合意（礼金を例に挙げている）が成立していたと解することはできず，不返還を相当とするに足りる特段の事情がないかぎり，返還すべきものであるとしている。

本判決は，居住用家屋の敷金，保証金に限られる判決と解されており[14]，営業用建物の敷金，保証金については判断を異にする意図があると解される[15]。さらに，災害により賃借家屋が滅失し，賃貸借契約が終了した場合に限定されていることから，賃貸人が賃借家屋を取り壊し滅失させたことにより賃貸借契約が終了した場合には不適用となる。この点で，前掲神戸地裁尼崎支判平8・6・28（居宅）の判断は否定されている。また，当事者間に明確な合意が存する場合には，災害による賃借家屋滅失，賃貸借契約終了にあっても敷引特約は有効ということになる[16]。

敷引金を不返還とする特段の事情は，具体的にどのような場面を指すかとい

14　河邉義典「判批（最一小判平10・9・3民集52・6・1467）」最高裁判所判例解説民事編平成10年度（下）（6月～12月分）776頁（2001），平田・前掲注(4)34，田原・前掲注(12)51

15　渡辺達徳「判批（最一小判平10・9・3民集52・6・1467）」法セ533・105（1999）

16　河邉・前掲注(14)776頁

う点が今後の焦点になる[17]。

なお，傍論であるが，敷引金は，個々の契約ごとにさまざまな法的性質を有するものであることを認めている。

② 学　説

本判決は，個々の交付契約の内容を当事者の合理的な意思を根拠に，契約上の規定を合理的に制限したり，変更したりすることを認めるものであり，当事者の合理的意思を理由に特約を制限的に解釈することを認めるものである[18]。

これに対し，当事者の合理的な意思を根拠とする解釈に批判的な見解がある。すなわち，当事者の合理的意思のみを根拠とする解釈は契約自由の原則に対する重大な侵害に至るおそれがあり，軽々に利用すべき理論ではないし，本判決の事案の範囲を超えて敷金の返還に関する特約を制限的に解釈する理論として広く利用される可能性があるとして懸念を呈している[19]。

同様に批判的な立場である他の見解は次のとおりである。すなわち，判決の結論は，敷引特約の有効性を限定的に解釈する意味で支持できるが，個別性質決定アプローチを明示に採らない分だけ反論可能性が小さくなってしまっていることから，より明確な方向付けと判断枠組みの提示の必要性を強調する。本判決については，礼金としての合意がある場合が除外されているが，この場合に裁判所のコントロールがその限りで及ばなくなる趣旨ではなく，その内容の合理性が別個に検討されることが予定されていると解すべきである[20]とする。

このように学説は，消極説が有力である[21]。それは敷引きの性質を建物の補修費，空室損料として捉えているからであり，敷引金は礼金の性質を有すると解する立場[22]，各種の性質が加味されていると解する立場[23]からは積極説が主

17　平井・前掲注(6)109

18　升田純「判批（最一小判平10・9・3民集52・6・1467）」NBL669・54（1999）。升田教授は，従来は例文解釈の理論，事情変更の原則の適用により制限をしてきたとする。

19　升田・前掲注(18)59

20　平田・前掲注(4)37

21　半田吉信「震災と借地借家人の保護」民商112・4＝5・657-658（1995），石外・前掲注(5)38，野垣・前掲注(10)71頁

張されている[24]。

　ただし，積極説に立つ見解においても本判決を支持する見解がある。すなわち，本件事案については，賃貸人の事情による解約時における敷金全額返還の約定からすれば，敷引金は，返還不要の意義を有する権利金・礼金等とは異なることから，積極説に立っても返還すべきものと解されるべきものであり，本判決が事例判決をせず，一般的な判示をしたのは，敷引特約の趣旨が曖昧であり，個々の事案ごとに法的性質の判断を求められるべきところ，学説の批判もあり，最高裁判例として一つの指針を示したものと評価する見解である。したがって，本判決の射程距離については，居住用家屋の賃貸借における敷引特約であり，事務所用・営業用は営業上の利益，場所的利益等，権利金・礼金的な性質が濃厚に包含されており，当事者の責に帰することのできない事由により契約が終了する場合においても，敷引きを認めるのが相当数ある。さらに少なくとも損耗料が敷引きに包含されていないことが明確な場合も，本判決の射程外であると主張する[25]。

　また，各種の性質が加味されていると解する立場からも本判決を支持する見解がある。すなわち，敷引金はさまざまな法的性質の渾然一体となった性質を有するものであるとし，これは個々の敷引金の性質に立ち入らずに敷引金の法的性質を捉えるものである。そして，最高裁平成10年判決は，この渾然一体説を前提とし，契約当事者の合理的意思解釈手法を用いて，個々の事案の具体的な内容に立ち入らなくてすむよう一律解決ができる法理を示し，賃貸借契約における特約の効力を制限的に解釈したものと評価する[26]。

　なお，裁判官の契約解釈の手法としては，事実認定の側面と価値判断の側面があり，後者は，法律行為にどのような効果を与えるべきかについて価値判断を行い，妥当な効果を付与するという意味での解釈（規範的契約解釈）である

22　野村・前掲注(3)50
23　中本・前掲注(7)9，田原・前掲注(12)59
24　田原睦夫「判批（最一小判平10・9・3民集52・6・1467）」リマークス19・51（1999）
25　田原・前掲注(24)51
26　河邉・前掲注(14)776-777頁

が，裁判官の判断においてしばしば当事者の合理的意思解釈といった形でなされる[27]こともあり，最高裁平成10年判決はまさに当該解釈により価値判断を行ったものといえる。

③ 整理と私見

最高裁平成10年判決は，当事者間に明確な合意が存する場合，敷引特約は有効であるとするが，当該合意の有効性も，消費者契約の付随条項であるから，当事者の主張があれば消費者契約法施行後においては当然に消費者契約法10条判断に服することになる。

また，本論点は，「1. 中途解約時における償却」で検討した目的物非使用期間に対応した敷引金等の返還の可否の論点と共通する。すなわち，賃借人に帰責性のない中途解約の場合には，期間按分がなされるのと同様，災害等，不可抗力による賃貸目的物の滅失の場合も，賃借人に帰責性なく建物賃貸借契約が終了するのは中途解約と同様であることから，両事案は類似事案であるといえ，法的効果に差異を設けるべきではない。よって，不可抗力による賃貸目的物の滅失は，「1. 中途解約時における償却」の場合と平仄を合わせるべく，敷引（あるいは償却）のうち，期間按分すべき性質に対応する金額部分については按分をなすべきということになる。

本論点においても学説は敷引金等の法的性質を重視するが，最高裁平成10年判決は，敷引金等に個々の契約ごとにさまざまな法的性質が存することを認めており，期間按分すべきかどうかは事案ごとに個別具体的に判断することになる。たとえば敷引金等が賃料としての性質を有する場合，賃貸目的物の自然損耗の修繕費用である場合などは期間按分すべきものとなる。しかし，さまざまな性質が渾然一体化している場合には，期間按分すべき性質に対応する金額部分が明確に区分されている場合は格別，そうでない場合はやはり政策的な対応を採ることになろう。

なお，上記のような私見に立つ場合，敷引金等の全額につき敷引特約の効力

---

27 宮澤志穂「判批（最二小判平17・12・16 裁時1402・34，判時1921・61，判タ1200・127）」判タ1210・58（2006）

を否定する最高裁平成10年判決との整合性が問題となる。この点については最高裁平成10年判決は，敷引金等の法的性質につき渾然一体説に立ったものとみて，期間按分すべき法的性質に対応する金額部分の区分不能ゆえに，敷引金等の全額について敷引特約の効力を否定したものと捉えることになろう[28]。

また，最高裁平成10年判決は，居住用建物に限定する解釈を採る見解が存する[29]が，営業用も居住用と同様，帰責性を問えない外部事情が介入する場合もあり，用途で差異を設けるべきではないと思われる。

3. 最高裁平成17年判決（居住用）と敷引金との関係

(1) 賃借人の原状回復義務と通常損耗

一般に，賃借人は，賃貸借契約終了時に，原状回復義務として，賃借物件の通常の使用収益を妨げる付属物を収去する義務があると解されている[30]。しかし，通常損耗（賃貸借契約の目的および社会通念に従って賃借物件を使用したことによって生ずる劣化および価値の減少）分の回収は実質賃料を構成する減価償却費・修繕費などの必要経費に含まれていると考えるのが合理的である[31]。したがって，賃貸借契約により定められまたは社会通念上通常の方法により目的物の使用収益をしている限り，原則として返還時の状態で返還すれば足り，通常損耗について原状回復義務はないと解されている[32]。最高裁平成17年判決も同様の見解が示され，多数の下級審裁判例[33]，東京における住宅の賃貸借に係

---

28 つまり，河邉・前掲注(14)776-777頁を支持することになる。
29 河邉・前掲注(14)776頁，平田・前掲注(4)34，田原・前掲注(24)51
30 島田佳子「建物賃貸借契約終了時における賃借人の原状回復義務について」判タ1217・59（2006）
31 島田・前掲注(30)59，千葉恵美子「判批（大阪高判平16・5・27判時1877・73，大阪高判平16・7・30判時1877・81）」判評562（判時1906・204）・26（2005）
32 島田・前掲注(30)59，星野・前掲注(7)200頁，幾代通＝広中俊雄『新版注釈民法（15）』302頁〔石外克喜〕（有斐閣，1989），平井一雄編『民法Ⅳ 債権各論』147頁（青林書院，2002），潮見佳男『債権各論Ⅰ』110頁（新世社，2005）

る紛争の防止に関する条例2条（平成16年東京都条例第95号，平成16年10月1日施行）[34]によっても採用され，実務的に定着しているとされている[35]。

　したがって，賃借人に原状回復義務が課されている場合には，付属物収去義務，保管義務，用法遵守義務等賃借人の義務に違反したことにより生じた賃借物件の毀損，変更を補修し，元に戻すべき作為義務を含むものということになり[36]，国土交通省住宅局「原状回復をめぐるトラブルとガイドライン（改定版）」（平成23年8月）には，賃借人の原状回復義務を「賃借人の居住・使用により発生した建物価値の減少のうち，賃借人の故意・過失，善管注意義務，その他通常の使用を超えるような使用による損耗等を復旧すること。」と規定されている。

　以上から，多くの裁判例が原状回復特約を通常損耗についての原状回復義務を定めたものではないと制限的に解釈している[37]。

　しかし，原状回復特約を通常損耗について賃借人の原状回復義務を定めたも

33　東京高判昭31・8・31下民集7・8・2318，判タ62・70，東京地判平7・3・16判タ885・203，大阪高判平12・8・22判タ1067・209，神戸地判平14・6・14最高裁HP，東京地判平15・11・17LexisNexis独自収集判例など。

34　本条例は，東京都内にある居住用の賃貸住宅が対象であり，店舗・事務所等の事業用は対象外とされている。本条例2条で，宅地建物取引業者は，退去時における住宅の損耗等の復旧ならびに住宅の使用および収益に必要な修繕に関し東京都規則で定める事項を記載した書面を賃借人に交付して説明しなければならないと規定している。東京における住宅の賃貸借に係る紛争の防止に関する条例施行規則（東京都規則第92号，平成16年10月1日施行）2条には当該賃借人に説明すべき事項が規定されている。同規則2条1号では，「退去時における住宅の損耗等の復旧については，当事者間の特約がある場合又は賃借人の責めに帰すべき事由により復旧の必要が生じた場合を除き，賃貸人が行うとされていること。」，同2号には「住宅の使用及び収益に必要な修繕については，当事者間の特約がある場合又は賃借人の責めに帰すべき事由により修繕の必要が生じた場合を除き，賃貸人が行うとされていること。」と規定されている。

35　島田・前掲注(30)59

36　島田・前掲注(30)60。また，付属物収去義務は目的物返還義務に包含されると解される（1個説）。それは，最高裁平成17年判決が「賃借物件を原状に回復して賃貸人に返還する義務」と表現していることを理由とする。

37　東京簡判平12・6・27判時1758・70，大阪高判平12・8・22判タ1067・209，名古屋簡判平14・12・17最高裁HP，東京簡判平16・10・26最高裁HP，東京簡判平17・3・1最高裁HP，東京簡判平17・11・29最高裁HP

のと解する場合が否定されたわけではなく、その認定は厳格ではあるが最高裁平成17年判決で認められている。

一方、敷引特約における敷引金の法的性質として考えられるものに通常損耗についての原状回復費用があり、中小研アンケートでももっとも大きな比重を占めているとの結果となっているところである。

そこで、賃借人に通常損耗の原状回復義務を認めるにあたり、厳格に判断する最高裁平成17年判決と敷引特約との関係が問題となる。

(2) 最高裁平成17年判決

最高裁平成17年判決は、通常損耗補修特約が明確に合意されているか否かが争点となった事案で、当該特約が明確に合意されているというためには、賃借人が補修費を負担することになる通常損耗の範囲につき、賃貸借契約書自体に具体的に明記されているか、賃貸人が口頭により説明し、賃借人がその旨を明確に認識して、それを合意の内容としたものと認められるなど、その旨の特約が明確に合意されていることが必要であるとした[38]。これは特約の成立要件を厳格[39]にし、賃借人の救済を図ろうとするものである[40]が、通常損耗補修特約につき合意があるとされる事例では、それが民法90条や消費者契約法10条により無効となるかが検討されている。

また、本判決は、通常損耗分は原則として賃貸人負担であることを確認したことは、任意規定からの逸脱を判断要素の一つとして契約条項を自制している消費者契約法10条との関係では重要な意義を有する[41]との評価がなされている[42]。

(3) 最高裁平成23年7月敷引判決における田原睦夫判事の補足意見と私見

最高裁平成23年7月敷引判決における田原睦夫判事は、その補足意見の中で、通常損耗に関する最高裁平成17年判決は、敷引特約事案には不適用であるとする。すなわち、当該判決は、通常損耗費を賃借人が負担する旨の明確な合意が存しないにもかかわらず、賃借人に返還が予定されている敷金から通常

38 事業用物件の賃貸借については，負担に合理性がある，あるいは不当な負担ではないと評価して契約文言に沿った解釈をする裁判例が多い（東京地判平17・4・27LexisNexis独自収集判例（事務所）は，通常使用による消耗による原状変更についても，賃借人において原状回復義務があるとするが，単に使用した事実のみを捉えて当然にクロスの張替え等，付属部品の交換等を要するものではなく，外見や機能上何らかの減退がある場合にはじめて原状回復義務があるものとし，制限的に解釈している。また，原状回復は，賃貸借契約による引渡しがされた直前の状態への回復を意味するものであり，それを超える状態への原状回復を意味するものではないことは当然であるとする。東京高判平12・12・27判タ1095・176（事務所）は，オフィスビル等には市場性原理と経済合理性が適用されるとする。通常損耗等の原状回復費用は相当高額になり，当該費用を賃人が予測することは困難であり，またこれを賃料に加算することは市場性原理から現実的に不可能な場合も多い状況からすれば，居住用の賃貸借契約とは異なり，賃借当時の状態にまで原状回復して返還する義務が賃借人にあるとする（東京地判平17・5・18 LexisNexis独自収集判例（事務所兼店舗）も同旨））。しかし，最高裁平成17年判決は，居住用賃貸借契約事案に止まらず，事業者間のオフィス賃貸借契約一般にもあてはまる。本裁判は「建物の賃貸借において」として特にその対象を限定していない（島田・前掲注(30)68。なお，島田判事は，本裁判は，事業用と居住用とを区別することなく，広く賃借人保護の趣旨があるとする）点，居住用賃貸借契約と事業者間のオフィスの賃貸借契約とは契約の性質を異にせず，それぞれの賃貸借契約における通常損耗に係る投下資本の回収についても異なるものと解すべき事情はないと考えられる点，本判決が示した要件，およびその当てはめの具体的結果は，居住用賃貸住宅，オフィス賃貸借とを区別する基準を含んでいない点がその理由となる。

しかし，東京簡判平20・11・19最高裁HP（事務所）（本件では借主解約特約として，6か月前に解約予告することを前提に，借主に一方的な解約を許す一方，即時に中途解約された場合，月額賃料の4か月分の即時解約金が敷金より控除される特約が約定されているが，当該約定も合理的であって有効であると判断されている。）は，最高裁平成17年判決は居住用賃貸借契約の事案であって，市場性原理と経済的合理性が支配するオフィスビルのような事業者用賃貸借契約には妥当しないとする。しかも，賃借人も賃貸人も事業者であり，交渉力・情報力で対等な立場にあることから，消費者契約法は当然に不適用となるとする。

そして，本件償却費は賃貸借期間中に生じた通常損耗を含む損耗，破損等の修復費に充てる目的であるとし，原状回復費用額は，賃借人の建物の使用方法により異なり，損耗の状況によっては相当高額になることもあるが，当該費用を賃借人の負担とすることが相当であること，原状回復特約をせずに原状回復費用を賃料額に反映させると賃料の高騰につながること，賃借人の使用期間は，もっぱら賃借人側の事情によって左右され，賃貸人においてこれを予測することは困難であるため，適正な原状回復費用をあらかじめ賃料に包含するのは現実的に不可能であることから，原状回復費用を賃料に含めないで，賃借人が退去する際に賃貸時と同等の状態までにする原状回復義務を負わせる特約を定めていることは，経済的にも合理性があると解するのが相当であるとし，原状回復費用の事前の概算的な算定とみることができる限りで賃借人に一方的に不利な特約とはいえず，償却額も敷金の約25％であり，相当である。よって，本件償却特約は合理的な約定であり，そうであれば，借地借家法の精神，公序良俗に反して無効とはいえず，権利の濫用にもあたらないとする。

損耗費相当額を損害金として差し引くことは許されない旨の判示であって，当初から賃借人に返還することが予定されていない敷引金を通常損耗費に充当することを否定する趣旨ではないとする。

しかし，次の四つの点で両事案は類似事案であると思われる。一つ目に，敷引特約事案においても，当該敷引金の法的性質が明確にされていない以上，賃借人は通常損耗費相当額であることを明確に合意しているとはいえないこと，二つ目に，いずれの事案でも賃借人が通常損耗費相当額を負担することになること，三つ目に，敷引金も返還が予定されている敷金から差し引くものであること，四つ目に，敷引金を賠償額の予定とみることも可能であって，あらかじめ差し引くべき損害金を確定しておく場合と敷金から通常損耗費相当額を損害金として差し引く場合とで些少の差しかないこと，である。

したがって，私見からすれば，最高裁平成17年判決は敷引特約事案にも適用になるのである。そうであるならば，最高裁平成17年判決と最高裁平成23年7月敷引判決との関係が問題になる。これについては，最高裁平成23年7月敷引判決が最高裁平成17年判決を前提としながらも，賃貸人・賃借人間に情報の質・量ならびに交渉力の格差がない場合，つまり，私見でいえば，「居住用貸家の供給過剰」という経済的事情の存する場合には最高裁平成17年判決基準は緩和される。そして，契約書にさえ明記されていれば，賃貸借契約の

---

39 吉永一行准教授は，通常の約款や契約書式における条項の成立に比して，非常に厳しく解されている（同「判批（最二小判平17・12・16判時1921・61，判タ1200・127）」産大法学40・1・106（2006））とし，また，島田判事は大修繕等についてはさらに制限的に解釈されている（同・前掲注(30)65-66）とする。

40 内田勝一「判批（最二小判平17・12・16裁判集民1402・34，判時1921・61，判タ1200・127）」ジュリ1313・87（2006）

41 丸山絵美子「判批（最二小判平17・12・16裁判集民1402・34，判時1921・61，判タ1200・127）」法セ615・123（2006）

42 島田判事は，賃貸借終了前における賃貸人の補修請求権につき，最一小判昭29・11・18裁判民集16・529は，賃借人が民法616条，594条1項，400条に違反して賃借物に変更を加えても，賃貸人は，賃借人に対して原状回復を求めることはできないとして否定しているが，なお，仮に賃貸借期間中における通常損耗にかかる修繕義務の合意の成立を認定するにあたっても，最高裁平成17年判決の判断の趣旨は及ぶものと解している（同・前掲注(30)62, 69）。

締結にあたって，当該契約によって自らが負うこととなる金銭的な負担を明確に認識したことになり，敷引特約は当事者間で効力を有することになるのである。

●第 6 節●
敷引特約，更新料条項判決に見る消費者契約法 10 条判断

1. はじめに

　消費者契約法施行後，敷引特約および更新料条項の効力判断は消費者契約法 10 条を通して行われている。消費者契約法 10 条判断は任意規定からの乖離が存すると，任意規定の適用に比し消費者の権利制限または義務加重があるとの前段判断がなされ，後段判断に移行する。後段で，信義則に反して消費者利益を一方的に害するとの判断がなされると，当該条項は無効と判断される。

　不当条項は消費者と事業者間にある情報の質・量ならびに交渉力の格差を背景として締結されたことが前提にある。消費者契約法 10 条は，この格差が条項を通して消費者の利益を一方的に侵害するとの思考を採る[1]。当該格差の存否判断を消費者契約法 10 条はどのように行うのであろうか。敷引特約および更新料条項の有効性判断を消費者契約法 10 条で行うにあたり，当該格差判断

1　消費者庁企画課編『逐条解説　消費者契約法』222 頁（商事法務，第二版，2010）

はかならずなされているはずであり，当該格差が存するからこそいくつかの下級審裁判例で敷引特約および更新料条項は無効とされたのである。

さらに三つの最高裁判決（最一小判平23・3・24裁時1528・15（以下，最高裁平成23年3月敷引判決という），最三小判平23・7・12最高裁HP（以下，最高裁平成23年7月敷引判決という），最二小判平23・7・15最高裁HP（以下，最高裁更新料判決という））は，敷引特約および更新料条項につき消費者契約法10条を不適用とした。本節では，下級審裁判例における格差判断構成および三つの最高裁判決における格差判断構成を検討・把握し，下級審裁判例の判断構成と比較検討することにより，三つの最高裁判決における判断構成を把握する。

最高裁判決に見る判断構成は，敷引特約および更新料条項だけではなく，建物賃貸借契約におけるすべての一時金の効力判断における当該格差の判断に適用されるものである。判断の具体的適用を手掛かりにすれば条項効力の肯否を事前に予測することができる。そうなれば取引における予測可能性が増し，消費者契約法はひとつの行為規範たる地位を獲得したといえることになる。

さらにここでは消費者契約法10条判断における諸論点につき，合理的な解答を得るものとする。なお，更新料条項の効力に関する裁判例は「第2節　更新料の法的性質」で取り上げた四つの大阪高裁判決および消費者契約法施行後の裁判例を参照する。また，敷引特約の効力に関する裁判例は以下に記載する。

2. 消費者契約法10条により敷引特約の効力を判断した裁判例

消費者契約法10条の枠組みを利用し敷引特約の効力を判断している裁判例[2]を記載する。

① 大阪簡判平15・10・16兵庫県弁護士会HP（消極）

本判決は，敷引きの合意は，その内容が明確で，合理性があり，賃借人に一方的に不利益なものでない限り，その合意は尊重されるべきであって，一般的に，敷引特約が直ちに公序良俗に違反し，あるいは信義則に反して賃借人の利

益を一方的に害するものであるとはいえないとしてその有効性を認めている。

しかし，事案の判断にあっては，

A．契約書，重要事項説明書には，敷引金額が記載されているだけであり，その趣旨・内容が明示されておらず，契約締結に際し口頭での説明もなかった点から明確性に欠けている点（消費者の非認識）

B．賃借人の責に帰すべき損傷はない点（消費者の不利益）

C．入居期間も短期間（転勤により6か月間）であり自然損耗はほとんど考えられない点（消費者の不利益）

D．途中解約により害される賃貸人の将来の家賃収入に対する期待は，次の入居者を見つけることで容易に回復できる点（事業者の不利益不存在）

E．個人契約者に対しても入居期間の長短にかかわらず一律に高額な敷引金額（保証金40万円から30万円）が差し引かれる点（消費者の不利益）

が総合考慮され，信義則に反し消費者の利益を一方的に害する条項であるとし，消費者契約法10条により無効であると判断された。

ここでは，消費者（賃借人）と事業者（賃貸人）間の情報および交渉力の格差の検討はなされていないが，A～Eの不明確性，消費者の不利益，事業者の不利益不存在が勘案され判断がなされている。

② 京都地判平16・3・16LEX/DB28091155（大阪高判平16・12・17判時1894・19の第一審）（消極）

本件は敷引特約に関する事案ではないが，居住用建物の賃貸借契約において自然損耗および通常使用による損耗について賃借人に原状回復義務を負担させる特約（以下，通常損耗補修特約という）の存する事案である。中小研アンケー

2　大阪地判平19・11・7判時2025・96は，痴呆症介護施設への入居に伴う敷引金の返還に関する事案である。当該敷引金の法的性質は建物賃貸借契約に類する側面を有するとし，本件敷引金にあっては施設利用に伴う居室の損耗等による損害填補の趣旨であるとする。自然損耗も包含されるか否か不明であるが，介護施設という特殊用途からすれば自然損耗の概念とその範囲が特に問題となる点である。事案の解決とすれば消費者契約法10条により無効とまではいえないが，施設退去の事情，利用期間は約定の利用期間が24か月であるにもかかわらず，わずか2か月半弱にすぎないこと等が勘案され，敷引（40万円，敷金80万円）分，4分の1程度（10万円）のみの敷引きを認めるものとした。

トによれば，敷引金の法的性質を自然損耗の修繕費用であると見る回答がもっとも多かったこともあり，敷引特約および敷引金に関連する事案としてここに取り上げる。

本判決では，前掲大阪簡判平 15・10・16 におけると同様の特約の有効性に関する一般論の明示はなされていない。また，原告により択一的に主張されている民法 90 条による無効と消費者契約法 10 条による無効判断につき，一般法と特別法の関係を重視し，先に消費者契約法 10 条による無効判断を行い，有効との判断であれば民法 90 条判断を行うことになるが，本判決では消費者契約法 10 条で無効と判断したことにより，民法 90 条判断はなされていない。

まず，消費者契約法 10 条前段判断であるが，賃貸期間中の使用収益により目的物に物理的変化が生じることは不可避であるから，賃貸借契約終了による目的物返還は現状での返還をすれば足りるところ，特約により賃借人に対し原状回復を義務付けていることから賃借人の目的物返還義務を加重するものとする。

次に後段の判断である。

A. 賃貸借契約書で賃料には原状回復費用を包含しないとの明記を重視し，賃料の二重取りには該当しない。その点からすれば，契約自由の原則により，特約の有効性を有する（消費者の不利益不存在）。

しかし，B. 賃借人において自然損耗等による原状回復費用の予想は困難であり，明渡し時でないと明確にならない。これはすなわち，賃料に原状回復費用を含む場合とそうでない場合との賃料の比較判断ができないということであり，賃借人は契約締結の意思決定にあたって情報が不足している（情報の格差）。

C. 賃借人が自然損耗の有無等を争おうとすれば，敷金返還請求訴訟を提起するしかない（交渉力の格差）。

D. 賃貸人の提示する契約条件をすべて承諾して契約を締結するか，あるいは契約をしないかのどちらかの選択しかできない（交渉力の格差）。

E. 賃貸人は将来の自然損耗等による原状回復費用を予想することは可能で

あるから，これを賃料に含めて賃料額を決定し，あるいは賃貸借契約締結時に賃貸期間に応じて定額の原状回復費用を定め，その負担を契約条件とするのは可能であったにもかかわらず，それをしなかった。このため，賃借人は，原状回復費用の高い安いを賃貸借契約を締結するかどうかの判断材料とすることができなかった（情報の格差）。

以上，Aの消費者の不利益不存在の点はあるものの，他の点も総合考慮され，賃借人は契約締結にあたり情報力および交渉力に劣っており，それは結果的に賃借人の利益を一方的に害するとし，当該特約は消費者契約法10条により無効であるとされた。

③ **佐世保簡判平 16・11・19（刊行物未登載）[3]（居住用か否か不明）（消極）**

本判決は，敷金4か月分のうち一律に3.5か月分の敷引きを行う旨の敷引特約につき説明不十分である点（消費者の非認識）を捉え，消費者契約法10条により無効であるとする。

④ **大阪高判平 16・12・17 判時 1894・19[4]（京都地判平 16・3・16 LEX/DB28091155 の控訴審）（消極）**

本判決は，京都地判平16・3・16 LEX/DB28091155の控訴審であり，賃貸借契約終了後における自然損耗等の原状回復義務を負担させる特約の有効性に

---

[3] 判決の一部は武田信裕「家屋賃貸借契約における更新料支払条項・敷引特約と消費者契約法」NBL855・41（2007）で紹介。

[4] 本判決では，消費者契約法施行前に成立した建物賃貸借契約に消費者契約法が適用されるかについても判断がなされた。本件賃貸借契約にあっては，平成13年7月7日に締結された更新合意（覚書によれば，更新の効力は平成13年7月1日をもって生じさせる趣旨と認められる）によって，7月1日をもってあらためて本件建物の賃貸借契約が成立し，賃貸人および賃借人は，消費者契約法を前提にして賃貸借契約をするか否かを含め，その内容をどうするか等を判断し得た（更新後の契約内容を「原契約通りとする」内容であったとしてそのような合意がなされたといえる）のであるから，更新後の賃貸借契約には消費者契約法の適用があると判断された。この判断によれば，消費者契約法施行前の賃貸借契約のうち，更新後の契約に消費者契約法が適用されるのは，更新時に賃貸人と賃借人が協議し，更新後の契約内容を判断・決定し得る機会が設けられている契約に限られることになる。なお，第一審である前掲京都地判平16・3・16も更新後の契約に消費者契約法の適用を認めるが，同法を不適用とすることは，同法の制定経緯と目的に鑑みて不合理であることも理由に挙げる。

関するものである。

　第一審の前掲京都地判平16・3・16のいう一般法と特別法の関係を重視した判断は採らず，民法90条，そして消費者契約法10条との順で両者の判断がなされた。民法90条判断においては，前掲京都地判平16・3・16で消費者に不利益はないとされていた賃借人による自然損耗等の費用相当分につき，二重負担の問題が生じる特約であり，賃借人の犠牲のもとに賃貸人を不当に利する不合理な条項であると判断された。本判決では，賃貸借契約に原状回復費用を含まないことが合意されている点が，賃料に原状回復費用を包含しない事実を確定するものではないとし，事実，弁論において自然損耗等の費用をどのように見積もったかにつき主張もなく，証拠資料もないことから，賃料に原状回復費用を包含しない合意に相応する賃料算定がなされたわけではないと見るのが相当であるとするが，旧建設省(現国土交通省)の「原状回復をめぐるトラブルとガイドライン」(1998年)では，本内容の特約も契約自由の原則から一定要件の下，認められるとされている点等も考慮され，自然損耗等についての原状回復費用を賃借人の負担とすることは不当であるが，公の秩序を形成しているとは断定できないとし，本件特約が民法90条に反して無効とはいえないとした。

　次に，消費者契約法10条判断であるが，前段につき民法の任意規定の適用による場合に比し，賃借人の義務を加重しているとし，次の理由から賃借人に一方的に不利益であり，信義則にも反するとして後段にも該当し，本特約は無効であるとする。

　A．自然損耗等の費用相当分につき，二重負担の問題が生じ，賃貸人に不当な利益および賃借人に不利益が生じ，信義則に反する（消費者の不利益）。

　B．賃貸人が一方的に必要があると認めて賃借人に通知した場合には当然に原状回復義務が発生する態様となっているのに対し，賃借人に関与の余地がなく，これは賃借人に一方的に不利益であり，信義則に反する（交渉力の格差）。

　C．自然損耗等についての原状回復の内容をどのように想定し，費用をどのように見積もったか等については，賃借人に適切な情報が提供されていないことから，賃料に原状回復費用を含まないことの有利，不利を判断し得る情報を

欠き，適否を決することができない（情報の格差）。

⑤　堺簡判平 17・2・17LEX/DB25437348（消極）

　本判決は，敷引特約は一般に行われていたことは，当事者間に争いがない。このような状況下では，賃借人が，敷引特約を削除して，もしくは，同条項の有無を選択して賃貸借契約を締結することは，事実上極めて困難であると認められるとし，賃借人が，敷引特約を承知の上で，納得して契約した旨を認める証拠もなく，消費者契約法10条に該当し，無効であるとする。

⑥　大阪地判平 17・4・20LEX/DB25437323（消極）

　本件敷引特約の趣旨が，通常損耗部分の補修費に充てるためのものであるとしても，実際の補修費に比較して金額（50万円の保証金の内，敷引金は40万円）が大きいことから，本件敷引特約の趣旨を逸脱しており，消費者契約法10条の民法の公の秩序に関しない規程（民601，同606）の適用の場合に比し，消費者である賃借人の義務を加重する条項に該当し，かつ，信義則に違背するとするが，次の論理に基づき，敷引特約および敷引金をすべて無効とするのではなく，金額については適正額を超える部分につき無効となるとする。すなわち，一般論であるが，A．敷金の額が相当であること，B．賃料額が敷引きを考慮して適正額に抑えられていること，C．敷引特約は地域の長年の慣行であること，以上の要件をすべて満たせばかならずしも不当とはいえないとするものであり，それは，当事者の合理的意思解釈であるとするものである。

　事案の解決としては，40万円の敷引金の内，30万円が無効であるとした。

⑦　神戸地判平 17・7・14 判時 1901・87（消極）[5]

　本判決では，敷引特約が消費者契約法10条により無効か否かにつき検討がなされた。

　前段判断にあっては，次のとおり要件を充足するとする。すなわち，賃貸借

5　武田・前掲注(3)41は，枚方簡判平 17・10・14（刊行物未登載）（不明），木津簡判平 18・4・28（刊行物未登載）（不明），大津地判平 18・6・28（刊行物未登載）（不明），京都地判平 18・11・8（刊行物未登載）（不明）でも本判決と同趣旨の，敷引特約を全面的に無効とする判断がなされているとする。

契約は，民法601条により，賃貸目的物の使用収益と賃料の支払いが対価関係にあることを本質的な内容とするとし，民法上，賃借人に賃料以外の金銭的負担を負わせる旨の明文の規定はないことから，民法において，賃借人が負担する金銭的な義務としては，賃料以外のものを予定していないと解される。また，学説や判例の集積によって一般的に承認された不文の任意法規や契約に関する一般法理によっても，敷引特約が確立したものとして一般的に承認されているということはできない。よって，賃貸借契約に関する任意規定の適用による場合に比し，賃借人の義務を加重するものと認められる。

次に後段の判断であるが，まず敷引金の法的性質が挙げられ，それぞれにつき消費者の不利益，事業者の不利益不存在等が検討され，交渉力の格差（消費者と事業者の交渉力の格差からすれば，賃借人の交渉によって敷引特約自体が排除されることは困難である），社会的承認性（関西地区における不動産賃貸借において敷引特約が付されることが慣行となっていることからも，敷引特約を排除することができない）をも勘案され，後段該当性も認定され，信義則に反し賃借人の利益を一方的に害し，無効と判断された。

なお，一般的に敷引金の法的性質は，当事者の明確な意思が存しない場合は，A．賃貸借契約成立の謝礼，B．賃貸目的物の自然損耗の修繕費用，C．賃貸借契約更新時の更新料免除の対価，D．賃貸借契約終了後の空室賃料，E．賃料を低額にすることの代償などのさまざまな要素を有するものが渾然一体となったものと捉えるのが相当であるとする。

A．賃貸借契約成立の謝礼

賃貸借契約成立の謝礼については，賃借人のみに謝礼の支出を強いることは，賃借人に一方的な負担を負わせるものであり，正当な理由を見出すことはできない（消費者の不利益）。賃貸借契約は，賃貸目的物の使用収益と賃料の支払いが対価関係に立つ契約であり，賃貸人としては，目的物を使用収益させる対価として賃料を収受することができるのであるから，賃料とは別に賃貸借契約成立の謝礼を受け取ることができないとしても，何ら不利益を被るものではない（事業者の不利益不存在）。

B. 賃貸目的物の自然損耗の修繕費用

　賃貸借契約は，賃貸目的物の使用収益と賃料の支払いが対価関係に立つ契約であるから，目的物の通常の使用に伴う自然損耗に要する修繕費用が考慮された上で賃料が算出されているものといえる。そうすると，賃借人に賃料に加えて敷引金の負担を強いることは，賃貸目的物の自然損耗に対する修繕費用について二重の負担を強いることになる（消費者の不利益）。これに対し，賃貸人は，賃料から賃貸目的物の自然損耗の修繕費用を回収できるのであるから，別途敷引金を受け取ることができないとしても，何ら不利益を被るものではない（事業者の不利益不存在）。

C. 賃貸借契約更新時の更新料免除の対価

　賃借人は，賃貸借契約が更新されるか否かにかかわらず，更新料免除の対価として敷引金の負担を強いられるのであるから，不合理である（消費者の不利益）。賃貸人は，賃貸借契約が更新された後も，目的物を使用収益させる対価として賃料を受け取ることができるのであるから，賃料とは別に賃貸借契約の更新料を受け取ることができないとしても，不利益を被るものではない（事業者の不利益不存在）。

D. 賃貸借契約終了後の空室賃料

　賃貸借契約は，賃貸目的物の使用収益と賃料の支払いが対価関係に立つ契約であり，賃借人が使用収益しない期間の空室の賃料を支払わなければならない理由はないから，これを賃借人に負担させることは一方的に不合理な負担といわざるを得ない（消費者の不利益）。賃貸人としては，新たな賃借人が見つかるまでの期間は賃料を収受することができないが，それは自らの努力で新たな賃借人を見つけることによって回避すべき問題であり，その不利益を賃借人に転嫁させるべきものではない（事業者の不利益不存在）。

E. 賃料を低額にすることの代償

　敷引特約が付されている賃貸借契約において，賃借人が敷引金を負担することにより，目的物の使用の対価である賃料が低額に抑えられているのであれば，敷引金は目的物の使用の対価としての賃料の性質をも有するから，直ちに

賃借人の負担が増大するものとはいえない。しかし，賃料の減額の程度が敷引金に相応するものでなければ，実質的には賃借人に賃料の二重負担を強いることにもなる（消費者の不利益）。また，本来，賃借人は，賃貸期間に応じて目的物の使用収益の対価を負担すべきものであるから，賃貸期間の長短にかかわらず，敷引金として一定額を負担することに合理性があるとは思えない（消費者の不利益）。さらに，賃借人は，敷引特約を締結する際，賃貸期間について明確な見通しがあるわけではなく，また，敷引金の負担によりどの程度賃料が低額に抑えられているのかという情報を提供されない限り，敷引金の負担により賃料が低額に抑えられることの有利，不利を判断することも困難である（情報の格差）。賃貸人としては，目的物の使用収益の対価を適正に反映した賃料を設定すれば足りるのであるから，敷引金を受け取ることができなくても不利益を被るものではない（事業者の不利益不存在）。

⑧ 明石簡判平 17・11・28 LEX/DB25437261（消極）

　本判決は，前掲神戸地判平 17・7・14 の判断を一部取り入れ，消費者契約法 10 条による無効判断がなされた。すなわち，前掲神戸地判平 17・7・14 の判断において列挙検討された敷引金の法的性質のうち，賃貸目的物の自然損耗の修繕費用については，賃借人が負担すべき性質のものではないし，賃借人に二重負担を強いる面があること（消費者の不利益），他の性質については，民法が賃借人に対して賃料以外の金銭的負担を負わせる規定は存しないこと（消費者の不利益）から，その合理性を否定している。

　さらに，本件の特異事情として，実際の入居者は未成年者であることから，借家人側としてその母が契約当事者となっている。しかし，敷引特約に関する説明は，仲介業者の宅地建物取引主任者が当該未成年者に行っており，当該未成年者は建物を賃借するのは今回が初めてであって，明確な理解はなかったものと判断された（消費者の非認識）。

⑨ 京都地判平 18・11・8 最高裁 HP（消極）

　本判決は，敷引特約は民法上の任意規定に比して賃借人の義務を加重する条項であるとして消費者契約法 10 条前段要件を認めた上で，後段要件の検討に

入るのであるが，敷引特約は賃借人の債務の有無・その額にかかわらず，敷金の一部を賃借人が当然に取得するもので，これは敷金授受の目的を超えており，それ自体から賃借人の利益を一方的に害するように見えるものの，敷引の目的，敷引金の性質，敷引率が合理的なものであり，かつ，賃借人がこれを十分に理解・認識した上で敷引特約に合意をした場合は賃借人の利益を一方的に害するということはできないとする。

検討にあっては，賃貸人の，本件敷引金は，A．賃料の一部前払い，B．契約更新時の更新料免除の対価，C．賃貸借契約成立の謝礼の性質が渾然一体となったものであるとの主張に対し，AないしCをすべて検証し，すべての性質を否定した。

すなわち，Aについては，賃貸借期間の長短にかかわらず一定額の敷引きをすることは不合理である（消費者の不利益）し，月額賃料が相対的に低額となっていることを認める証拠はない（消費者の不利益）とし，Bについては，前掲神戸地判平17・7・14の判断と同様，更新の有無にかかわらず，契約締結時に一律に更新料免除の対価を支払わせるのは不合理である（消費者の不利益）とし，Cについては，謝礼の趣旨および金額の明示もないのは不合理である（消費者の非認識）とする。さらに敷引率が高率（本件は85.7％，月額賃料の4.2か月分）である点（消費者の不利益）も勘案し，賃借人の敷引特約に対する理解・認識につき検討するまでもなく，敷引特約は合理性を欠き，後段要件を充足するとした。

⑩ **大阪地判平19・3・30判夕1273・221（一部有効）**

本判決は，敷引金（30万円，保証金40万円）の一部（5万円）を有効とするものである。まず，前段要件を満たすとした上で，敷引きには，前掲神戸地判平17・7・14が提示する五つの性質（A．賃貸借契約成立の謝礼，B．賃貸目的物の自然損耗の修繕費用，C．賃貸借契約更新時の更新料免除の対価，D．賃貸借契約終了後の空室損料，E．賃料を低額にすることの代償など）が渾然一体となったものと捉えるのが相当であるとし，Aにつき，Cの更新料についても賃貸人への謝礼的意味を有するものと捉え，賃貸物件の供給が十分になされている都市部

第1章　居住用建物賃貸借契約における敷引特約と更新料条項　151

において，賃借人のみが謝礼的金銭の支払いを負担する合理性がない（消費者の不利益）とし，Dについては，前掲神戸地判平17・7・14と同様の理由（使用収益しない期間の空室賃料を負担すべき合理的理由がない（消費者の不利益））を示し，Bについては，最二小判平17・12・16裁時1402・34，判時1921・61，判タ1200・127を引用し，通常損耗の範囲について明確にしたうえでの合意が必要であるがそれがない（消費者の非認識）とし，Eについては，いくらの賃料減額に相当するのかがまったく不明であり（消費者の非認識），敷引率が保証金の6割以上に相当する高額・高率なものであり（消費者の不利益），賃貸期間が1年であることからすると，賃料減額の対価としても，賃借人にとって一方的に不利益な内容である（消費者の不利益）とする。なお，敷引金のうち5万円は，賃貸借契約時に当事者が賃料減額の代償として合意したものであり，Eの性格を有することは明確であるとして，当該金額については有効であるとした。その他の金額については，当事者間の交渉力の格差を根拠とし，後段要件をも満たすと判断された。

　ところで，交渉力の格差に関しては，関西地区において敷引特約が不動産賃貸借契約に付されることが慣行になっている（社会的承認性）ことも，賃借人の交渉努力によって敷引特約を排除することの困難な要因の一つであるとしている。

　本件では社会的承認性，すなわち，慣行の存在を交渉力の格差認定の要因としている点に特徴がある。

⑪　**京都地判平19・4・20最高裁HP（消極）**

　本判決もこれまでの消極判決と同様，前段要件および後段要件を検討し，消費者契約法10条無効判断を行っている。

　また，本判決に特徴的な点として，前掲大阪地判平19・3・30は関西地方における敷引特約の慣行を認定するが，本判決は事実たる慣習としての成立を否定している。しかし，そこまでには至っていないものの，関西地区における不動産賃貸借にあっては相当数の事案があるとし，この点を，敷引特約を交渉により排除できない要因の一つとしている。

さらに，新規入居者獲得のための費用は賃貸人が負担すべき性質のものであり，賃借人に転嫁させることに合理性はないとする点（消費者の不利益），および消費者である賃借人と事業者である賃貸人との間では情報力・交渉力の格差が通常存在するものと断定している点が特徴的である。

⑫ 名古屋簡判平 21・6・4 判タ 1324・187（定期借家）（消極）

本事案は，定期借家契約で敷金全額償却特約がなされている事案である。判決は，敷金全額償却の定めは賃料および敷金を相場と比べて低額にしているためである旨の賃貸人の主張につき，低額になっている事実を裏付ける証拠はない（消費者の不利益）とし，消費者契約法 10 条前段・後段判断につき，詳細な検討もなく，敷金全額償却を正当化する合理的な理由は認められず，無効であると判断した。

⑬ 大阪高判平 21・6・19 LEX/DB25470588（最高裁平成 23 年 3 月敷引判決の原審）（積極）および京都地判平 20・11・26LEX/DB25470587（最高裁平成 23 年 3 月敷引判決の第一審）（積極）

京都地判平 20・11・26 LEX/DB25470587 は，賃貸借契約終了時に賃貸人の負担となる通常損耗等について 1 年ごと増額される一定額を本件保証金から控除する本件特約は，原状回復費用が家賃に含まれないことが本件契約に明記されていること，復元費用基準表により当該費用も明確にされていることに鑑みれば，民法 1 条 2 項に規定する基本原則に反して消費者の利益を一方的に害するものとはいえないなどとして，賃借人の請求を棄却した。

大阪高判平 21・6・19 LEX/DB25470588 では，賃借人は，通常損耗等について原状回復義務を負う旨の特約が成立していないとの主張を追加した。これについては，前掲最二小判平 17・12・16 を引用し，通常損耗等についての原状回復義務を負わせるのは，賃借人に賃料以外の特別の負担を課すことになるから，同義務を賃借人に負担させる旨の特約が成立したと認められるためには，その旨の特約が明確に合意されていることが必要であるところ，本件は，賃借人が原状回復費用を負担することになる通常損耗等の内容および範囲が，具体的かつ詳細に理解しやすい文言で記載されており，疑義の生ずる余地はな

いものといえるから，それについて明確に合意されたと認められるので，本件特約は成立したと認定した[6]。さらに，消費者契約法10条該当性については次のとおり判断した。賃貸借契約終了時に賃貸人の負担となる通常損耗について1年ごとに増額される一定額を保証金から控除する本件特約は，民法の任意規定の適用による場合と比較して賃借人の義務を加重する特約であるとして消費者契約法10条前段要件を認定するも，賃借人と賃貸人との間に信義則上看過し難い不衡平をもたらす程度に賃借人の保護法益を侵害しているとまではいえず，後段要件には該当しないとした。

⑭ **京都地判平21・7・23判時2051・119（消極）**

本件は，敷引特約と更新料条項の両者が合意されている事案である。敷引特約につき，消費者契約法10条前段判断において，本件保証金を敷金であると認定し，民法601条および一般的法理である敷金の法的意義を任意規定とし，本件敷引金は，敷金と同様の意義を反映したものであるかという点，すなわち，まったく返還を許さない趣旨のものなのか，原状回復にその程度の費用を要することがあることを考慮して，基本的には返還しないが，そのような費用を要しなかったことが具体的に明らかになった場合には，本件敷引特約を適用しないこととするかにつき，不明確であるとし，そしてそのような慣習の不存在を認定し，前段該当性を認定した。

後段判断については，賃貸人・賃借人間における情報収集力の格差を否定できないとした上で，本賃貸借契約は4月入居であるが，4月入居にあっては需要過剰（アパート・賃貸マンションの借り需要がアパート・賃貸マンションの供給量を上回る）な経済状態であり，その点からすれば，敷引特約につき，賃借人は交渉力も劣るとし，敷引金額も高額かつ高率で賃借人に大きな負担となる旨認定した上で次のように検討がなされた。すなわち，敷引金の法的性質を賃貸人が主張する，A．自然損耗料，B．リフォーム費用，C．空室損料，D．賃貸借契約成立の謝礼，E．当初賃貸借期間の前払賃料，F．中途解約権の対価，

---

6 澤野順彦「判批（最一小判平23・3・24裁時1528・15）」NBL952・10-11（2011）

を検討し，いずれも否定し，後段要件の該当性を認定した。

　AおよびBについては，これら費用は本来賃貸人が負担すべきものであり，賃借人に負担させる合理的理由はない（消費者の不利益）とし，CおよびDについては，前掲神戸地判平17・7・14が消費者の不利益として示す理由，すなわち，賃借人のみが負担すべき合理的理由がないとした。

　Eについては，賃料が低額にされている証拠はなく（消費者の不利益），敷引金が当初賃貸借期間の，更新料が更新期間の前払いとするならば，いずれも実際に賃借人が使用する期間にかかわりなく，清算されることなく，支払わなければならないとすることの合理性はなく（消費者の不利益），Fについては，賃貸人にも中途解約権が留保されている点を指摘し，賃借人の一方的負担は賃借人の不利益であるとする。

⑮　**横浜地判平21・9・3LexisNexis（定期借家）（積極）**

　本件は定期建物賃貸借契約に関する事案である。敷金は月額賃料の2か月分で，敷引きは1か月分なされている。消費者契約法10条前段該当性を認定し，後段にあっては，次のとおり，該当しないとして当該敷引特約は有効であるとした。

　本件敷引特約の内容は，契約書，重要事項説明書，賃貸紛争防止条例に基づく説明書に明記されており，賃借人も契約書の内容通りの説明を受け，賃貸借契約を締結したことを認めており，賃借人は，本件敷引特約の存在および内容を明確に認識していたと認定した。

　賃貸人が主張する空室補償の性質につき，賃借人の負担とすることが不合理である見解が存するが，賃貸人としては，賃貸による収益を上げるために要する当該経費は賃借人から回収する他なく，賃料が目的物の使用収益の対価であるという法的性質を有するからといって，当該経費を賃料以外から回収することが許されないというものではないとする。

　敷引きがあることによって経費の一部が賃料に反映されずにその分だけ賃料が低額に抑えられているかにつき，賃借人は，当該情報を提供されない限り判断できないから，敷引きは賃借人に不利であるとの見解については，賃借人と

しても，どの程度の期間賃借することになるのかについてのある程度の見通しがあるのは普通であり，敷引特約が付された賃貸借契約を締結することによって実質的な賃料等の負担がどの程度となるのかについて検討することは可能であるとする。

また，本件賃貸借契約締結当時の社会情勢，住宅事情からすれば，賃貸建物については相当量の供給があり，契約条件等に関する情報も，不動産仲介業者やインターネット等を通じて豊富に検索できたものと推測されることから，賃借人も，他の賃貸建物の契約条件と比較し，敷引特約が付された本件賃貸借契約が自己にとって有利か不利かを検討することは可能であるとした。

以上より，賃貸人・賃借人間に情報の質および量，交渉力において，大きな格差があったとはいえないとした。

さらに，本件敷引特約による敷引額は賃料の1か月分相当額であり，次の賃借人を募集するのに必要な合理的期間の賃料分といえるから，空室補償的な性質を有する敷引きとして不合理ではないとした。

⑯ **大阪高判平21・12・15 LEX/DB25470731（最高裁平成23年7月敷引判決の原審）（消極）**

本件建物は，他では得がたい付加価値（グレード）を伴っており，家主からの解約申入れおよび更新拒絶には厳格な正当事由が要求されるから，基礎となる借家権が極めて高い権利性を帯びているとして，本件敷引金が本件建物の付加価値（グレード）の対価である礼金（権利金）として授受された旨の賃貸人の主張に対し，本件建物は契約締結当時，多数の賃貸物件の中で相当程度上位のランクに属する物件であると認めるが，そうであっても通常の居住用マンションの部類に属するものであり，家主からの解約申入れおよび更新拒絶には正当事由が要求されるのは他の賃貸物件の場合も同様であり，本件建物の借家権が他の賃貸物件の借家権に比して高い権利性を帯びているとはいえず，本件建物の付加価値（グレード）を取得する対価として礼金（権利金）を授受するような状況が存在したとはいえないとする。また，本件敷引金が本件建物の付加価値（グレード）を取得する対価としての礼金（権利金）である旨の説明がな

されたものと認められないことから，礼金（権利金）として本件敷引金を授受する合意はなかったとした。

　また，本件建物のような高級マンションにおいては，入居者は前入居者の居住によって生じた損耗が必要最小限度の原状回復を超えて改装によって回復され，必要に応じて相応のグレードアップがなされていると理解しており，それに伴って自らも当該改装等に対して一定の金銭負担をすべきことを当然了解しているはずであり，本件敷引金は入居時のグレード維持の必要的改装費用・グレードアップ費用の一部として授受されたとする賃貸人の主張に対し，当該改装費用は賃貸人の負担であり，これを賃借人に求める場合には賃料に包含させるべきであるし，賃借人に対しそのような説明はなされておらず，了解もしていないことから，必要的改装費用の一部として本件敷引金を授受する旨の合意もない，などとして消費者契約法10条前段要件を満たすとした。

　さらに，賃貸人は，本件契約締結時に本件敷引金には何ら合理的な理由がないということを認識しながら，本件敷引金を授受したと認定し，賃借人も何らかの合理的理由が存するものと考えた上でその負担を了承したものの，その法的性質等を具体的かつ明確に認識していないとした（消費者の非認識）。そして，敷引率が60％でその金額が月額賃料の約3.5か月分という高率・高額であることからも，賃借人に大きな負担を強いるものであり，交渉力の格差がなかったということはできないとし，後段要件も認定し，本件敷引特約は無効であるとした。

　なお，第一審である京都地判平20（ワ）3216[7]も，消費者契約法10条に該当し無効であるとしている。

⑰　**神戸地裁尼崎支判平22・11・12判タ1352・186（積極）**

　消費者契約法10条前段判断では，判例等によって一般に承認されている任意法規範であって，全国的に利用されている慣行である敷金が比較すべき任意規定として取り上げられている。

---

[7] 年月日は把握できていない。

本件敷引特約は，契約時より起算した経過年数によって，10年未満の場合は敷金から40％を差し引いた残額を返還し，10年以上の場合は敷金を全額返還する内容である。一方，敷金は，一般に，賃貸借契約終了後，目的物の明渡義務履行までに生ずる損害金その他賃貸借契約関係により賃貸人が賃借人に対し取得する一切の債権を担保とするものと解されている。本件敷引特約は賃貸借契約の継続年数が一定の期間より短い場合に，本来敷金によって担保されるべき債権以外に40％が敷引金として差し引かれることから，本来の敷金たる任意規定に比し，賃借人の義務を加重する条項であるとしている。

後段判断にあっては，本件敷引特約が契約書に明記され，入室申込書にも記載され，賃借人も賃貸借契約時に認識していた事実，地域の商慣習に従って敷引特約を締結しているが，敷引特約が無効であるとするクレームはこれまで一切ない事実，賃貸人は各賃借人から受領した敷金を建物の修繕費用，新築マンション建築のための借入金の返済，管理の人件費等に充てている他，建物の美装費用に相当程度の費用を要する事実，京阪神では9割以上で敷引特約が行われている事実を考慮すれば，敷引特約は一般に行われており，本件建物の所在する地域でも敷引特約が受け入れられていたことが窺われるとする。美装費用については自然損耗を超える部分であり，業として賃貸する建物であるから，やむをえないが，短期間で契約が終了した場合には，それまでの賃料だけではこの費用を賄うことは困難である場合もあるとし，敷金の一部を充てることも不当ではないとする。そして，賃借人は本件敷引特約を理解した上で賃貸借契約を締結したものであるから，本件敷引特約は，不当な条項であって，消費者の法的に保護されている利益を信義則に反する程度に両当事者間の衡平を損なう形で侵害すると認めることはできないとした。

3. 消費者・事業者間格差の判断構造

以上，消費者契約法10条の適用により敷引特約の効力の判断を行った裁判例を見てきた。

ここでは，敷引特約の効力判断に関する裁判例，「第2節　更新料の法的性質」で取り上げた四つの大阪高裁判決および消費者契約法施行後の裁判例，そして敷引特約および更新料条項に関する最高裁判決を検討し，消費者契約法10条における消費者・事業者間格差の判断構造を見出すものとする。

(1)　消費者契約法にいう消費者・事業者間格差

　消費者契約におけるトラブルの原因は，消費者契約における両当事者間で意思表示（申込み，承諾）が形式的に合致していても，それらの表示から客観的に推断される意思の内容が，消費者の真意とかならずしも一致していない点にあり，具体的には契約締結過程と締結における契約条項設定合意時に現れるとする。そして，さらにそのような問題の深層にある原因として，消費者契約の特性でもある，消費者・事業者間に存在する契約の締結，取引に関する構造的な「情報の質及び量[8]並びに交渉力の格差」が挙げられるとする[9]。

　消費者契約法は，あらゆる取引分野における消費者契約について，幅広く適用される民事ルールであるとし，その理由として，契約の締結，取引に関する構造的な「情報・交渉力の格差」が存在する場合が現実的にみて一般的であることに着目したものであるとする[10]。そうであるならば，契約の締結，取引に関する構造的な「情報・交渉力の格差」が存在しない場合は一般的ではなく，また，そのような場合は消費者契約法の射程外であることは間違いない。

　さらに，当該格差が生じる基本的要因として，「①同種の行為（契約の締結，取引）を反復継続しているか否か」であり，付随的要因として，「②社会から要請されている事業者の責任」であるとし，②とは，「社会から要請されている事業者の責任」に伴う「事業者が契約を締結し，取引をするためのインフラ」（情報ネットワーク，法律知識，商慣習など）の有無であり，当該インフラを

---

[8]　「情報の質」とは，入手される情報の詳しさ，入手される情報の正確性，入手される情報の整理の度合いであり，「情報の量」とは，入手される情報量を指すとする（消費者庁企画課・前掲注(1)73頁）。
[9]　消費者庁企画課・前掲注(1)72頁
[10]　消費者庁企画課・前掲注(1)76頁

有しているのが事業者であって，ないのが消費者ということになる。当該インフラとは事業者が事業を行う際には最低限知っているべきとされているものである[11]。

したがって，上記からすれば，「情報・交渉力の格差」有無の判断は，①要因の有無のみならず，②要因については事業者に対抗できる情報ネットワーク，法律知識，商慣習の認識などを消費者も有しているかどうかを検討することになる。①要因がなく，消費者も事業者に対抗できる情報ネットワーク，法律知識，商慣習の認識などを有している場合は，消費者・事業者間には「情報・交渉力の格差」がないという判断に至ることになる。

消費者・事業者間の「情報・交渉力の格差」を否定するには上記のように適正な説得力ある要因否定事実に基づき要因否定判断をするか，端的に要因の結果否定をすることになろう。すなわち，情報もしくは交渉力の格差の否定事実に基づき結果否定を判断するのである。具体的には，情報については，消費者が入手する情報も事業者が入手する情報と同等かそれ以上にあるいは対等に交渉できる程度に，詳しく，正確であり，整理されている度合いが高く，入手される情報量が多いなどを事実により証明するのであり，交渉力については，消費者は事業者と対等の交渉力があり，その結果選択の機会があることを事実により証明するのである。

情報格差の解消は交渉力格差の解消につながっており，ここにも原因と結果の関係が見てとれる。

なお，情報格差の否定事実は②要因不存在，すなわち，消費者も情報ネットワーク，法律知識，商慣習の認識などを有していることを証明する事実と重複する場合も考えられる。

ところで，「情報・交渉力の格差」とは具体的に次のものをいうとされている[12]。

11　消費者庁企画課・前掲注(1)76-77頁
12　消費者庁企画課・前掲注(1)72-73頁

［契約締結過程］
・事業者は扱っている商品・権利・役務に関する内容や取引条件についての情報を，消費者よりも多く持っている（情報の量の格差）。
・事業者は当該事業に関し，消費者よりも交渉のノウハウがある（交渉力の格差）。

［契約条項］
・事業者は，当該事業に関連する法律，商慣習について，一般的に消費者よりも詳しい情報をもっている（情報の質および量の格差）。
・また，当該契約条項についても自らが作成したものであることが通常であるため，ひとつひとつの条項の意義についての知識をもっている（情報の質および量の格差）。
・同種の取引を大量に処理するために，事業者によってあらかじめ設定された契約条項を消費者が変更してもらうことはほとんど現実的にありえない（交渉力の格差）。

(2) 学説に見る消費者・事業者間格差

　情報・交渉力の格差にかんがみ特別民事ルールを採用したことを明らかにする消費者契約法1条前段は，制定過程においても十分に議論がなされたとはいえず，自覚的な検討を経て条文化されたものではないとの指摘がある[13]。また，契約条項内容への法的介入の正当化理由を明白にするためにも，消費者と事業者との情報格差・交渉力格差の意味を不当条項規制，さらには10条の一般規定と8条・9条の不当条項リストの各文脈に即して具体化すべきことが指摘されている。

　ところで，「情報の格差」「交渉力の格差」につき，一般抽象的に次の見解が提示されている。

　「情報の格差」とは，更新料条項の存否といった認識の格差ではなく，より

13　沖野眞已「『消費者契約法（仮称）』の一検討」NBL652・6-7（1998），角田美穂子「消費者契約法の私法体系上の独自性—10年の経験と課題」NBL958・20-21（2011）

高度な，更新料の法的性質，借地借家法上の原則についての理解といった了知レベルに引き上げた上での格差を意味するとの見解[14]がある一方，「情報の質」の判断に賃借人の情報評価能力を包含させ，賃借人に提供を要求される情報は借地借家法上の原則といった高度な質を持った情報をいい，さらに賃借人に当該情報の評価能力を要求する見解[15]がある。この見解は，賃借人の情報評価能力の欠如は「情報の質」に格差があるとする。

「交渉力の格差」については，交渉力不均衡アプローチ[16]から，①条項の了知（期待可能性）の欠如，②交渉期待可能性の欠如，③選択期待可能性の欠如，であるとし，①から③の状況の下では，契約当事者が交渉や市場チャンスの利用を通じて自己の利益を守るであろうとすることができないので，④契約条項の内容規制の必要性，につながる[17]とする。なお，①から③は段階的あるいは重畳的に判断される場合がある。条項の了知があっても，次段階で交渉期待可能性の欠如が判断され，交渉期待可能性の欠如があっても選択期待可能性の欠如があってはじめて内容規制がなされるのである。

また，最二小判平18・11・27民集60・9・3732における滝井繁男判事の「学生の窮迫に乗じた」側面を持ち信義則に反するとする反対意見，事業者間取引を想定した市場ルールと考えられてきた優越的地位の濫用法理を，消費者契約の分野で活用すべきとの経済学者からの提案[18]をも交渉力の格差を考える

---

14 大澤彩「建物賃貸借契約における更新料特約の規制法理（下）―消費者契約法10条における『信義則』違反の意義・考慮要素に関する一考察」NBL932・59（2010）
15 城内明「建物賃貸借契約における更新料支払特約と消費者契約法10条」国民生活研究50・3・62-64（2010）
16 交渉力不均衡状態で結ばれた契約については十全の意味で自己責任を問うことができないという考え方から，法的介入が正当化されるとする立場である（山本豊「消費者契約法10条の生成と展開―施行10年後の中間回顧」NBL959・15（2011））。消費者契約法は消費者アプローチを取りながら，交渉力不均衡アプローチの考え方を取り入れている。
17 山本・前掲注(16)15。なお，③は同「契約の内容規制（その2）―不当条項規制」法教340・117, 118（2009）における小見出しが「競争メカニズムの機能不全」であった。つまり，選択期待可能性は競争メカニズムの機能とおきかえての説明が可能である。
18 白石忠志「消費者契約法と独禁法―不当条項の無効化と優越的地位濫用の禁止」ジュリ1200・99（2001），角田・前掲注(13)22-23

にあたって参考にすべきとする見解[19]も提示されているが,「学生の窮迫に乗じた」条項締結にあっては暴利行為といった他の法理の適用が考えられ[20],優越的地位の濫用により,①から③がもたらされることも否定できない。

　また,借り手市場であることを裁判で主張する賃貸人が存する場合が多い。借り手市場であれば①から③が欠如することはないと一般的に考えられるが,そうではなく,競争の激しい分野でこそ事業者によって不当な取引制限や不公正な取引方法が採用されやすいことも,公知の事実[21]であり,借り手市場であるとしても,賃借人が,契約に際して実際に参照できる情報量は限られており,交渉時に,賃借人が他にも選択肢となりうる物件が存在することを具体的に了知できるわけではないことから,借り手市場が交渉力の格差を解消することにはならないとする見解がある[22]。

(3)　消費者契約法10条における消費者・事業者間格差

　消費者契約法10条でその後段要件であるところの「消費者の利益を一方的に害する」とは,消費者・事業者間にある「情報・交渉力の格差」を背景として不当条項によって,消費者の法的に保護されている利益を信義則に反する程度に両当事者の衡平を損なう形で侵害すること,すなわち,民法等の任意規定および信義則に基づいて消費者が本来有しているはずの利益を,信義則上両当事者間の権利義務関係に不均衡が存在する程度に侵害することを指す[23]という。

　(1)に記載したとおり,不当条項の設定契約は消費者・事業者間にある「情報・交渉力の格差」を原因とする結果である。つまり,情報・交渉力に関する事業者の有利性が,不当条項をほぼ一方的に締結させ,当該不当条項を通じて「情報・交渉力の格差」がそのまま当事者利益の不均衡をもたらすのである。

19　角田・前掲注(13)22
20　山本・前掲注(16)118
21　大阪高判平21・8・27判時2062・40
22　城内・前掲注(15)64-65
23　消費者庁企画課・前掲注(1)222頁

当該不均衡そのものが信義則に反する程度であるならば消費者の保護利益の侵害ということになる。

　消費者契約法10条判断にあっては不当条項無効スキームの論拠として消費者・事業者間の「情報・交渉力の格差」が前提となっている。ただし，消費者・事業者間の「情報・交渉力の格差」の不当条項無効判断における重要性は認識するものの，これだけでは不当条項を無効とする根拠として十分ではなく，さらに消費者契約法10条が規定する「信義則」違反の判断枠組みが必要とされている。

(4)　裁判例・最高裁判例に見る消費者・事業者間格差

① 　敷引特約・更新料条項関連裁判例における判断
―敷引特約―
　敷引特約においては「情報・交渉力の格差」の検討をせずに，不明確性，消費者の不利益，事業者の不利益不存在を勘案する裁判例（前掲大阪簡判平15・10・16），「情報・交渉力の格差」を当然の前提とした上で，当事者利益の不均衡とそれが信義則に反する旨のみを判断する裁判例（前掲京都地判平19・4・20），「情報格差」のみを当然の前提とする裁判例（前掲京都地判平21・7・23），「交渉力格差」を当然の前提とする裁判例（前掲大阪地判平19・3・30）がある一方，それぞれに該当する事由を取り上げ，「情報格差」「交渉力格差」を判断する裁判例も多い。この場合，「情報・交渉力の格差」判断は「当事者利益の不均衡」あるいは「信義則に反する当事者利益の不均衡」と共に不当条項を無効とする必要要件の一つとして検討されているにすぎない。

　裁判例における「情報格差」「交渉力格差」に該当する具体的事由を整理すると次のようになる。

　「情報格差」：「情報格差」にあっては，賃貸人だけが情報を有しているとの判断ではなく，賃借人に情報が不足している旨を示す裁判例が多い（前掲京都地判平16・3・16，前掲大阪高判平16・12・17）。そこには賃貸人の賃借人に対する説明不足，その結果として賃借人の非認識を示す意図があると思われる。賃

借人の非認識は,「交渉力格差」における交渉力不均衡アプローチでいうところの「条項の了知欠如」とイコールとなる。

また,敷引金の渾然一体化していると思われる法的性質の一つ一つの合理性の判断を,「消費者の不利益」と「事業者の不利益不存在」との対比によって見出された「当事者利益の不均衡」により行っている裁判例(前掲神戸地判平17・7・14,前掲明石簡判平17・11・28,前掲京都地判平18・11・8,前掲大阪地判平19・3・30)も比較的多いが,これは当該法的性質およびその内容に関する情報,すなわち,条項の意義および借地借家法等の法律に関する情報の不足が原因といえる(たとえば,賃貸目的物の自然損耗の修繕費用を賃借人が負担している場合については,本来賃借人が負担すべき性質のものではないと判断したとされる前掲最二小判平17・12・16に関する情報が不足しており,賃借人が賃料以外の金銭的負担をしている場合については,民法にそのような規定は存しないとの情報が不足している)。

このことからするに,情報格差は「当事者利益の不均衡」の原因にもなっているということがいえる。

さらに,賃借人に情報評価能力が欠如しているかどうかについては,個々別々に判断する場合もあろうが,消費者たる賃借人に一般的に情報評価能力の欠如があると考えるかどうかとも関係する。賃借人の情報評価能力の欠如を「情報の質」に含める[24]とするならば,賃借人の情報評価能力の判断は一定の質を有する情報が充足してはじめて判断されるものであるから,不足している状況ではその判断すらなされない。

賃借人の情報評価能力は,情報が充足した次の段階である交渉力格差に含めるべきであり,交渉力不均衡アプローチでいうならばそのうち「交渉期待可能性欠如」判断に含めるべきものと思われる。賃借人に情報評価能力があれば,自己に不利益であることを判断でき,交渉のテーブルの準備を事業者に呼び掛けることができる。しかし,時間や費用をかけて当該条項の変更や削除を求め

---

[24] 城内・前掲注(15)63-64

るだけのインセンティブが欠けている[25]ことから，情報評価能力に裏打ちされた交渉能力があったとしてもそれをしないのである。

「交渉力格差」：ここでは「交渉力格差」に重点を置き，当該格差をよりよく分析する交渉力不均衡アプローチを基準として検討する。このアプローチは，交渉力格差を三つのカテゴリーに区分する。

事業者たる賃貸人からの説明がない，あるいは説明はあっても不十分，契約書・重要事項説明書等への未記載（前掲大阪簡判平15・10・16，前掲佐世保簡判平16・11・19，前掲京都地判平18・11・8，前掲大阪地判平19・3・30），合意の不存在（前掲大阪地判平19・3・30），賃借人の能力（説明を受けた賃借人が制限能力者だった：前掲明石簡判平17・11・28）などから消費者が非認識の状態となる。これは賃借人の「条項の了知欠如」に該当する。「情報格差」の箇所でも記載したとおり，賃貸人からの不十分な情報提供が原因となって，賃借人の情報不足が生じ，そして「条項の了知欠如」に繋がり，それは結局，了知しない不当条項を受け入れるということであるから，「当事者利益の不均衡」に該当するといった一連の流れが形成される。この一連の流れのどの時点を事由として捉えるかにより，当該事由は「情報格差」「交渉力格差（条項の了知欠如）」「当事者利益の不均衡」のいずれかに位置づけられることになる。前掲大阪高判平21・12・15は，敷引金の法的性質を具体的かつ明確に認識していないとして「消費者の非認識」を判断するが，これは「交渉力格差（条項の了知欠如）」に位置づけられる。

「交渉期待可能性欠如」の判断については，「条項の了知」が判断された上で，「交渉期待可能性欠如」が判断される場合（前掲京都地判平16・3・16[26]，前掲堺簡判平17・2・17[27]）と，「条項の了知欠如」判断がなく，「交渉期待可能性欠如」判断がされる場合（前掲大阪高判平16・12・17，前掲神戸地判平17・7・

---

25 山本・前掲注(16)15
26 前掲京都地判平16・3・16では，賃貸借契約書への明記を重視することにより，賃借人の「条項の了知」を判断した上で，「交渉期待可能性欠如」の判断に至っている。
27 前掲堺簡判平17・2・17は，敷引特約は一般に行われていたことは当事者間に争いがないとした上で，「交渉期待可能性欠如」の判断に至っている。

14）とがある。

　このことからすれば，「交渉期待可能性欠如」判断は賃借人による「条項の了知」を前提とした判断と単独での判断とが可能ということになるが，賃借人による「条項の了知」を前提とし，情報評価能力を発揮して，自己に不利益であるとの判断がなされないかぎり，不当条項の削除等の交渉すら考えられないと捉えるのが一般的思考だと思われる。そうであるならば，「条項の了知」判断を前提としてしか「交渉期待可能性欠如」判断はなされないのである。

　賃借人による「条項の了知」があると判断する事由として，「社会的承認性」を挙げるものも多い（前掲神戸地判平17・7・14，前掲大阪地判平19・3・30，前掲京都地判平19・4・20）。すなわち，敷引特約はすでに関西地区における不動産賃貸借において慣行となっている（前掲神戸地判平17・7・14，前掲大阪地判平19・3・30），あるいは事実たる慣習にまでは至っていないものの，関西地区における不動産賃貸借にあっては相当数の事案がある（前掲京都地判平19・4・20）点を捉え，敷引特約を交渉により排除することが困難であるとしている。「社会的承認性」は賃借人による「条項の了知」を示すとともに，「交渉期待可能性欠如」の要因ともなっている。

　他の交渉期待可能性の欠如要因として挙げられているのは需要過剰である（前掲京都地判平21・7・23）。すなわち，4月入居にあってはアパート・賃貸マンションの借り需要がアパート・賃貸マンションの供給量を上回る経済的事情となり，敷引特約を排除する交渉力が劣るとするのである。

　また，供給過剰を交渉力格差を否定する要因とする裁判例もある（前掲横浜地判平21・9・3）。すなわち，本件賃貸借契約締結当時の社会情勢，住宅事情からすれば，賃貸建物については相当量の供給があり，契約条件等に関する情報も，不動産仲介業者やインターネット等を通じて豊富に検索できたものと推測されることから，賃借人も，他の賃貸建物の契約条件と比較し，敷引特約が付された本件賃貸借契約が自己にとって有利か不利かを検討することは可能であるとした。需要過剰という経済的事情が「交渉期待可能性欠如」要因であるとするならば，その反対の経済的事情である供給過剰は「交渉期待可能性」を

肯定する要因ということになる。しかし，前掲横浜地判平21・9・3は，「交渉期待可能性」を肯定するだけではなく，「情報格差」をも否定する要因として挙げているのである。十分な供給情報が質・量共にあり，それらから条項を了知でき，自己利益の有利・不利を判断でき，供給過剰の追い風に乗って，交渉により不当条項を排除でき，不当条項が気にいらない場合は賃貸借契約を締結しないこともできるのである。つまり，前掲横浜地判平21・9・3は，供給過剰という経済的事情は賃借人・賃貸人間の「情報格差」「交渉力格差」を否定する要因であると判断をしているのである。

なお，「選択期待可能性欠如」判断の事由としては，前掲京都地判平16・3・16が示す事由（賃貸人の提示する契約条件をすべて承諾して契約を締結するか，あるいは契約をしないかのどちらかの選択しかできない）しか裁判例から見出すことができなかった。そもそも，「選択期待可能性欠如」は不当条項を排除する交渉可能性がなく，契約を受け入れたいがために当該不当条項をも受け入れなければならないといった状況が具体的状況として挙げられる。そうであるならば，「交渉期待可能性欠如」は「選択期待可能性欠如」の必要要件ということになるであろう。

［整理］

以上からするに，「情報格差」⇒「条項の了知欠如」⇒「当事者利益の不均衡」は一連の流れで結びつけられる密接な関連性がある。この一連の流れに属する事由であれば，「当事者利益の不均衡」（すなわち，賃貸人に不利益がなく，賃借人に不利益がある状況を指す。以下，同様）という結果に至るわけであるから，「消費者の利益を一方的に害する」ことになっているとの評価となり，それが信義則に反するとの判断に至った場合に，不当条項は無効となる。

もう一つの流れは，「情報格差」⇒「条項の了知」⇒「交渉期待可能性欠如」⇒「選択期待可能性欠如」という流れであり，「条項の了知」は，「選択期待可能性欠如」の必要要件である「交渉期待可能性欠如」の重要な柱となる。「交渉期待可能性欠如」要件の充足を欠くと，この流れは遮断されることになる。また，この一連の流れも，不当条項を排除できないのであるから，「当事者利

益の不均衡」に行き着き，それが信義則に反するとの判断に至った場合に，不当条項は無効となる。ただし，この流れは，「条項の了知」そして賃借人の情報評価能力が必要となることから，この流れでの不当条項の無効判断はハードルが高い。

なお，「条項の了知」の前段階には，賃借人・賃貸人間には構造的に「情報格差」があり，その格差を，賃貸人から賃借人に対する説明あるいは賃借人による了知に向けた自己努力がなされ，「条項の了知」に至るという経緯が当然に存在する。

この二つの流れは，賃借人・賃貸人間の構造的「情報格差」から出発し，賃貸人もしくは賃借人の了知に向けた十分な行為の有無により，「条項の了知欠如」の流れか，「条項の了知」の流れに分かれることになる。

ところで，「当事者利益の不均衡」事由は，直ちに「消費者の利益を一方的に害する」事由に置き換えることができる。裁判例の中には，当該事由が複数ある場合，それぞれにつき信義則に反する旨の判断を行い，結果として不当条項を無効とするといったもの（前掲大阪高判平16・12・17）もあるが，多くは「情報格差」「交渉格差」「当事者利益の不均衡」に関する複数の事由を挙げた上で，結果として信義則に反すると判断することになって，不当条項が無効になる。

―更新料条項―

敷引特約での検討結果は，更新料条項関連裁判例の検討により確認されることとなる。

更新料条項は敷引特約と同じ一時金の支払いを目的とする付随条項であるから，基本的には敷引特約の場合と同様の判断を裁判例は行っているはずである。しかし，更新料条項の場合は，まずその法的性質が問題とされる場合が多い。更新料条項を無効とする裁判例にあっては，渾然一体化した法的性質のすべてを検討して，その合理性を否定し，不合理であるにもかかわらず支払いを余儀なくされることが賃借人の利益を一方的に侵害しているとの判断に至らせる判断構成を採る。

なお，法的性質の検討にあっては，当該性質の合理性・不合理性を判断することになるが，賃借人は当該法的性質に関する十分な情報を有しておらず，中には借地借家法等と密接な関係を有する法的性質もあり，敷引特約に関連する裁判例と同様，条項の意義および法的知識等に関する情報の不足が不合理性判断の原因となっている[28]。

　さらに法的性質の判断にあっては，賃借人の不利益も不合理性判断の要因となっている[29]。

　ここに「消費者の利益を一方的に害する」との評価に至る一つの流れ（「情報格差」⇒「条項の了知欠如」⇒「当事者利益の不均衡」）を見てとれる。つまり，更新料の法的性質の不合理性にもかかわらず賃借人が支払いを余儀なくされるとの観点から「当事者利益の不均衡」，そして，「消費者の利益を一方的に害する」評価へと導かれるのである。

　また，賃借人・賃貸人間の「情報格差」「交渉力格差」判断は消費者契約法10条後段判断においても検討される裁判例がほとんどである。

　まず，四つの大阪高裁判決の一つである前掲大阪高判平21・8・27は，情報収集力に大きな格差があるとし，法定更新の制度の適用があるにもかかわらず，その場合に更新料支払いは不要であることにつき説明がまったくないとの「条項の了知欠如」を判断し，本件更新料条項は，賃借人が負う金銭的対価に見合う合理的根拠は見出せないにもかかわらず，本件賃貸借契約締結に至ったとも評価できるとして，「当事者利益の不均衡」を認定し，「消費者の利益を一

---

[28] たとえば，更新料の法的性質として更新拒絶権放棄の対価が挙げられるが，賃貸借契約期間が1年の事案で，賃貸人が更新拒絶を申し出ることのできる期間が借地借家法で期間満了の1年前から6か月前（借借26Ⅰ，同法30）であることから，賃借人が更新拒絶権の放棄の利益を受けることができるのはわずか6か月しかなく，そのような些少な利益のために10万円（月額賃料4万5,000円）という些少とはいえない対価を支払うことは，賃借人の不利益といえる（前掲大阪高判平21・8・27）。

[29] 本件更新料の説明はまったくされていないし，重要事項説明書にも記載がなく，その授受の目的，性質などについて法律的観点からはもちろん事実上の観点からも，何らかの説明をしたとは認められない（前掲大阪高判平21・8・27）とし，「条項の了知欠如」が要因の一つとして取り上げられている。

方的に害する」との評価に至った。

　大阪高判平 22・2・24 京都敷金・保証金弁護団ホームページ[30]（平 21（ネ）2690）も基本的に前掲大阪高判平 21・8・27 と同様の判断構成であるが，賃借人が更新料条項について十分な知識，理解を有していたと認められない点を捉え，賃借人・賃貸人間に「情報の質の格差」があるとする。しかしこの「情報の質の格差」とは，「交渉力格差」における「条項の了知欠如」に置き換えることができる。

　また，大阪高判平 22・5・27 京都敷金・保証金弁護団ホームページ[31]（平 21（ネ）2548）も，基本的に前掲大阪高判平 21・8・27 と同様の判断構成である。ただし，消費者契約法 10 条後段判断における「情報・交渉力の格差」の検討において，大学の法学部卒業，法科大学院に入学直前で社会経験と法的能力を十分に具備していたとの客観的事情を賃借人につき認定するも，時間的余裕の欠如から賃貸物件についての十分な調査，比較，検討が不可能であったとして，賃借人と賃貸人とでは「情報・交渉力の格差」（「条項の了知欠如」に置き換えることができるものと思われる）が著しいと認定しているが，この点は十分な知識のある賃借人に時間的制約がなければ，「情報格差」（特に法律，商慣習等について），「条項の了知欠如」が否定される可能性があることを示しているものといえる。

　前掲京都地判平 21・7・23 もほぼ上記同様，更新料の法的性質をすべて不合理であるとし，消費者契約法 10 条後段判断において賃借人の「条項の了知欠如」を認定し，賃借人の利益を一方的に害するとした。

　京都地判平 21・9・25 判時 2066・81，京都地判平 21・9・25 判時 2066・95 も更新料の法的性質の不合理性（一部については希薄であるが認定する）を判断し，消費者契約法 10 条後段判断で情報の量の格差は否定するが，質の格差および交渉力の格差は肯定し，賃借人の利益を一方的に害すると判断している。交渉力の格差については，「交渉期待可能性欠如」を取り上げているも，その

30　http://www1.ocn.ne.jp/~benagano/shikikin.html
31　前掲注(30)

「まとめ」では賃借人が誤認状態に置かれた状況との認定がなされていることから，賃借人には情報評価能力が欠如していたと読み取ることができ，そうであるならば，ここでいう交渉力の格差は，「交渉期待可能性欠如」の前段階である「条項の了知欠如」の問題であるということができる。

また，反対に，更新料条項有効判決である大阪高判平21・10・29判時2064・65は，消費者契約法10条前段要件を充足し，賃借人の義務を加重する特約であるとするも，後段判断にあっては，まず，賃借権設定の対価の追加分ないし補充分であるとして合理的な法的性質を認定する。さらに，月額賃料が低位に抑えられている点，賃借人からの中途解約の場合に予告期間ないし猶予期間が法定の3か月より短縮される点といった賃借人の利益を認定することにより，「賃借人の不利益」を打ち消し，「更新料を含めた負担額を事前に計算することが特段困難であるとはいえない」として予測可能性を主張することにより，そして賃借人は「複数の不動産仲介業者から多数の賃貸物件の紹介を受けた上，自らの希望その他様々な情報を総合的に検討した結果，本件建物を賃借することに決定したことが認められる」として，「情報格差」を否定する。さらに，契約書・重要事項説明書への明記により，当該法的性質をも含め，「条項の了知」を肯定する[32]。

京都地判平20・1・30判時2015・94は，更新料の法的性質を主として賃料の補充（賃料の前払い），併せて希薄であるが更新拒絶権放棄の対価および賃借権強化の対価であると認定し，前掲大阪高判平21・10・29とほぼ同様の論拠により，そして，大津地判平21・3・27判時2064・70も更新料の法的性質を前掲京都地判平20・1・30とほぼ同様であると認定して，いずれの裁判例も消費者契約法10条後段判断で情報・交渉力格差・賃借人の不利益を否定し，更新料慣行を肯定して，更新料条項の有効性を判断している。

また，東京地判平17・10・26 LexisNexis（平17（レ）149）も更新料条項の有効性を判断した裁判例であるが，更新料を賃借権強化の対価を合理的法的性

32　前掲大阪高判平21・10・29は，「条項の了知」レベルにつき，法的な了知レベルに達する必要はないとして低レベルの質の情報了知で，賃借人・賃貸人間の格差を否定している。

質であると認定し，消費者の利益を一方的に害するものではないとする。

以上のとおり，更新料条項を否定する裁判例は，「情報格差」⇒「条項の了知欠如」⇒「当事者利益の不均衡」の流れに則って，無効判断に至っており，更新料条項を有効とする裁判例は，この流れの各項目をそれぞれ否定することにより，有効性を導き出している。

② **最高裁判決に見る判断**

敷引特約に関する最高裁判決（最高裁平成23年3月敷引判決，最高裁平成23年7月敷引判決）および更新料条項に関する最高裁判決（最高裁更新料判決）のいずれも消費者契約法10条を不適用としている。

各最高裁判決の判断構造を見てみる。

A．最高裁平成23年3月敷引判決

最高裁平成23年3月敷引判決であるが，本件契約書19条1項に明記されているとおり，敷引金の法的性質は通常損耗等の補修費用であるとし，消費者契約法10条前段判断においてその性質を認定することにより，前段要件の充足を判断している。

後段判断にあっては，敷引特約の契約書への明記は賃料の額のみならず敷引金の額についても明確に認識し，当該負担につき賃借人は明確に合意しているとして，賃借人による「条項の了知」を判断している。

さらに，通常損耗等の補修費用は賃料に含めるのが通常ではあるが，敷引金として別枠で授受する合意が存する場合は，当該補修費用は月額賃料に包含されない旨合意されており，賃借人の二重負担にはならないとして，「賃借人の不利益」を否定している。

そして，賃借人が取得する金員を具体的な一定額とすることは，通常損耗等の補修の要否，当該費用の額をめぐる紛争防止として合理的であるとして，また，当該敷引金の法的性質が通常損耗等の補修費用として合理性を有することなどから「敷引特約の合理性」を肯定している。

また，賃借人は，「自ら賃借する物件に生ずる通常損耗等の補修費用の額」については十分な情報を有していないのが通常であるとして，「情報格差」を

認定するとともに、賃貸人との交渉によって敷引特約を排除することも困難であるとし、賃借人・賃貸人間の構造的な「情報・交渉力の格差」を当然の前提として認定した上で、「情報・交渉力の格差」が賃借人の利益を害するものとして具体的に表れるのは「金額」であるとする[33]。そして、敷引金の額が敷引特約の趣旨からみて高額に過ぎる場合には、賃借人が一方的に不利益な負担を余儀なくされたものとして消費者契約法10条後段要件の充足を認定するものとしている。

　この点については、敷引特約に関する「情報格差」は当然に存するものの、前述のとおり、賃借人が自ら負担する敷引金の額については、契約書への明記という両当事者による行為により、了知に至っており、賃借人が了知していないのは各種不動産情報媒体からも入手できない「自ら賃借する物件に生ずる通常損耗等の補修費用の額」の点であって、当該情報を知り得なくとも、近傍同種の建物賃貸借契約から適正な敷引金額に関する情報を入手しさえすれば、概念上は高額に過ぎる敷引金の減額、特約排除を賃貸人と交渉し得るのである。しかし、最高裁は「交渉力格差」も認定している。ここでの「交渉力格差」は交渉によって排除できないとの格差であるから「交渉期待可能性欠如」ということになる。

　つまり、最高裁平成23年3月敷引判決の判断構造は、「情報格差」⇒「条項の了知」⇒「交渉期待可能性欠如」⇒「選択期待可能性欠如」という流れであり、敷引金の額が高額か否かを、「消費者契約である居住用建物の賃貸借契約に付された敷引特約は、当該建物に生ずる通常損耗等の補修費用として通常想定される額、賃料の額、礼金等の他の一時金の授受の有無及びその額等に照ら」し、裁判所が判断することになり、そして、「敷引金の額が高額に過ぎると評価すべきものである場合に」、裁判所が、「当該賃料が近傍同種の建物の賃料相場に比して大幅に低額であるなど特段の事情」がないと判断するときには、賃借人に「交渉期待可能性欠如」があると判断され、同時に「選択期待可

33　寺田逸郎判事の補足意見は、金額が高額に過ぎる場合は、「契約の自由を基礎づける要素にゆがみが生じているおそれの徴表」であると指摘する。

能性欠如」もあるものと判断される。ここに至れば「当事者利益の不均衡」となり，その結果，当該敷引特約は，「信義則に反して消費者である賃借人の利益を一方的に害するものであって，消費者契約法10条により無効」と解されるのである。

B. 最高裁平成23年7月敷引判決

　最高裁平成23年7月敷引判決は，消費者契約法前段判断については原審判断を是認した上で，後段判断については是認できないとして自判している。すなわち，建物賃貸借契約には賃料のほかに，賃借人が賃貸人に権利金，礼金等さまざまな一時金を支払う旨の特約がされることが多いとし，賃貸人は，通常，賃料のほか種々の名目で授受される金員を含め，これらを総合的に考慮して契約条件を定めるとして，一時金等の特約も含め契約条件の内容およびその決定は，賃貸人の経営戦略上の問題であって賃借人の関与する問題ではなく，賃貸人判断の独自性が要求される事項であるとする。

　これに対し，賃借人も，賃料のほかに賃借人が支払うべき一時金の額や，その全部ないし一部が建物の明渡し後も返還されない旨の契約条件が契約書に明記されていれば，賃貸借契約の締結にあたって，当該契約によって自らが負うこととなる金銭的な負担を明確に認識した上，複数の賃貸物件の契約条件を比較検討して，自らにとってより有利な物件を選択できるとして，賃借人の不利益を否定する。

　そして，そのような自由選択可能な状況において，賃貸借契約を締結した以上，当該契約締結は，賃借人・賃貸人双方の経済的合理性を有する行為と評価すべきであるとした。別の見方をすれば，賃借人が自由な比較選択ができるほど居住用賃貸物件の供給量があるということを意味する。これに対し，賃貸人はもちろん契約条件につき自由な選択可能性を有するのであるが，多数ある賃貸物件から自身の賃貸物件を賃借人に選択してもらうためには，物件の物理的な改良のみならず，契約条件も工夫する必要があるのである。

　また，消費者契約である居住用建物の賃貸借契約に付された敷引特約は，敷引金の額が賃料の額等に照らし高額に過ぎる等の事情があれば格別，そうでな

い限り，これが信義則に反して消費者である賃借人の利益を一方的に害するものということはできないとして，最高裁平成23年3月敷引判決を引用するが，後段判断における一般的判断の最後において最高裁平成23年3月敷引判決がカッコ書きで記載されていることから，当該引用は後段判断すべてにつきなされているものと判断することができる。

そうであるならば，最高裁平成23年3月敷引判決と同7月判決は同じ判断構造であるといえ，それは，「情報格差」⇒「条項の了知」⇒「交渉期待可能性欠如」⇒「選択期待可能性欠如」との流れということになる。

判断としては，金額は高額に過ぎるとはいい難く，近傍同種の建物に係る賃貸借契約に付された敷引特約における敷引金の相場に比して，大幅に高額であることもうかがわれないとされた。

C. 最高裁更新料判決

更新料条項につき，消費者契約法10条を適用したこれまでの裁判例では，賃貸人より主張された法的性質の不合理性を根拠とすることが多かったことから，まず，一般的な法的性質（賃料の補充ないし前払い，賃貸借契約を継続するための対価等の趣旨を含む複合的な性質）を明示した。ただし，その他の性質を有するとしても，更新料は，賃料とともに賃貸人の事業収益の一部を構成するものであって，その支払いにより賃借人は円満に物件の使用継続ができると認定していることから，当該法的性質がいかなるものであっても，賃借人は，更新料が賃貸人の事業収益の一部であることを認識していさえすればよく，そうであれば法的性質については何らの不合理性もないと解されているものと思われる。反対に，賃貸人も詳細に法的性質を明示せずとも，事業収益の一部であるとの明示さえあれば，賃借人への情報提供はそれで十分であるとも読み取れる。

また，消費者契約法10条前段判断においては，民法601条を根拠として認定を行い，後段判断にあっては，当該条項が消費者の利益を一方的に害するものであるか否かは，消費者契約法の趣旨，目的に照らし，当該条項の性質，契約が成立するに至った経緯，消費者と事業者との間に存する情報の質および量

ならびに交渉力の格差その他諸般の事情を総合考慮して判断されるべきであるとして,「その他諸般の事情」も判断項目の一つとなりうることを示した[34]。

さらに,更新料の一般的法的性質を再度明記し,その支払いに経済的合理性を認定した。

また,更新料条項の公知性や民法 90 条に反して無効とする取扱いが裁判上の和解手続等においてもなされてこなかった点は,賃借人の条項了知の判断根拠の一つであり,更新料条項が賃貸借契約書に一義的かつ具体的に記載され,賃借人・賃貸人間に更新料の支払いに関する明確な合意が成立している場合には,賃借人に条項に関する情報につき完全な了知があったと評価される。ただし更新料額が高額に過ぎる場合は,賃借人に「交渉期待可能性欠如」があると判断され,同時に「選択期待可能性欠如」もあるものと判断される。そして「当事者利益の不均衡」に至り,後段要件を充足することになる。

以上からすれば,最高裁更新料判決も,両最高裁敷引判決と同様,「情報格差」⇒「条項の了知」⇒「交渉期待可能性欠如」⇒「選択期待可能性欠如」の流れを採っているということになる。

最高裁の判断構造は,更新料条項に関する下級審裁判例が採用する流れ(「情報格差」⇒「条項の了知欠如」⇒「当事者利益の不均衡」)とは異なる流れを採用している。

判決は高額に過ぎる等の特段の事情はないとし,消費者契約法 10 条の適用を否定した。

---

[34] この点については,本来典型的な付随条項においては,内容の不当評価が無効判断の中心とされるべきであるが,借家の通常損耗等補修費用条項,敷引条項,更新料条項については,いずれの裁判例も条項内容以外の要素を効力判断の際の考慮に入れている。これら条項は,付随条項ではあるが,賃料の一部を構成する通常損耗等補修費用を独立算定する趣旨を含む条項または賃料補充等の趣旨を含む条項として対価条項と密接な関連を有すること,また,退去時・更新時にはかならず適用される条項であり,契約締結時にも賃料や他の一時金と並んで,少なくない賃借希望者が注目し,選択の考慮要素としている条項であることから,典型的な付随条項とは異なる中間条項性を有しているものとして,区別する見解が提唱されている(山本豊「借家の敷引条項に関する最高裁判決を読み解く—中間条項規制法理の消費者契約法 10 条への進出」NBL954・21 (2011),同・前掲注(16)23)。支持されるべき見解といえる。

D. 整理

a. 判断構造

いずれも同じ判断構造を採り，「情報格差」⇒「条項の了知」⇒「交渉期待可能性欠如」⇒「選択期待可能性欠如」との流れを採用している。

最高裁平成 23 年 3 月敷引判決は，消費者契約法 10 条後段判断箇所において，「自ら賃借する物件に生ずる通常損耗等の補修費用の額」につき，賃借人・賃貸人間に構造的な情報格差が存するのみならず，そして，不当条項を交渉によって排除できないとして「交渉力格差」のうちの「交渉期待可能性欠如」も構造的に存する旨，認定している。「交渉期待可能性欠如」の認定については，最高裁平成 23 年 3 月敷引判決の消費者契約法 10 条後段判断を引用する最高裁平成 23 年 7 月敷引判決も，同じ判断構造を採る最高裁更新料判決においても同様であるものと思われる。

いずれの最高裁判決でも，条項に関する情報は賃貸借契約書への明記，契約締結により賃借人の「条項の了知」が認定されている。そして金額の多寡のみが実質的に判断される形で，「交渉期待可能性欠如」が判断されている。すなわち，実質的な質的判断はなされずに，量的判断のみで条項の不当性が判断されているのである。なお，「選択期待可能性欠如」判断はなされていないが，「交渉期待可能性欠如」判断段階で高額に過ぎる額につき交渉期待可能性がないということは実質的に他の条項の選択や不当条項のみの排除の可能性もないといえ，このことからすれば，「選択期待可能性欠如」判断は「交渉期待可能性欠如」判断と事実上同じ領域でなされているといえる。

また，最高裁更新料判決は下級審裁判例とは異なる判断構造（流れ）を採ったが，その判断構造の相違は，最高裁更新料判決が更新料の法的性質の不合理性を詳細に質的に判断する立証方法を採らなかったことに起因する。

b. 実質的な質的判断がなされない理由：「居住用貸家の供給過剰」

いずれの最高裁判決も，賃貸借契約に明記され，契約締結がなされていれば，「条項の了知欠如」はないとの判断であり，この点につき詳細な検討はなされていない。しかし，この根底にある理由として，最高裁平成 23 年 7 月敷

引判決における田原睦夫判事の補足意見にあるように,「居住用貸家の供給過剰」という経済的事情[35]があるものと思われる[36]。なお,「居住用貸家の供給過剰」は,供給者側に賃貸不動産に関するさまざまな情報媒体(インターネット等)を整備させ,その結果,賃借人は不動産業者が実際に提供する情報以外に賃貸不動産に関する情報を常時,閲覧することができる。ここに挙げる「居住用貸家の供給過剰」は,選択可能な多数の情報入手可能性も含む経済的事情と捉えることができる。

　田原判事は,情報格差はないとの指摘であるが,私見によれば,情報格差は構造的に存するものの,賃借人の努力(情報収集,収集情報の比較検討等)があれば容易に「条項の了知」に至る経済環境にある。その要因が「居住用貸家の供給過剰」という経済的事情ということになる。つまり,「居住用貸家の供給過剰」は,「情報格差」⇒「条項の了知」⇒「交渉期待可能性欠如」⇒「選択期待可能性欠如」との流れのうちの「条項の了知」を肯定する方向に大きく作用する。反対からいえば,賃借人の「条項の了知」という高いハードルを下げる役目を果たしているために,当事者間での契約締結のみをもってして「条項の了知」を判断できるのである[37]。

　この点は,最高裁平成23年7月敷引判決の「複数の賃貸物件の契約条件を比較検討して,自らにとってより有利な物件を選択できる」との表現に現れている。

　したがって,賃借人は,一時金の額についても,「居住用貸家の供給過剰」

---

[35] 田原判事の補足意見でのこの部分の概要は次のとおりである。すなわち,アパート,賃貸マンションの需給状況は,団塊の世代が借家の確保に難渋した時代と異なり,全住宅のうち15%近く(700万戸以上)が空き家であって,建物の賃貸人としては,かつての住宅不足の時代と異なり,入居者の確保に努力を必要とする状況にあるとし,賃借人は賃料が若干高くても契約締結時の一時金が少ない条件かなど,賃借にあたって自らの諸状況を踏まえて,賃貸人が示す賃貸条件を総合的に検討し,賃借物件を選択することができる状態にあり,賃借人が賃借物件を選択するにつき消費者として情報の格差が存するとは言い難い状況にある。

[36] 更新料条項有効を判断する裁判例には「居住用貸家の供給過剰」という経済的事情を指摘するものもある(前掲大津地判平21・3・27,前掲大阪高判平21・10・29)。

という経済的事情があるから，当然に複数の賃貸物件の契約条件を比較検討することにより，適正な額を把握（了知）できるのである。しかし，契約条項にみる一時金の額が近傍同種の建物賃貸借契約における一時金の相場に比し，大幅に高額である場合は，それを交渉により排除あるいは減額することができなかったということであり，当事者間に「交渉期待可能性欠如」があったということになる。それは同時に「選択期待可能性欠如」にも繋がり，さらに「当事者利益の不均衡」に行き着き，「消費者の利益を一方的に害する」ことになっているとの評価となり，信義則に反するとの判断に至った場合に，不当条項は無効となるのである。

最高裁平成23年3月敷引判決は，「自らが賃借する物件に生ずる通常損耗等の補修費用の額」の情報に関し格差認定するが，当該情報は賃貸不動産の情報媒体からは把握することのできない情報である。しかし，賃借人は，敷引金の適正額について近傍同種の建物賃貸借契約から把握でき，契約条項にある金額が高額に過ぎる場合には，自己に不利益であることが認識でき，賃貸人と交渉することが可能となるから，「自らが賃借する物件に生ずる通常損耗等の補修費用の額」に関し了知がなくとも「選択期待可能性欠如」判断に至ることができるのである。

なお，「居住用貸家の供給過剰」という経済的事情は，いずれの最高裁判決文にも現れていないが，最高裁更新料判決の消費者契約法10条後段判断における「その他諸般の事情」に該当する事情として考慮されたものと思われる[38, 39]。

一般的に存在する構造的な交渉力格差の解消につき，別の見方をすれば，

37　この点については，「借り手市場」は，具体的な契約交渉場面において，かならずしも大きな意味を有するとはいえないとして否定する見解がある（城内・前掲注(15)64-65）。その理由として契約交渉にあたって重要なのは，交渉時に，消費者が他にも選択肢となりうる物件が存在することを具体的に知っているか否かであって，一般的に借り手市場（「居住用貸家の供給過剰」という経済的事情は借り手市場を意味する）であっても常にそのような状態とはいえないからであるとする。城内講師は，「借り手市場」が影響し，関係するのは「交渉期待可能性欠如」段階であるとし，私見は，適正額の把握等といった「条項の了知欠如」の段階であるとしている点で，見解の相違がある。

「居住用貸家の供給過剰」という経済的事情によって，当該格差は，一般的に，すべて解消される，あるいは一定程度解消される。そして，当該格差は，当事者間の個別的事情が考慮されることによってさらに変動するのである。

ところで，最高裁判断のような量的判断への傾斜が妥当するのは供給過剰にある都市部においてのみであり，供給過剰にない地域・地区にあっては質的判断も十分に行う必要がある。

　c. 暴利行為との関係

いずれの最高裁判決の判断構造も終局的に「額」の多寡で判断される。この点につき，最高裁は，建物賃貸借契約における一時金事案を暴利行為規範の適用事案としても捉えているのではないかと思われる。

暴利行為とは，一般に，他人の窮迫，軽率，無経験に乗じて（主観的要件），著しく過大な利益の獲得を目的（客観的要件）とする法律行為をいい，これは，一般の市場経済を不当に侵害するとともに，相手方に本来負う必要のない義務を負担させるということで，健全な社会秩序に違反することから，公序良俗に反し無効とするのが暴利行為規範である[40]。

我が国の暴利行為に関する裁判例の多くは，代物弁済予約（金銭消費貸借契約を締結するに際しての担保特約），損害賠償予定条項・違約金条項などの付随

38　なお，最高裁平成23年3月敷引判決にあっては，原審（前掲大阪高判平21・6・19）が考慮していた，不動産賃貸借市場が借り手市場であること，インターネットを駆使した消費者側の情報武装によって事業者と消費者間の「格差」は解消しているという視点は採用していないとする見解（角田・注11部分・前掲注(13)22-23）が存するが，私見ではこれを採用していると捉えているし，最高裁平成23年3月敷引判決を引用する最高裁平成23年7月敷引判決における補足意見として田原判事が「居住用貸家の供給過剰」が格差を解消させている旨述べていることから，当然に最高裁平成23年3月敷引判決も判断の主たる要素として考慮しているものと思われる。そうでなければ，三つの最高裁判決は同じ判断構造にならないはずである。

39　潮見佳男「不当条項の内容規制―総論」『消費者契約法―立法への課題―』別冊NBL54・123（商事法務，1999）は，不当性は，内容の適正さ，契約締結過程における当事者の主観的・客観的態様，契約に至った経緯のみならず，契約を取り巻く社会的・経済的環境等をも考慮に入れて評価がなされる場合があるとする。

40　澤野順彦「居住用建物の賃貸借契約における更新料条項の効力」東京司法書士会編『判例・先例研究　平成15年度版』48頁（2009）

的契約条項に適用されてきたが，本来，暴利行為は，契約それ自体ないしは契約の中心部分の内容の否定的評価を一理由として契約全体の（全部ないし一部の）無効を帰結する場面の問題である[41]。そして，消費者契約法10条などの規制の本来の役割は，不当条項に関する内容規制であるにもかかわらず，消費者契約における不当条項に関しては消費者契約法10条だけではなく，暴利行為規範も適用され，判断構造が混在していた。

一方，居住用建物賃貸借契約という消費者契約に限定した場合，「居住用貸家の供給過剰」という経済的事情下にあっては，暴利行為の主観的要件を満たす事案はほとんどありえない。また，賃貸人の事業収入を構成するのは賃料のみではなく，さまざまな一時金も構成し，それら一時金はいわゆる広義の対価に該当し[42]，不当性は広義の対価であるこれら一時金たる金額に現れるという特徴を有する。

つまり，居住用建物賃貸借契約は，金額の不当性が問題となる点は暴利行為規範になじむものの，不当性が現れるのは付随的契約条項であって，不当条項規制に該当する事案なのである。

そこで今回，最高裁は，居住用建物賃貸借契約については，適用の混在を避け，本来の適用のあり方に戻すべく，「額」の多寡，すなわち，暴利行為における客観的要件[43]を消費者契約法10条後段判断の中心に添える形で，暴利行為規範を消費者契約法10条に持ち込み，暴利行為規範との判断構造の統一化を図り，従来通り，居住用建物賃貸借契約以外の契約それ自体ないしは契約の

---

41 山本豊「契約の内容規制（その1）—暴利行為論」法教338・99（2008）

42 この点はそれぞれの最高裁判決が暗に示している。すなわち，最高裁更新料判決では，「更新料の額が，賃料の額，賃貸借契約が更新される期間に照らし」とあり，最高裁平成23年3月敷引判決では，「当該建物に生ずる通常損耗等の補修費用として通常想定される額，賃料の額，礼金等他の一時金の授受の有無及びその額等に照らし」とあり，一時金の額は，賃料の額，他の一時金の額と同様に広義の対価を構成するものであることを示しているものと思われる。

43 暴利行為の主観的要件につき，消費者契約法10条は「情報・交渉力の格差」を重視することで緩和しているとの見解（大澤彩「建物賃貸借契約における更新特約の規制法理（上）—消費者契約法10条における「信義則」違反の意義・考慮要素に関する一考察」NBL931・26（2010））がある。

中心部分については暴利行為規範で，居住用建物賃貸借契約における不当条項規制については消費者契約法 10 条で内容規制するべく，明確に棲み分けをした。

消費者契約法 10 条後段要件は暴利行為の要件にもなじむとの指摘[44]もあることから，判断構造はもともと暴利行為規範と親和的であったことも要因であると思われる。

今後，高額に過ぎるとの判断がどのような場合になされるかが問題となるが，敷引金でいえば月額賃料の 3.5 倍は高額ではないとの判断であり，これまでの暴利行為の裁判例にあっても 4～5 倍の著しい対価の不均衡があったものについて無効が認められた[45]だけであって，その状況からすればかなりな高額でなければ高額に過ぎるとの判断がなされないものと考えられる。

そうなると賃借人に著しいとまではいえない一時金を押しつけて不当な巨利を得る巧妙な賃貸人を見逃すことになりかねない。しかし，「居住用貸家の供給過剰」という経済的事情にあっては，他の賃貸物件に比し，不当に高額な一時金を課す賃貸物件を選択する賃借人は通常考えられず，不当な賃貸人は淘汰されていくことになろう。

d. 経済合理性と法的合理性

最高裁平成 23 年 7 月敷引判決における田原判事の補足意見は，賃貸人が賃貸借に伴う通常損耗部分の回収を，賃料に含ませて行うか，権利金，礼金，敷引金等の一時金をもって充てるかは，賃貸人としての賃貸営業における政策判断の問題であるとしており，各最高裁判決が一時金の法的性質の合理性につきほとんど判断していないのは田原判事の補足意見がまさに妥当しているものと

---

44 大澤・前掲注(43)26。更新料条項否定例が消費者契約法 10 条の後段要件該当性の考慮要素として挙げている金額の高額さや，趣旨不明な金銭を賃借人の情報・交渉力の欠如などに乗じて負担させたという点は，暴利行為の要件である契約相手の窮迫・軽率に乗じたか否かという主観的要件，および，不相当な財産的給付か否かという客観的要件にもなじむように思われるとする。
45 潮見佳男編『消費者契約法・金融商品販売法と金融取引』86 頁〔松岡久和〕（経済法令研究会，2001）

思われる。

　また，最高裁更新料判決が指摘するように更新料は，賃料とともに賃貸人の事業の収益の一部を構成するのが通常であるとしており，一時金のいくつかは賃料を代表として構成される賃貸収入，いわば総収入となる[46]。さらに一時金の性質が通常損耗等の補修費用であればそれは総収入に該当するも，総収入から収益を算出するための総費用の一部でもある。

　賃貸人は，一定額の総収入を得るにあたり，賃借人が継続的な支払いを容易にするために当初低額な月額賃料を提供して，退去時に敷引金名目で後払賃料を徴収して目標の総収入を得る，あるいは賃料から通常損耗等の補修費用を得るのではなく，月額賃料を通常損耗等の補修費用相当額分低額にしておき，敷引金として退去時に通常損耗等の補修費用を得るなど，収益配分・費用配分の自由は賃貸人の営業政策として認められるはずであり，ましてや「居住用貸家の供給過剰」という経済的事情の存する場合にあっては，賃借人獲得のための競争を他の居住用賃貸物件との間で余儀なくされるわけであるから，なおさらである。

　つまり，このような経済的事情の存する場合にあっては，敷引金を課しながら月額賃料を低額にしないといったごまかしはできないはずであり，ごまかしの存する場合は淘汰を余儀なくされる。

　一時金はもともとは経営上賃料を構成するものであり，それをあえて経営政策上，一時金として一定の名目をつけ，月額賃料とは別時点で徴収するものである。そして，ほとんどが賃料の補充ないし前払い等であるために，契約書上に賃料の補充ないし前払い等以外の法的性質が明記されていたとしても，それは実態を反映していない，賃料の隠れ蓑として他の法的性質（実体のない名目的性質）を明記したに過ぎないのが実情（最高裁平成23年3月敷引判決事案は除

---

[46] 寺田判事の補足意見は，「広い意味で使用収益の対価の一部をなし，賃料として組み込めないものではなくなったという意味で，賃料との本質的な差はなく，いわば賃料を補うものとしての性格をもった金銭の授受と受けとめるべきものとなったといえよう」とほぼ同意見を示す。

く）であることから，合意により一時金の法的性質が特定されているなどの事情のないかぎり，実体のない名目に対する法的合理性よりも経済合理性が重視されるべきであるということがいえる。

その結果，まさに対等当事者間での契約であるかのごとく，契約文言が合意意思であるとして文言を重視した判断がなされ，結果的に契約自由の原則，私的自治の原則が保持されることとなる。

4. 更新後契約と消費者契約法の適用

消費者契約法は施行後に締結された消費者契約について適用されるところ，当初契約が施行前締結であるものの，更新後の契約は施行後に成立した場合に消費者契約法が適用されるか否かが問題となる。

前掲京都地判平 16・3・16 は通常損耗補修特約の事案であるが，当初賃貸借契約は平成 10 年 7 月 1 日に成立したものである。平成 11 年 6 月 30 日に契約の更新をし，消費者契約法の施行された平成 13 年 4 月 1 日後である同年 7 月 7 日，合意による契約の更新がなされた（7 月 1 日より更新契約を生じさせる趣旨）。同判決および控訴審である前掲大阪高判平 16・12・17 は，平成 13 年 7 月 1 日にあらためて本件建物の賃貸借契約が成立したとし，当該契約は消費者契約法施行後に成立したものであるから，当該更新後契約には消費者契約法が適用されるとした。

その理由として，条項に規定された更新の効果を挙げる。すなわち，民法 619 条 1 項（黙示の更新）の「……従前の賃貸借と同一の条件で更に賃貸借をしたものと推定する。」との規定，旧借地法 4 条 1 項（請求による更新）および同法 6 条 1 項（法定更新）の「……前契約ト同一ノ条件ヲ以テ更ニ借地権ヲ設定シタルモノト看做ス」との規定ならびに旧借家法 2 条 1 項（法定更新）の「……前賃貸借ト同一ノ条件ヲ以テ更ニ賃貸借ヲ為シタルモノト看做ス」との規定によれば，更新により，存続期間の満了により終了した従前の賃貸借契約と同一条件の賃貸借契約が成立すると解釈できるからであるとする。

また，前掲大阪高判平21・8・27は，平成12年8月11日頃契約締結し，契約期間を同月15日から平成13年8月30日までの約1年間とし，1年ごと更新する契約である本件更新契約につき，契約内容を従来どおりとするものの，契約期間を新たに定めた以上は，消費者契約法の適用関係では新たな賃貸借契約とみるほかないとし，消費者契約法の適用を受けるものとした。

消費者契約法施行前からの建物賃貸借契約において消費者契約法が適用された他の事案として，更新料条項関連の裁判例では，理由を明示するものではないが，前掲東京地判平17・10・26，前掲京都地判平20・1・30，前掲大津地判平21・3・27がある[47]。

より多くの消費者保護を図るためにも消費者契約法適用の射程を拡大することは社会的コンセンサスを得られることから，これに異を唱える学説はないものと思われる。

なお，消費者契約法の適用を明示的に更新された場合に限定すべきではないとする見解も存する[48]が，消費者契約法の趣旨からして，明示か黙示かで区分すべきではないことから，妥当といえるであろう。

5. 消費者契約法10条と公序良俗規範との関係

従来の判例，学説は，賃借人に一方的に不利な通常損耗補修特約を無効とすべく，公序良俗違反や信義則違反（民1Ⅱ）等によって理論構成を試みてきたものの，成功しなかった。前掲大阪高判平16・12・17は，消費者契約法を適用することにより，当該特約の効力を否定した初めての判決となった[49]。

---

[47] 三つの最高裁判決事案は，いずれも消費者契約法施行後事案であるため，本論点の対象外である。

[48] 鳥飼晃嗣「居住用建物賃貸借契約における敷引特約に対する消費者契約法の適用について」判タ1257・42（2008）。理由として，黙示の契約更新であっても，実質的に期間満了の時点で，当事者双方に，消費者契約法の適用があることを前提に，賃貸借契約の条項等の変更を含めた交渉を経たうえで更新をする機会（ないし可能性）が存在したからであるとする。

特約規制の手法としては，①契約成立段階における規制，②契約内容の規制，③契約解釈による規制がある[50]とされ，①は，特約の成立要件を厳格に解して特約の成立を否定する判決（前掲最二小判平 17・12・16 などは，通常損耗補修特約についてではあるが，特約の成立を否定している）につながり，③は，消費者契約法施行前あるいは消費者契約法 10 条を適用して判決を下していない下級審判決が敷引特約を有効と判断してきたように特約を有効とする判決につながる。そして，②は，特約の成立は肯定しつつその内容を公序良俗に反し無効（民 90）とする判決，および消費者契約法 10 条により無効とする判決につながるとされる。また，公序良俗規範および消費者契約法 10 条を適用する前提として解釈によって契約内容の確定をしておく必要があるが，契約の解釈には規範的な内容を含むものがある。そうである場合，契約の解釈と公序良俗判断，消費者契約法 10 条判断とは連続性を有し，交錯する可能性を生ずる[51]との指摘がなされている。

　一方，消費者契約法 10 条と公序良俗規範の適用については，両者の要件は同じではなく，前者は後者を排除する趣旨ではないと考えられており，両者の適用は可能[52]であり，裁判例を見ても両者の検討がなされている。しかし，前掲京都地判平 16・3・16 は通常損耗補修特約の事案であるが，公序良俗規範と消費者契約法 10 条との関係を一般法と特別法の関係と位置付け，建物賃貸借契約は消費者契約であることから，特別法たる消費者契約法 10 条を先に判断し，当該特約を無効とした。その結果，公序良俗違反の判断を不要とした。これに対し，その控訴審である前掲大阪高判平 16・12・17 は，一般法と特別法の関係を採ることなく，両条項による判断を行った。消費者契約法 10 条判断

49　野口恵三「判例に学ぶ　No.402（大阪高判平 16・12・17 判時 1894・19）」NBL817・59（2005）
50　宮澤志穂「判批（最二小判平 17・12・16 裁時 1402・34, 判時 1921・61, 判タ 1200・127）」判タ 1210・58（2006）
51　宮澤・前掲注(50)58
52　落合誠一『消費者契約法』159 頁（有斐閣，2001），執行秀幸「判評（大阪高判平 16・12・17 判時 1894・19）」リマークス 33・52（2006）

で当該特約は無効と判断されたが，公序良俗判断では，不当との評価がなされたものの，公序を形成していると断定できないとして，無効判断はなされなかった。

更新料条項関連の裁判例では，前掲京都地判平20・1・30は，公序良俗規範と消費者契約法10条の両者での判断を行い，いずれでも有効であると判断している。

両者に一般法と特別法の関係が存するか，または別個の法判断であるかの問題がある。両者は契約内容の規制に属するものであるが，公序良俗に反せずとも信義に反して消費者の利益を一方的に害するものを無効としていることから，消費者契約法10条は公序良俗違反を対象とする公序良俗規範とは射程を異にする。よって，両者に一般法と特別法の関係性はなく，それぞれ別個の法判断であるとして適用すべきである[53]。

また，公序良俗規範（民90）はもっぱら国家・社会秩序に対する違反（社会的妥当性）を対象とする規範[54]であり，消費者契約法10条はそれとは異なる規制原理に立脚したものである。異なる規制原理とは消費者契約に関する包括的民事ルールとしての「消費者公序」[55]であって，消費者契約法10条はそれを

---

[53] 両者を別個の法判断であるとする見解からは，前掲大阪高判平16・12・17が，消費者契約法10条の適用を認めたのにもかかわらず，民法90条の適用を否定した判断につき，民法90条の適用が否定されて初めて消費者契約法10条の適用になるとの見解も考えられるが，たとえ消費者契約法施行前でも，民法90条の「公序」と評価されるとの指摘（落合・前掲注(52)）もあり，そうであるならば，消費者契約法施行後も，同様のことがいえるはずであり，その点を踏まえれば民法90条の適用も十分に考えられたと前掲大阪高判平16・12・17の判断に批判的見解（執行・前掲注(52)）が示されている。

[54] 潮見佳男『民法総則講義』198頁（有斐閣，2005）は，消費者契約法10条と民法90条との関係につき，本文のように捉える場合は，消費者契約法10条は「創設的規定」ということになり，そうではなく，民法90条には取引相手方の自己決定権保護という目的も含まれていると考える場合には，消費者契約法10条は消費者契約における消費者の自己決定機会の保障を内容とする公序良俗規範を具体化したものだということになり，その場合は，消費者契約法10条は「確認的規定」だとする。

[55] 消費者公序とは，「経済的・社会的劣位におかれた契約一方当事者の保護」を目的とした公序規範をいう（山本豊「不当条項規制と中心条項・付随条項」『消費者契約法―立法への課題―』別冊 NBL54・127（1999））。

形成する核となる条項[56]なのである。

最高裁更新料判決は,「更新料条項は公序良俗に反するなどとして,これを当然に無効とする取扱いがされてこなかったことは裁判所に顕著である」として公序良俗規範と消費者契約法10条の両者の適用を認めていることから,両者は異なる法規範であると捉えているものといえる。

6. 中心条項該当性判断

第16次国民生活審議会消費者政策部会報告「消費者契約法(仮称)の制定に向けて」(以下,第16次報告という)では,「契約の主要な目的及び商品又は役務の価格若しくは対価とその反対給付である商品又は役務との均衡性」は,不当条項の評価の対象外であることが確認された[57]。これを受け,何をいくらで入手するかといった対価的判断などは契約そのものの成否に直接かかわる問題であり,もっぱら当事者の主体的判断に委ねることが望ましく,消費者契約法は適切な判断を可能にするための側面的支援(契約締結過程の環境整備)にとどめるとの立場を有するのみであるとの位置づけは十分にありえるものであり[58],対価条項などの中心条項は,開示規制が働き,直接的な司法的介入は回避される。したがって,消費者契約法10条には該当せず,同条の適用対象から除外されるとする見解[59]がある。すなわち,消費者契約法10条は付随的条件についてのみ適用されるのである。自由主義経済に立脚するわが国では,中心条項(給付記述条項・対価条項)は,自由競争の中で選択・決定されるのであり,内容形成に国家が積極的・主体的に関与するべきではなく,それらは民法90条によって処理することになるのである[60]。

---

56 長尾治助『消費者私法の原理』220-221頁(有斐閣,1992),潮見〔松岡〕・前掲注(45)84頁
57 山本敬三「消費者契約立法と不当条項規制―第17次国民生活審議会消費者政策部会報告の検討」NBL686・17(2000)
58 河上正二「総論」『消費者契約法―立法への課題―』別冊NBL54・12(1999)
59 山本・前掲注(34)21,落合・前掲注(52)152頁

第 1 章　居住用建物賃貸借契約における敷引特約と更新料条項　　**189**

　しかし，敷引特約に関するいずれの裁判例も敷引特約および通常損耗補修特約に関し，中心条項該当性につき何ら判断を行っていない。このことはこれら付随条項は，価格条項ではないと捉えていることを意味するものといえる。これについては，更新料に関する四つの大阪高裁判決（前掲大阪高判平 21・8・27，前掲大阪高判平 21・10・29，前掲大阪高判平 22・2・24，前掲大阪高判平 22・5・27）のいずれもが，更新料につき，中心条項該当性の判断を行っていることから確認できる[61]。前掲大阪高判平 21・8・27 は，価格条項は中心条項であり，基本的に市場の取引によって決定されるべきである旨，傍論であるが述べている。

　一方，反対説は，a. 中心条項と付随条項の区別が容易ではない，b. 中心条項の正当性が保障されるための契約準備交渉・締結段階における情報・判断力・交渉力不均衡解消措置の不完全，c. 市場競争メカニズム機能発現措置不十分，d. 不当対価における暴利行為論による正当化機能不十分等を理由として挙げる[62]。

　中心条項とは，具体的には契約の要素および価格を定める条項と解すべきとし，契約の要素とは契約の主要目的，目的物および役務の量を定める条項であるとする[63]。たしかに契約の主要目的（たとえば売買契約の目的物，旅行契約の行き先等）については，契約の成立や解釈の問題にはなっても，内容的な当不当の問題にはなりえない[64]。しかし，消費者契約の対象となる目的物・役務にはその対価につき，相場が存する場合がある。相場がない場合は，当事者間の私的自治に任せるべき中心条項として消費者契約法 10 条の適用を排除すべきかもしれない。

　相場がある場合は，その相場が当事者の価格決定に大きな影響を与える。居

60　潮見・前掲注(54) 197-198 頁
61　このような判断の相違は，裁判官が更新料を価格条項として，敷引金を価格以外の性質を有するものとして捉えていることを意味する。
62　潮見・前掲注(39) 149，潮見〔松岡〕・前掲注(45) 84-86
63　山本・前掲注(55) 110，113
64　山本・前掲注(55) 102

住用建物賃貸借契約における賃料はまさに相場が大きな影響力を有する。事業者は相場に熟知しているはずであり，消費者は常時当該事業をしているわけではなく，相場の把握はないのが通常である。この相場把握の有無が情報の質・量の格差の一つでもあり，ひいては交渉力の格差をもたらす。対価条項の決定にあたり，事業者・消費者間にこのような格差のある状態で，事業者が適正な相場を交渉段階で提示しない場合には，相場を大きく超えた対価が締結される場合がありえる。このような状況は消費者の利益を害しているといえる。もちろん需要と供給の経済原則により相場を超えた対価が締結されることはありえるが，その場合は当事者意思が十分に反映された結果であるから適法ということになる。

これに対し，相場をはるかに超える対価が締結された場合には暴利行為として超えた金額部分を無効とすることは可能であろう。しかし，中心的な対価の問題につき暴利行為を認めた事例は少なく，それも4〜5倍の著しい不均衡の存するものである[65]ことから，暴利行為の認定は容易ではないことがわかる。

以上より，私見としては，居住用建物賃貸借契約における対価（賃料のみならず，更新料，敷引金等の賃貸人の事業収入を構成する一時金も包含される）については，一般的に相場が存在するものであり，消費者の利益保護の見地から，消費者契約法10条を適用すべきと思われる。

なお，三つの最高裁判決はいずれも中心条項該当性の判断を行っていない。

7. 個別交渉条項への適用

個別交渉条項については，消費者の自己決定権の行使機会が確保されているのであるから，私的自治・自己決定原則に基づき，当該条項の有効性を承認する見解がある。すなわち，消費者契約法10条は，私的自治・契約自由の原則を否定するものではなく，むしろこの上に成り立っているのであり，社会法的

---

[65] 東京地判平7・2・21交通民集28・1・223，東京地判平5・8・30判時1502・122，潮見〔松岡〕・前掲注(45)86頁

見地から出た弱者保護規定ではない[66]。よって個別交渉条項については不当条項規制たる消費者契約法10条の対象とならないとする[67]。

しかし，第16次報告では，実質的交渉のあった契約条項については，「実質的交渉の有無の判断の困難さ」や「不当条項禁止の強行規定的性格」から個別交渉の有無を問わないで規制対象とするとしている[68]。

また，検討した更新料条項関連の裁判例，敷引特約関連の裁判例のいずれも，個別交渉条項該当性の判断はなされていない。このことからすれば下級審の解釈としては，消費者契約法10条の適用から個別交渉条項を排除するものではないということになる。

学説も，個別交渉条項にも内容規制を及ぼすべきとする見解が多数を占める。すなわち，消費者契約法において契約条項について実質的交渉が行われることはほとんどないと考えられること，それにもかかわらず個別交渉条項を除外することにすると，形式的に交渉を装って脱法を図る事業者が現れたり，交渉の有無を巡って紛議が生じ迅速な解決を妨げるおそれがあることを考慮した結果，一般論として私的自治の価値を尊重することは当然の前提とした上で，消費者契約法10条の個別交渉条項への適用を排除しないと判断されたとし，個別交渉条項にも内容審査を及ぼすのは，私的自治と相容れないと観念的に捉えて批判するのは適切ではないとする。そして，個別交渉という事情は後段判断の一ファクターとして考慮に入れられるべきであるとする[69]。すなわち，交渉の存在を内容の「不当性」阻却事情の一つとするのである[70]。

---

66 潮見・前掲注(54)197頁
67 潮見佳男『契約法理の現代化』251-257頁（有斐閣，2004）〔初出：潮見・前掲注(39)139-144〕。この見解も適切に交渉が行われない場合は，不当条項規制の適用を受けるとしている。
68 河上・前掲注(58)12
69 山本・前掲注(16)128。潮見〔松岡〕・前掲注(45)86-88頁も契約準備交渉・締結段階において，情報・判断力・交渉力の構造的な不均衡を解消するだけの措置が消費者契約法では不完全なことは，個別交渉条項への消費者契約法10条適用否定説の論者も強調するところであるとし，そのような脆弱な基盤のうえでは，個別交渉においても，実質的交渉の前提となる情報が十分提供されるとの保証はないとし，個別交渉条項への消費者契約法10条適用を肯定する。

個別交渉前提要件である契約自由の原則，私的自治・自己決定原則の機能が期待できないのは，情報の質・量，交渉力の格差が事業者・消費者間に構造的に存するからであり，消費者の利益保護の見地から消費者契約法10条の適用を排除すべきではないと思われ，多数説に賛同する。そもそもこのような格差が存する場合は，消費者契約法10条を適用すべき事案であり，居住用建物賃貸借契約における賃貸人・賃借人間にまさにそのような格差が構造的に存在する。もちろん，「居住用貸家の供給過剰」という経済的事情の存在により，この格差が一面において解消されている場合がありえるが，それは消費者契約法10条判断における一つの要素にすぎない。

なお，三つの最高裁判決も個別交渉条項該当性の判断を行っていない。

8. 消費者契約法10条前段判断における任意規定

消費者契約法10条の前段では，「民法，商法その他の法律の公の秩序に関しない規定」，すなわち，任意規定には明文規定のみならず，学説や判例の集積によって一般的に承認された不文の任意法規や契約に関する一般法理も含まれ（前掲神戸地判平17・7・14，前掲大阪地判平19・3・30，前掲横浜地判平21・9・3），慣習法あるいは事実たる慣習（前掲京都地判平19・4・20，前掲京都地判平21・7・23）も包含されるとする。

更新料条項，敷引特約について直接にその意義を明らかにした明文の規定は存しないが，確立した判例等において一般に認められた法準則については，任意法規に含まれるとする見解が多数説であり[71]，最高裁更新料判決が「ここに

70　潮見〔松岡〕・前掲注(45)87-88頁，山本豊「契約の内容規制」山本敬三＝大村敦志＝山本豊＝能見善久＝池田真朗＝鎌田薫＝松本恒雄＝山田誠一＝内田貴著『債権法改正の課題と方向―民法100周年を契機として』別冊NBL51・80（1998）

71　鳥飼・前掲注(48)34，山本・前掲注(57)22，山本豊「消費者契約法（3）・完」法教243・62（2000），中田裕康「消費者契約法と信義則論」ジュリ1200・74（2001），潮見〔松岡〕・前掲注(45)89頁，日本弁護士連合会消費者問題対策委員会『コンメンタール　消費者契約法』185頁（商事法務，第二版，2010）

いう任意規定には，明文の規定のみならず，一般的な法理等も含まれると解するのが相当である」と判断したことから，明文規定に限定されないことが明確になり，また，最高裁平成23年3月敷引判決は，「賃借物件の損耗の発生は，賃貸借という契約の本質上当然に予定されているものであるから，賃借人は，特約のない限り，通常損耗等についての原状回復義務を負わず，その補修費用を負担する義務も負わない。」として，「賃貸借契約の本質」論と「通常損耗負担の原則」論に立脚している[72]ことから，判例上認められている原則も任意規定に含まれることが明確になった。また，学説上確定した法原理[73]も一般化を要件として当該法理に含まれるものと思われる。

前段判断は，「任意規定」を適用した場合の法律状態との乖離の程度により，消費者への権利制限・義務加重の度合いを判断する仕組みであり，消費者契約法における契約当事者の予見可能性を確保するため[74]にも，消費者契約法のより広範の分野における条項を消費者契約法10条により効力判断できるようにすべく，一般的な法理も任意規定に含め，比較検討可能とするのが妥当な法解釈と思われる。

9. 比較される任意規定

(1) 更新料条項

更新料条項については，前掲大阪高判平21・8・27は，民法601条を任意規定とし，賃料以外の金銭支払義務を負担することは，賃貸借契約の基本的内容に含まれないとする（他には前掲京都地判平21・9・25判時2066・81，前掲京都地判平21・9・25判時2066・95，前掲京都地判平21・9・25（平20（ワ）1286）がある）。

---

[72] 牛尾洋也「通常損耗補修特約が消費者契約法10条により無効とはされなかった事例（平成21（受）第1679号　敷金返還等請求事件）（最判平成23年3月24日〔第一小法廷〕裁判所HP）」龍谷法学44・1・208（2011）
[73] 落合・前掲注(52)147頁
[74] 鳥飼・前掲注(48)34

更新料条項を有効と判断した前掲大阪高判平21・10・29は，借地借家法28条を任意規定とし，建物賃貸借契約における賃借人は，何らの金銭的負担を義務付けられることなく，賃貸借期間は更新されることから，賃貸借契約の更新に伴って更新料支払いが義務付けられるのは，賃借人の義務を加重する合意であるとする。

　前掲大阪高判平22・5・27は，上記二裁判例における両任意規定に加え，前掲大阪高判平21・10・29で比較されなかった建物賃貸借契約の更新等に関する規定である借地借家法26条も取り上げ，消費者契約法10条の前段要件充足を判断している。法定更新関連規定を比較すべき任意規定とするならば，借地借家法26条も必要な規定である。

　一方，民法614条を任意規定とするものもある。前掲京都地判平20・1・30は，「賃料は，建物については毎月末に支払わなければならない」と定める民法614条本文と比べ，賃借人の義務を加重しているとする。また，前掲大津地判平21・3・27は，民法614条以外に次の点を付加している。すなわち，更新料条項は中途解約され終了した場合にも，返還・精算されないとする点であり，これは残存期間については使用収益がないにもかかわらず，対価たる賃料のみが徴収されるということであり，任意規定としての明示はないものの，民法601条も比較されるべき任意規定として認識されているといえる。

　前掲京都地判平21・7・23は，民法614条以外に，更新料を授受することが慣習化していることを認めるに足りる証拠はないとし，事実たる慣習を取り上げている。

　最高裁更新料判決は，「賃貸借契約は，賃貸人が物件を賃借人に使用させることを約し，賃借人がこれに対して賃料を支払うことを約することによって効力を生ずる（民法601条）」のであるから，「更新料条項は，一般的には賃貸借契約の要素を構成しない債務を特約により賃借人に負わせるという意味」において，賃借人の義務を加重するとしている。

(2) 敷引特約

　敷引特約については，前掲大阪地判平17・4・20は，民法601条，同法606条を任意規定とし，通常損耗補修費実費に比し，敷引金額が大きく，敷引特約の趣旨を逸脱しているとした。前掲神戸地判平17・7・14は，民法601条であり，賃借人に賃料以外の金銭的負担を負わせる敷引特約は賃借人の義務を加重するものとした。前掲京都地判平18・11・8は，具体的条項を挙げるものではないが，賃貸借契約は，目的物を使用収益させる義務と賃料支払義務とが対価関係に立つものであり，賃借人が賃料以外に金銭の支払義務を負担することは予定されていないものと明示していることから，比較対象の任意規定は民法601条であると推測される。前掲大阪地判平19・3・30は，民法601条，同法606条1項以外に必要費は賃貸人が負担すべきものとする同法608条1項を明文の任意規定とし，一般的に承認された不文の任意規定として，保証金を挙げる。すなわち，保証金は，賃借人の債務不履行の担保であり，賃貸借契約終了に際して，賃借人が賠償すべき額を除いて全額返還すべきものである。保証金の返還にあたり，当該金額の6割（月額賃料の4か月分）を超える敷引金を控除してする敷引特約は一般的に承認されていないとする。前掲京都地判平19・4・20は，保証金ではなく，敷金の事案であったことから，敷金を一般的に承認された不文の任意規定[75]として民法601条と共に取り上げている（前掲京都地判平21・7・23も同様。ただし，保証金を不文の任意規定として取り上げている）。前掲名古屋簡判平21・6・4は，定期建物賃貸借契約に関する事案であり，消費者契約法10条判断を前段と後段とに明確に区分して判断するものではないが，敷金の一般的に承認された法的性質を取り上げ，消費者契約法10条適用を判断していることから，敷金が不文の任意規定として取り上げられて

75　すなわち，敷金は保証金と同様，賃料その他の賃借人の債務を担保する目的で賃借人から賃貸人に対して交付される金員であり，賃貸借目的物の明渡し時に，賃借人が債務不履行がなければ全額が，債務不履行があればその損害額を控除した残額が，賃借人に返還されることが予定されている，としている。

いるものと思われる。

　消費者契約法10条後段に該当しないとして敷引特約の効力を承認するも，前段に該当するとした前掲横浜地判平21・9・3は，敷金を不文の任意規定として取り上げている。

　なお，通常損耗補修特約では，前掲大阪高判平16・12・17が，民法400条，同法483条，同法616条の準用する同法594条を比較すべき任意規定としている。すなわち，民法は，賃貸借契約の終了に際し，賃借人は契約またはその目的物の性質によって定まりたる用法に従いその物の使用収益をしているかぎり（民616, 594），返還すべき時の現状にてその物を引き渡せば足り（民483），引渡しまで善管注意義務を尽くせば，損害賠償責任は発生せず，原状回復義務も負わない（民400）のである。上記義務を尽くしているにもかかわらず，賃借人が原状回復義務を負うことは，民法の任意規定の適用による場合に比し，賃借人の義務を加重していることは明白であるとする[76]。

　一方，最高裁平成23年3月敷引判決は，前述のとおり，判例上認められている原則，すなわち，通常損耗の原則負担者に関する判例の一般的理解を任意規定として選択している。敷引金の法的性質が通常損耗費用であることが明示されている事案であり，敷引金の法的性質が重視された結果と思料される。

(3) 整理

　以上，更新料条項関連の裁判例は，更新料を賃料以外の加重と位置づける場合は民法601条を，明確に賃料と位置づける場合は民法614条を，法定更新時にも支払義務のある点を強調する場合は借地借家法26条，同法28条が任意規定として選択されている。

---

[76] 執行秀幸教授は，通常損耗補修特約につき，「賃借人は通常損耗等につき原状回復義務を負わない」との準則が民法の任意規定から合理的に解釈して導かれるものであれば，その準則が前段の「任意規定」に該当するとし，前掲大阪高判平16・12・17は，当該準則を，民法483条，同法601条，同法616条（民594 I 準用）から導いているとみることができるとする（同・前掲注(52)53，最高裁平成23年3月敷引判決の原審である大阪高判平21・6・19 LEX/DB25470588も同旨）。

敷引特約関連の裁判例は，民法601条と比較されることが多い。

この点について，付随条項を対価性の乏しい給付とする裁判例は，民法601条と比較し，賃料の補充と捉える裁判例は民法614条と比較するとの見解[77]が存するが，最高裁更新料判決が更新料の一般的性質を賃料の補充ないし前払等と認定していながら，民法601条を任意規定としていることから，上記見解は妥当しない。むしろ最高裁平成23年3月敷引判決にあるように裁判所が一時金条項のどの点を重視するかにより異なるということがいえる。

なお，敷引特約関連の裁判例には，敷金もしくは敷金的性質を有する保証金を不文の任意規定として比較している[78]ものも存するが，この場合は敷引金を賃料の補充等ではなく，賃借人の債務不履行における損害賠償額，しかもその予定（民420）として捉えている[79]ものといえる。この場合は，賃借人に債務不履行がない場合には損害賠償額が予定されていても，賃借人はその支払義務を負わないのに対し，敷引特約では賃借人は債務不履行がなくとも支払義務を負い，しかも本来賃貸人が負担すべき修繕費（民606 I），必要費（民608 I）を賃借人に負担させるのであるから，賃借人の義務を加重しているのである。

ところで，損害賠償額の予定としても考えられているのであれば，消費者契約法10条による内容規制ではなく，同法9条1号を類推適用すべきとの見解[80]も出てこよう。しかし，上記のように一般的な敷引特約は，債務不履行が

---

[77] 岡本裕樹「判批（大阪高判平21・10・29判時2064・65，金法1887・130）」現代民事判例研究会編『民事法判例I 2010年前期』167頁（日本評論社，2010）

[78] 敷引特約における不文の任意規定は存在しないとするのが裁判例であるが，鳥飼・前掲注(48)36は，阪神・淡路大震災の際の建物の滅失による賃貸借契約終了の際の敷引特約に関する最一小判平10・9・3民集52・6・1467の判示を敷引特約における不文の任意規定とすべきとする。すなわち，「敷引特約は，狭義の意味での礼金（すなわち，文言どおり賃貸借契約成立の謝礼であって返還を請求することができないもの）として明確に合意された場合には，いかなる原因において賃貸借契約が終了した場合でも適用され，借主はこれを返還請求することができない（が，そのような明確な合意がない場合には，少なくとも震災による終了のような場合には適用できない。）」との判示であり，敷金に関する大審院判例以降の確立した判例法理を前提に，前掲最一小判平10・9・3を確立した判例法理として上記判示を敷引特約の不文の任意規定とするのである。

[79] 山本・前掲注(34)18

ない場合にも——むしろ債務不履行がない場合がほとんどであろうが——適用される点，定期借家などの期間満了時にも適用される点を有する付随条項であるから，債務不履行および契約解除を前提とした[81]消費者契約法9条1号が対象とする類似事例とはいえず，類推適用は難しいものと思われる。

10. 後段と前段のどちらを重視するか

　消費者契約法の立法担当者は，前段要件を重視する立場であると解されている[82]。また，前段判断だけで契約条項を原則的に無効とする解釈を打ち出す見解もある[83]。この見解は，裁判実務では後段要件はほとんど機能しておらず，このように信義則違反という加重要件を重視しない実務の取扱いは正当であるとする。ただし，任意規定逸脱条項に何らかの積極的な合理性が認められる場合には有効であるとする[84]。この見解は前段要件を充足する場合は無効であるが，後段要件を充足しない場合は有効であると読みかえることができる[85]。

　一方，後段こそが消費者契約法10条の要諦であり，前段要件だけで後段要件が推定されるという考え方を採用することには慎重でなければならないとする見解がある。このような立場からは，後段要件の吟味を丁寧に行い，任意規定からの乖離だけから信義則違反を導くようなことはしないという裁判所の一般的態度は正当であるとする[86]。

80　加藤雅信＝加藤新太郎「鼎談　消費者契約法を語る」判タ1206・22（2006）〔松本恒雄発言〕
81　消費者庁企画課・前掲注(1)207-209頁
82　大野武「最近の更新料判決と不当条項規制」市民と法66・58（2010）。大野准教授は内閣府国民生活局消費者企画課編『逐条解説　消費者契約法』200-201頁（商事法務，新版，2007）（消費者庁企画課・前掲注(1)219-220頁）が，消費者契約の条項が「民法，商法等の法律中の任意規定から乖離している場合」であって，「当該乖離が消費者契約において具体化される民法の信義則上許容される限度を超えている場合」には当該条項は無効となると述べている点を主張する。
83　加藤雅信『新民法大系Ⅵ　契約法』149-150頁（有斐閣，2007）
84　大野・前掲注(82)58-59
85　山本・前掲注(16)18

なお，更新料条項関連の裁判例，敷引特約関連の裁判例のほとんどが，後段要件を重視している。

また，三つの最高裁判決はいずれも前段要件充足を認定するも，後段要件の不充足を判断している。しかし，後段要件不充足につき，前段要件を重視する見解が説くような積極的な合理性を認めるものではない。したがって，最高裁判決も他の裁判例と同様，消費者契約法10条適用の可否の実質的な判断を後段判断にて行っているものと思われる。

11. 一部無効と全部無効

三つの最高裁判決のいずれもが，不当条項の無効判断につき，暴利行為規範的判断を行っていることから，高額に過ぎる部分につき，一部無効判断の可能性が検討されるべきといえる[87]。

「条項一部無効」の余地を認めることにつき反対説は，ドイツでの議論を参考にし，①不公正な約款条項を用いた約款使用者に条項無効のリスクを負担させるべきであるという価値判断，②約款使用者が裁判所による「有効性を維持する縮小」を期待して法律違反の条項を約款に採用する危険を防止するとの一般予防的考慮，③条項一部無効を認めることは約款内容の透明性の要請に反する結果を承認することとなる場合があること，④一部無効を認めるとなると裁判官による「任意規定の創造」がなされ，裁判官により「創造」された部分への消費者・事業者の拘束が生ずることとなり，その結果，私的自治・自己決定原則とは正反対の結論に至ってしまう，の四つの理由を挙げる[88]。

86　山本・前掲注(34)16
87　前掲大阪地判平17・4・20は，敷引金額が相当で，賃料額が適正額に抑えられているかぎり，長年の慣行でもあり，かならずしも不当とはいえないとして，本件敷引特約条項の全部を無効とするのは当事者の合理的意思に反するとし，相当額を10万円とし，それを上回る30万円部分を無効とした。
88　潮見・前掲注(39)153-154。なお，前著は，BGHZ 84, 109. Wolf/Horn/Lindacher, AGB-Gesetz, 3.Aufl.（1994）§6 AGBG Rn. 27ff.（Lindacher）；MünchKomm/Kötz, BGB 3.Aufl.（1993）§6 AGBG Rn. 1ff.を引用する。

これに対し，消費者契約法10条について全部無効説を採用することは，同法10条によって条項の無効判断を裁判官に躊躇させ，条項の合理的解釈や制限的解釈という手法をますます愛用させる帰結をもたらすことになりかねないと危惧する反対論[89]がある。

　しかし，常に全部無効とするのではないし，裁判官や今後の立法者にとって効果の選択肢を増やすことになるわけで，それは無効判断を抑制することにはつながらない。また，全部無効の余地を認めることによって，同法10条の消費者公序として，隠れた一部無効処理への逃避を阻止できる[90]との理由から，原則として全部無効とするが，一部無効の余地をまったく認めないのは適当ではないとする見解[91]を支持したい。

　この見解は，消費者契約法10条がカバーする範囲は極めて広いので，具体的に問題となる契約条項の性質・内容を考慮せずに，一律にどちらかに解するのはむしろ適当ではない[92]し，三つの最高裁判決が採用する暴利行為規範的判断にあっては高額に過ぎる部分のみを無効とすることにより，条項の適法性が保持されることから，一部無効判断の余地を残すことは必要であろう。なお，その場合は，あとで裁判所の方で有効な金額で条項を維持してくれるとして，当初，賃貸人が高額に過ぎる一時金条項を締結しておくとの問題点が指摘できる。この点については，「居住用貸家の供給過剰」という経済的事情の存する状況にあっては，賃借人は当該物件を選択しないか，自然淘汰されることとなるから，問題はないものと思われる。

12. 個別的事情の判断

　不当条項の判断にあたっては，原則として，一般消費者を基準とすること，

89　山本・前掲注(71)63-64
90　潮見〔松岡〕・前掲注(45)92頁
91　落合・前掲注(52)153頁
92　落合・前掲注(52)153頁

具体的場面における諸事情（契約締結過程における事業者の説明，当該消費者の属性等）を考慮に入れずに判断すべきとする見解がある。その理由は次のとおりである。すなわち，契約締結過程に関する事情や消費者の属性等は，消費者に不利に作用する場合がある。それゆえ，こうした個別事情は，消費者に有利に作用する場合に限って考慮要素とされるべきであり，また，当該契約における具体的事情を消費者にとって片面的に有利に用いることも消費者契約法の目的が情報・知識・交渉力に劣る消費者利益の確保にあることから許されるのである[93]。

また，不当条項規制の当初理念から，個別的事情の勘案に反対する見解がある。すなわち，不当条項は消費者契約法の特性に鑑みて，個別の具体的交渉の期待しがたい約款的性格の条項の効力を規制することが念頭に置かれていることから，可能な範囲で，制度の客観的評価として一時金条項の一般的効力についての判断が下されることが期待されるとする[94]。

これに対し，勘案すべきとする説は，契約条項差止訴訟との対比を示し，契約はそもそも一定の環境下で締結される個性的存在であり，個別訴訟における契約条項の無効判断は，適切な範囲で当該契約にまつわる個別的事情や当該条項を含む契約の他の内容をも考慮に入れて行われるべきであると主張する[95]。

しかし，裁判例にあっては，一時金条項は個別具体的な事情をもとに，各賃貸借契約において定められるものではあるが，有効性に関する裁判所の判断は，かならずしも個別具体的な事情の有無・相違のみによって結論を異にしているわけではない。「個別具体的な事情をもとにした評価の段階において，その評価の基準・スタンスが異なり，当該具体的事情の理解の仕方が異なるゆえに，結論が異なってきている[96]」だけであり，三つの最高裁判決は一時金条項

---

[93] 潮見・前掲注(39)161-162 は，日本弁護士連合会 1998 年 9 月 11 日付け「消費者契約法（仮称）の具体的内容についての国民生活審議会消費者政策部会中間報告に対する意見」で示された考え方であるとする。

[94] 河上正二「判批（大阪高判平 21・8・27 判時 2062・40，大阪高判平 21・10・29 判時 2064・65）」判評 628・34（判時 2108・180）（2011）

[95] 山本・前掲注(16)24

の一般的効力について判断を下しているものと思われる。

13. 後段要件における信義則の意味

　信義則は，消費者契約法10条の前段判断と後段判断とで二重の機能を有する。すなわち，第一は，前段判断である「任意規定との乖離の程度」の判定基準としての機能である。第二は，後段判断である「当事者の権利義務の不均衡」の判定基準である[97]。

　ここでは後段要件で機能する信義則の意味をどのように解するかについて検討する。信義則の意味について確認説と創設説との対立がある。確認説は民法1条2項の信義則を基準とした意味については，従来の民法上の基準がそのまま適用されることを確認したものであるとする[98]もので，消費者契約法の立法担当者の採る立場である[99]。

　これに対し，創設説は，民法では必ずしも無効とされていない条項を新たに無効と評価することを可能にしたものとする理解である[100]。創設説を支持する見解が多数であり，その一つとして，民法は，対等平等な当事者を前提としており，消費者・事業者間に情報・判断力・交渉力に構造的な格差のある関係を常に考慮する仕組みにはなっていないのに対し，消費者契約法はその仕組みを採用している。それゆえに同法10条は，民法ではかならずしも無効とはいえない条項を無効とするのである。消費者公序として民法90条の枠組みで語

---

[96] 梶山太郎＝髙嶋諒「建物賃貸借契約における更新料条項を巡る裁判例の諸相」判タ1346・50（2011）

[97] 中田・前掲注(71)73

[98] 潮見〔松岡〕・前掲注(45)89頁

[99] 消費者庁企画課・前掲注(1)222頁は，「本条に該当し無効とされる条項は，民法のもとにおいても民法第1条第2項の基本原則に反するものとして当該条項に基づく権利の主張が認められないものであり，現在，民法第1条第2項に反しないものは本条によっても無効にならない。」とする。

[100] 山本・前掲注(57)19，中田邦博「消費者契約法10条の意義」法セ549・38-39（2000），潮見佳男「比較法の視点から見た『消費者契約法』」民商123・4＝5・681（2001），落合・前掲注(52)150頁

られてきたことを，より柔軟性の高い信義則という枠組みを基準として用い，新たに実定法化するものとみることができ，ここにいう信義則は，民法上のそれとは異なり，構造的な格差のある当事者間を律する独自の消費者公序を判断する基準としての意義を持つとする[101]。

民法上の信義則が，実際に抽象的な対等平等な当事者を前提としているならば，創設説が妥当であろうが，民法上の信義則は，すでに消費者事件の特性も考慮して適用されている（民法の消費者法化）との見解もある。この見解は，民法上の信義則そのものが，抽象的な人概念ではなく，事業者と消費者間での取引における格差を考慮して信義則違反を認定しているとする，いわば確認説を支持する見解[102]であり，そうであるならば，それを確認する検証が必要となろう。

14. 民法改正と消費者契約法10条

不当条項規制が民法に設けられると，居住用建物賃貸借契約における一時金等条項はこれまでどおり消費者契約法10条との関係で判断されるのか，それとも消費者契約法10条は民法の不当条項規制に統合され，民法で判断されるのか，民法の不当条項規制は消費者契約法10条判断とは異なる内容規制を有するのかなどの問題が現時点で考えられる。どのような内容が論点として民法改正論議に挙げられているか，以下に見てみることとする。

① **民法に不当条項規制を設けるべきか**

「民法（債権関係）の改正に関する中間的な論点整理の補足説明」（以下，論点整理という）では「第31　不当条項規制」[103]が置かれている。その他，さまざまな部分に消費者を念頭に入れた論点の補足説明がなされている。

101　潮見〔松岡〕・前掲注(45)90頁
102　島川勝「最近の最高裁判例と消費者契約法10条について」2011・9・17取引法研究会報告
103　商事法務編『民法（債権関係）の改正に関する中間的な論点整理の補足説明』253-261頁（商事法務，2011）

論点整理では,「今日の社会においては,対等な当事者が自由に交渉して契約内容を形成することによって契約内容の合理性が保障されるというメカニズムが働かない場合があり,このような場合には一方当事者の利益が不当に害されることがないよう不当な内容を持つ契約条項を規制する必要がある」との考え方があるとし,不当条項規制を民法に設ける必要があるかについて,さらに検討してはどうかとの論点が提示されている。これについては賛成論もあるが,慎重論も根強いとする。慎重論としては,民法に取締法規としての色彩を取り込むことになり,一般法としての性格を変容させることにつながるとの指摘などがなされている。

また,民法に不当条項規制を設けた場合における対象とすべき契約類型については約款,消費者契約が対象となるとの考え方が示されている。

② 不当条項規制の対象から除外すべき契約条項

不当条項規制の対象から除外すべき契約条項として,「個別に交渉された条項又は個別に合意された条項」「契約の中心部分に関する契約条項」を挙げるべきかどうかが提示されている[104]。

③ 不当性の判断枠組み[105]

A. 比較対照すべき標準的な内容

契約条項の不当性を判断するにあたって,a. 問題となっている条項が任意規定を適用する場合と比較して一方の当事者を害するかどうかを検討する考え方,b. 問題となっている条項が当該条項のない場合と比較して一方の当事者を害するかどうかを検討する考え方,が補足説明として紹介されており,民法(債権法)改正検討委員会の『債権法改正の基本方針』(検討委員会試案)【3.1.1.32】[106]は後者の見解を採る[107]。後者の利点は,明文の任意規定がない場合でも,判例法理や法の一般原則による解決と比較して当事者を害する条項

---

104 商事法務・前掲注(103)255-257頁
105 商事法務・前掲注(103)257-258頁
106 民法(債権法)改正検討委員会『債権法改正の基本方針』NBL904・111(2009)
107 その点からすれば,民法(債権法)改正検討委員会は,任意法の半強行法化法理を採用していないといえる(山本・前掲注(16)20)。

は，不当性が肯定される可能性が出てくる点である．

B. 規制すべき不当性の程度

どの程度不当な条項を規制の対象にするかについては，信義則に反して相手方に一方的に不利益を課すものを規制すべきであるとの意見があった．この場合における「信義則」は，創設的に解すべきとする見解が主張されているものの，信義則等の一般規定を持ち出すのであれば，これらの一般規定があれば足り，不当条項規制を民法に設ける意義に乏しいとの反対説も主張されている．

創設的に解すべきとする見解は，消費者契約法10条の「信義則」を創設規定と理解する学説が多く，消費者契約法10条の捉え方を民法に持ち込むとの意識から，信義則等の一般規定があれば足りるとの説明では十分ではないこと，仮に信義則等の一般規定があれば足りると考えるのであれば不当条項規制の規定を設けた上でこれを確認規定であると説明すれば足りると主張する．

④ **不当条項の効力**

不当とされる限度で一部の効力が否定されるとの考え方と，当該条項全体の効力が否定されるとの考え方が提示されている．これは「第32 無効及び取消し 2 一部無効」とも関連する．

また，無効とするか取消しとするか二つの考え方が提示されているが，これについては，取り消すという手間を相手方に負担させるよりも，無効とする方が社会的な公正の確保という観点からも望ましいとの意見が補足説明で紹介されている[108]．

⑤ **賃貸借終了時の原状回復**[109]

賃借物に附属させたものがある場合と賃借物が損傷した場合の区別に留意し，後者に関しては原状回復の範囲に通常損耗の部分が含まれないことを条文上明記することの当否について，さらに検討してはどうかとの提案がなされている．

なお，これを条文上明記する場合は，賃貸人が事業者であり賃借人が消費者

---

108 商事法務・前掲注(103)258-259頁
109 商事法務・前掲注(103)366-367頁

であるときは，これに反する特約を無効とすべきであるとの考え方が併せて示されているとする。

⑥ 消費者・事業者に関する規定

論点整理では，「第62 消費者・事業者に関する規定」が置かれている。民法に消費者・事業者概念に関する規定を設けることの当否，消費者契約（消費者と事業者との間の契約）の特則（例：消費者契約法を不当条項規制の対象とすること，賃貸人が事業者であり賃借人が消費者である賃貸借においては，終了時の賃借人の原状回復義務に通常損耗の回復が含まれる旨の特約の効力は認められないとすること，消費者契約の解釈について，条項使用者不利の原則[110]を採用すること，継続的契約が消費者契約である場合には，消費者は将来に向けて契約を任意に解除することができるとすることなど），事業者に関する特則（事業者間契約に関する特則，契約当事者の一方が事業者である場合の特則，事業者が行う一定の事業について適用される特則）が挙げられている。

---

[110] 論点整理「第59 契約の解釈 3 条項使用者不利の原則」（商事法務・前掲注(103) 484頁）に置かれている。条項の意義を明確にする義務は条項使用者（あらかじめ当該条項を準備した側の当事者）にあるという観点から，約款または消費者契約に含まれる条項の意味が，一般的手法で解釈してもなお多義的である場合には，条項使用者にとって不利な解釈を採用するのが信義則の要請に合致するとの考え方である。

第2章

金融機関の説明義務
―不動産取引に絡む融資契約を題材として―

1. はじめに

　不動産取引に絡む融資契約において，取引対象不動産に瑕疵がある場合に，その不動産取引を斡旋した金融機関は，融資取引先に対し，当該不動産の瑕疵につき説明する義務があるのだろうか。

　不動産取引（不動産の売買契約）は不動産会社と取引先が契約当事者であり，融資契約（金銭消費貸借契約）における契約当事者は当該金融機関と当該取引先であって，二つの契約で当事者が異なることから問題となる。

　この問題につき，最二小判平15・11・7判時1845・58（以下，最高裁平成15年判決という）と最一小判平18・6・12判時1941・94（以下，最高裁平成18年判決という）を中心に検討するが，いずれも不動産取引に関連して融資契約が絡んでいる契約当事者の異なる複合契約に関する事案である。

2. 最高裁平成15年判決と同平成18年判決の内容

(1) 最高裁平成15年判決

　a. 事　案

　事案は，Y銀行従業員Aが，取引先Xに融資（住宅ローン）をするために，土地を購入させたものであるが，当該土地は接道義務違反の土地であった。なお，Aは融資によって業績をあげることによりYの利益になることから，Xに住宅ローンを組ませることを目的として，積極的にXを勧誘し，本件土地を購入させたと認められる。

　なお，当時Xにはこのような土地を購入するニーズはなかった。

　一方，本件土地の前面道路である甲地は，昭和62年の売買契約当時からその地目が「公衆用道路」であり，当時の所有者はBであったが，その後，平成8年6月24日に売買を原因としてC社に対する所有権移転登記がされた。

また，本件土地の売主はC社であり，売買契約の締結にあたり，重要事項説明はC社が行ったが，本件土地が接道義務違反の土地である旨の説明はなされなかった。

Xは平成11年頃，本件土地に建物を建築しようとしたが，本件土地が接道要件を満たさないものであったため，建築確認を受けられなかった。そこで，Xは，C社に対し，甲地について道路位置の指定を受けることなどについて協力を求めたが，これを拒否され，かえって，C社から甲地を高額で買い取ることを求められた。そこでXは，Yに対し，Aは本件土地が接道要件を満たさない土地であることをXに説明すべき義務があったのにこれを怠った旨を主張して，民法715条の規定に基づき，損害の賠償と遅延損害金の支払いを求めた。

b．判　決

大阪高判平13・12・19金判1189・12は，本件土地の売買契約は，Yの融資契約と一体となって，Yの利益のために，従業員Aの斡旋によって行われたのであるから，このような場合には，信義則上，AはXに対し，本件土地の売買契約に先立って，Yは接道義務の不充足などについて説明すべき義務を負うものというのが相当であると判示しているが，最高裁は，Yの説明義務を以下のとおり否定した。

すなわち，ア．本件売買契約とXとYとの融資契約とは，当事者を異にする別個の契約であるが，Aは，後者の融資契約を成立させる目的で本件土地の購入にかかわったものである。このような場合に，Aが接道要件が具備していないことを認識していながら，これをXにことさらに知らせなかったり，または知らせることを怠ったりしたこと，Yが本件土地の売主や販売業者と業務提携等をし，Yの従業員が本件土地の売主等の販売活動に深くかかわっており，AのXに対する本件土地の購入の勧誘も，その一環であることなど，信義則上，AのXに対する説明義務を肯認する根拠となり得るような特段の事情を原審は認定しておらず，また，そのような事情は記録上もうかがうことができない。イ．本件前面道路部分は，本件私道の一部であり，本件売買契約

締結当時,本件土地の売主であるBが所有しており,不動産登記簿上の地目も公衆用道路とされていたことから,同人がXに売却した本件土地の接道要件を満たすために本件前面道路部分につき道路位置の指定を受けること等のBの協力が得られることについては,その当時,十分期待することができたのであり,本件土地は,建物を建築するのに法的な支障が生ずる可能性の乏しい物件であった。ウ.本件土地が接道要件を満たしているかどうかという点は,宅地建物取引業法35条1項所定の重要事項として,書面による説明義務がある。本件売買契約においては,売主側の仲介業者であるC社がその説明義務を負っているのであって,Aに同様の義務があるわけではない。

これらの諸点にかんがみると,Yの従業員であるAが,Xに対し,Yから融資を受けて本件土地を購入するに至ったという事実があったとしても,その際,AがXに対して本件土地が接道要件を満たしていないことについて説明しなかったことが,法的義務に違反し,Xに対する不法行為を構成するということはできないものというべきである。

(2) **最高裁平成18年判決**

a. 事 案

本件は,Xは,累積借入金の返済をY_1銀行A支店の職員Bに相談したところ,Y_1の意を受けたハウスメーカーであるY_2の担当者Cからいくつかのプランが提示された。最終的には,Cが提示した平成2年1月18日付の経営計画書に基づき,本件南側土地に本件建物を建築費用3億7,700万円で建築し,2億8,770万円は自己資金でまかなうこととされた。自己資金は建物完成後に本件北側土地80坪程度を売却し捻出するものとされた。

平成2年3月29日から平成3年9月19日までの間に建築資金等として第1貸付4億6,450万円がY_1からXに対しなされた。また,平成4年3月2日に同じく建築資金等として第2貸付4億9,200万円がY_1からXに対しなされた。

ところで,本件北側土地の売却は敷地の二重使用を生じさせ,それは建築基準法上,容積率違反となることがわかった。

第2章　金融機関の説明義務―不動産取引に絡む融資契約を題材として―　　211

この点につきBはそのような事実を知らなかったことが認定の事実および証拠から確認されている。しかし，Cは経営計画書作成当時，本件北側土地の売却により敷地の二重使用が生じることから本件北側土地の売却価格は低下せざるをえないとの認識を有していたが，同時に，行政実務上，建築確認に係る建築物の敷地がすでに他の建築物の敷地とされている場合において，敷地の二重使用を理由に建築主事が建築確認に容易に応じないことがあるかどうかは，建築主事が敷地の二重使用を知っているかどうかにかかっているとの実情にも通じていた[1]。つまり，Cは本件経営計画書を作成するにあたって，売却後の本件北側土地に建物が建築される際にも，建築主事が敷地の二重使用に気づかなければ建物の建築に支障はないとの見込みに基づいて，本件北側土地の売却を前提とする本件経営計画書を作成したものである。裁判官も，実際にも，建築主事が敷地の二重使用に気づかずに建築確認をする可能性は十分にあったと推認している。

本件では，錯誤を原因とする根抵当権の抹消登記の請求とY_1とY_2における説明義務違反に基づく損害賠償請求がなされた。

　b．判　決

最高裁は，以下の点から，Y_1，Y_2ともに過失はないと判断した原審（大阪高判平16・3・16金判1245・23）への差戻しを命じたのであるが，本章では金融機関の説明義務が論点であるから，この点に絞って判決内容を記載する。

すなわち，Y_1については，次の理由から特段の事情のある場合は説明義務違反を肯認する余地があるとしている。

一般に消費貸借契約を締結するにあたり，返済計画の具体的な実現可能性は借受人において検討すべき事柄であり，本件においても，Y_1には，返済計画の内容である本件北側土地の売却の可能性について調査した上でXに説明す

---

[1] 建築主事は，建築確認の審査にあたっては，建築確認申請書の記載を前提として判断すれば足り，建物の計画敷地とされている土地が既存の建築物の敷地の一部としてすでに建築確認されているか否かは審査の対象とならないとされている（法務省訟務局行政訟務第一課職員編『判例概説建築基準法』17頁（ぎょうせい，1994））。

べき義務が当然にあるわけではないとしながらも，事実関係によれば，①Y_1は，Xに対し，本件各土地の有効利用を図ることを提案してY_2を紹介しただけではなく，②Y_1はこれらに基づき，Y_2とともにその内容を説明し，Xは，上記説明により，本件北側土地の売却によって本件貸付けの返済計画が実現可能であると考え，本件貸付けを受けて本件建物を建築したというのである。

そして，Xは，Y_1が上記説明をした際，本件北側土地の売却について取引先に働きかけてでも確実に実現させる旨述べるなど特段の事情があったと主張しているところ，これらの特段の事情が認められるのであれば，Y_1についても，本件敷地問題を含め本件北側土地の売却可能性を調査し，これをXに説明すべき信義則上の義務を肯認する余地があるというべきである。

よって，原審は，上記の点について何ら考慮することなく，直ちに上記説明義務を否定しているのであるから，原審の上記判断には，審理不尽の結果，判決に影響を及ぼすことが明らかな法令の違反がある。

そして，差戻控訴審（大阪高判平19・9・27金判1283・42）は，以下の点から，Y_1とY_2の説明義務違反はいずれも本件各土地の有効利用を前提にした本件計画に基づく消費貸借契約および設計・建築請負契約に付随するものであるから，不真正連帯債務とし，Y_1，Y_2に対し4,500万円の損害賠償の支払いを命じた。

すなわち，Y_1は，Y_2の説明を鵜呑みにすることなく，売却予定地について，その購入者がそこに建築物を建てる場合の容積率や建ぺい率等の売却可能性を大きく左右する法規制適合性の有無等をY_2とともに十分調査を尽くして，Xに説明すべき本件貸付けに係る消費貸借契約に付随する信義則上の義務があるというべきである。

Y_1は，上記の調査を十分にしないまま，知り合いの業者に本件北側土地を抱かせて処分する意向を示し，これを受けたY_2は本件敷地問題を認識していたにもかかわらず，「北側土地は売却できる」と発言したものと考えられ，また，Y_1が「知り合いの不動産業者に声をかけておく」との発言もあり，これらによって，Xが本件北側土地の売却が可能なものと判断するに至ったもの

であるから，Y₁の行為は，上記説明義務に違反することが明らかであり，Y₁は，Xに対し，上記説明義務違反によってXに生じた損害について賠償すべき責任を負うというべきである。

(3) 最高裁平成15年判決と同平成18年判決との関連

最高裁平成15年判決は金融機関職員による勧誘態様への不当性評価を高める事情が存在しないとされたものであり，同平成18年判決はその延長線上にあるものとみることができる[2]。

建築基準法上の問題点について他に説明義務を負う専門業者が存在している点，当該問題点を金融機関担当者が認識していなかった点，および金融機関担当者から顧客に対し，融資を受けて不動産取引を行うよう提案・勧誘した点につき共通である[3]最高裁平成15年判決と同平成18年判決との関連性に関する見解を，ここでは整理するものとする。

最高裁平成15年判決も同平成18年判決もその判断構成は同じである。すなわち，原則として金融機関の説明義務を否定し，特段の事情がある場合には，例外的に，金融機関に信義則上の説明義務が課されることになるのである。最高裁平成18年判決は，返済計画の具体的実現可能性は借受人により検討すべき事項であるとして，この点に関する金融機関の説明義務を否定した上で，特段の事情の存否の判断について差戻審に委ねたのである[4]。

最高裁平成15年判決と同平成18年判決の相違は特段の事情の有無にある。つまり，最高裁平成15年判決事案は特段の事情がないのに対し，同平成18年判決事案では特段の事情を認定し，特段の事情となりうる事情を明らかにして

---

[2] 山田誠一教授は，最高裁平成15年判決で問題となっているのは，売買契約の目的物に関する建築基準法上の問題について，消費貸借契約の貸主が説明義務を負うかどうかということであり，売買契約の売主の説明義務構成に，消費貸借契約の貸主が加担したという構成では，説明義務違反の成立が認められなかったものと，この判決を位置付けるならば，同平成18年判決の基本的な考え方とは共通するものということができるとしている（山田誠一「最高裁平成18年判決判批」金法1812・21（2007））。
[3] 階猛「最高裁平成18年判決判批」NBL843・34以下（2006）
[4] 潮見佳男「最高裁平成18年判決判批」金判1251・1（2006）

いるのである[5]。山田剛志准教授は，金融機関に公的性格という他の企業にない特殊性を認定しており，当該金融機関がその先行行為によっては不動産売買に関与しているとみなされ，その関与が顧客の信頼を高めているとの評価につながる可能性を指摘する。そして，金融機関担当者が売却先の斡旋にまで言及した場合，その信頼はさらに高まり，建築基準法上の瑕疵などについても調査のうえ指摘してくれるだろうという合理的な期待を有することとなる。その場合には，金融機関に法的な説明義務が生ずるとする。ただし，山田准教授は，不動産業務は銀行法上の業務ではないとの一般認識があることから，特段の事情の認定に際し，さらなる金融機関職員の積極的関与が必要になるとする[6]。

　これに対し，階弁護士は，最高裁平成18年判決は同平成15年判決とは前提を異にする事案であるとする。すなわち，両事案には共通性があるものの，最高裁平成15年判決事案では，金融機関が認識していない専門外の事項についての調査・説明義務の有無が問題になっており，金融機関と専門業者との情報面の一体性，活動面の一体性が認められるかどうかが特段の事情の存否を左右するものであるのに対し，同平成18年判決事案は本件北側土地の売却が，返済資金を捻出するためのものであり，金融機関職員が売却は確実である旨述べたことにより，顧客の金融機関職員への信頼が専門家に対するのと同様に高まった依存的状況にあり，自己決定権が十分に機能しないこととなったか否かが特段の存否を左右するものであるとする[7]。

　たしかに最高裁平成15年判決事案では，融資契約の目的が不動産の購入であり，それゆえ金融機関と不動産専門業者との一体性，ひいては融資契約と不動産売買契約との一体性が問題とされるものであることから，金融機関に対し購入対象不動産の瑕疵に関する説明義務が問われているが，同平成18年判決事案は，専門業者および契約の一体性ではなく，金融機関の業務である融資に

5　髙田淳「最高裁平成18年判決判批」法セ624・103（2006）
6　山田剛志「最高裁平成18年判決判批」銀法663・16（2006）
7　階・前掲注(3)37。階弁護士は平成15年判決を「ヨコ」の問題を検討したものであるとし，平成18年判決を「タテ」の問題を検討したものであるとして区分する（階・前掲注(3)37）。

関する部分において，返済計画の中心部分の実現が確実であることを自らが関与して請け合うかのような発言それ自体が問題となっている[8]ものである。そして，この点が金融機関職員に調査・説明義務を認定するにあたっての特段の事情とされている。

3. 最高裁平成18年判決における価格保証と特段の事情スキームとの関連

　最高裁平成18年判決における特段の事情である「返済計画の中心部分の実現が確実であることを自らが関与して請け合うかのような発言」は，金融機関職員が当該北側土地を予定通りの金額で売却できることを保証した[9]価格保証とも受け取ることができる。この特段の事情部分を金融機関職員による価格保証とした場合，当該保証は本件融資契約の付随的義務ということになるであろう。したがって，当該保証内容に反する事項（容積率の二重使用を原因として本件北側土地が予定通りの金額で売却できない点）の発生は保証義務違反となる。そして，それによる損害は付随的義務に違反して相手方に与えた損害に該当し，「債務の本旨に従った履行をしないとき」にあたるとして，民法415条に基づく損害賠償請求の対象となるものと思われる。つまり，融資契約の当事者は信義則に支配される緊密な関係に立っており，社会の一般人に対するよりも重い責任を相互に負っていることから，契約当事者は，信義則（民1Ⅱ）上，融資契約にあたって相手方の利益を害さないようにする付随的義務，すなわち，本件にあっては当該保証を履行すべき義務を債務者たる金融機関は負っているものと解されるのである。

　そうなると当該保証と金融機関職員に課された調査・説明義務との関連が問題となる。金融機関職員は当該保証をしたために，保証内容が確実に実現する

---

[8]　原田昌和「最高裁平成18年判決判批」判タ1266・38以下（2007）
[9]　原田・前掲注(8)39以下，馬場圭太「最高裁平成18年判決判批」民商135・4＝5・235（2007）

ものとの証明責任が課され，その証明責任の一環として調査・説明義務が課されるのであろうか。しかし，この点は否定されるべきである。なぜならば，保証人は保証をしさえすればそれでよく，主たる債務が債務不履行となった場合に，当該保証人が自己の責任財産でもって保証債務を履行すること以外に，主たる債務者が確実に弁済することの証明責任を課されるものではないからである。

では，なぜ金融機関職員に調査・説明義務が課されたのか。

それは訴訟の原理，すなわち，処分権主義（民訴246），つまり，訴訟は当事者が決まりをつけるという原則が支配していることに起因しているものと思われる。本件訴訟における原告の請求は，金融機関職員の調査・説明義務違反における不法行為責任の追及であって，金融機関職員による保証義務違反における債務不履行責任の追及ではない。そこで裁判官は，金融機関職員の調査・説明義務違反と損害賠償責任とを結び付けるべく，本件事案が最高裁平成15年判決と類似の事案であるとして，その判断スキームを借用したものと思われる。同平成18年判決では「特段の事情」を認定することによって，金融機関職員に調査・説明義務を課し，これに反するものとして不法行為における損害賠償請求を認容したのである。

階弁護士が指摘しているとおり，最高裁平成15年判決は，金融機関と専門業者との情報面の一体性，活動面の一体性が認められるかどうかが特段の事情の存否を左右する事案であって，融資契約と不動産売買契約との一体性が問われる事案であるのに対し，同平成18年判決事案は，本件北側土地の売却が返済資金を捻出するためのものであって，それはあくまでも融資契約そのものに直接関係する事案である[10]。たしかに最高裁平成18年判決事案も不動産の売

---

10 牧佐智代氏は，Y_1銀行の負う説明義務が「本件敷地問題を含めた北側土地の売却可能性について」であるのに対し，ハウスメーカーY_2の負う説明義務が「本件敷地問題とこれによる本件北側土地の価格低下」であり，微妙にニュアンスが異なる。この相違からY_1をY_2に近づけるといった発想は窺われない（同「最高裁平成18年判決判批」六甲台論集（神戸大学大学院）54・2・76（2007））とし，平成15年判決事案と平成18年判決事案とは異なる類型の事案であると指摘する。

買契約が関係してはいるものの，それはあくまでも間接的であって，最高裁平成15年判決事案のように融資契約における目的が不動産の購入であり，その目的であるところの売買契約が問題となっている事案ではない。

階弁護士の指摘が正しいとするならば，最高裁平成15年判決も同平成18年判決も関連する不動産売買契約の対象物件である不動産における建築基準法にかかる金融機関職員による説明義務が問題となった事案[11]として捉えられてはいるが，実はそうではなく，同平成18年判決事案は融資契約そのものに関する付随的義務違反とも捉えられる事案であるということである。そうであるならば，付随的義務としての保証内容に関する不動産売買の対象不動産が建築基準法に反する場合であったことから，金融機関職員に調査・説明義務を課し，損害賠償請求を認容するために，特段の事情スキームを利用したということがいえるわけで，特段の事情スキームは，最高裁平成18年判決によって借用されたことにより，融資契約そのものに関する付随的義務違反とも捉えられる事案にもその射程が拡大されたことになったということになる。

しかし，最高裁平成18年判決の差戻審で，金融機関職員の説明義務違反は融資契約および設計・建築請負契約に付随するものとして認定されているが，この金融機関職員の説明義務は本件北側土地の瑕疵に関するものであり，それは売買契約目的物に関するものである。そうであるならば当該説明義務は売買契約の付随義務であるとも捉えることができ，結局，当該説明義務は融資契約，設計・建築請負契約，売買契約のいずれの付随義務でもあるということになる。ということは，これら三契約は一体契約であると捉えることもでき，最高裁平成18年判決事案での金融機関職員の説明義務は，契約一体性からも導くことができるということがいえる。

---

11 吉岡伸一「判批」銀法671・10（2007）

4. 契約一体性を重視した判断スキーム —融資一体型変額保険[12]の勧誘に関与した金融機関職員の説明義務違反を肯定した裁判例とその分析—

　融資一体型変額保険の勧誘事案において，当該変額保険につき，金融機関職員の説明義務が認容されたものがある。当該事案において採用された判断スキームは契約一体性を重視したものである。融資契約が絡む契約でありながら，保険契約と不動産売買契約等とで判断スキームが異なっている。ここでは契約一体性を重視した判断スキームについて分析する。

(1) 判　例

　以下のいずれの事案も銀行員がその取引先を保険会社社員等に紹介するとともに，当該銀行員と保険会社社員とが一緒に取引先を訪問し，相続税対策等に有効であるとして融資一体型変額保険の勧誘をしたものである。「運用次第では解約返戻金が借入れ元利金を下回ること」を説明していないかあるいは説明が不十分であるために，解約返戻金が元利金を下回ることはないとの認識等を有することとなってしまった取引先が損失を被るなどしたために，融資一体型変額保険に関する説明義務違反があるとして銀行に不法行為に基づく損害賠償責任等を問うものである。

A.　大阪地裁堺支判平 7・9・8 判時 1559・77

　銀行は，取引先に自ら変額保険を持ち込み，勧誘し，保険会社担当者を同行し説明させ，保険料計算をなし，健康診断に銀行の車で同行し，保険勧誘に深く関与しているという特段の事情が認められ，取引先の誤解を解くために自ら説明するか，再度保険会社に正確な説明を促すべき消極的な説明義務が生じる

---

[12] 変額保険とは，その死亡保険金額や解約返戻金，満期保険金の額が運用に応じて変動するものをいう。変額保険はバブル景気時代の 1989 年～1991 年に，生命保険会社が銀行と共同して大々的に販売された。この時は地価の高騰により，高齢者を中心に相続税対策が問題となっており，その対策として活用された。

が，その義務を果たしていない違法があり，使用者である保険会社と銀行とは共同不法行為責任を負うものとされた。

B. 大阪地判平9・7・31判時1645・98

　保険契約と金銭消費貸借契約とが密接に関連し，銀行が変額保険の締結に深く関与している場合，銀行は信義則上，変額保険の内容，危険性についても説明義務が生ずる。

C. 大阪地判平12・12・22金法1604・37

　保険契約者である顧客に払込保険料を融資した銀行担当者が，自ら当該顧客に対する銀行の今後の融資について楽観的な見通しを述べたり，保険会社の代理店担当者に対して積極的にアドバイスを与えるなど，主導的な立場で当該顧客に対する勧誘行為に関与していた場合には，保険会社の代理店担当者のシミュレーションの内容を補足させ，あるいは，自ら当該顧客に対する将来の貸出金利や追加融資の不確実性を補足して説明すべき信義則上の義務を負っていたものというべきところ，これをしないで，保険会社の代理店担当者の勧誘に関与し続けたという事実関係のもとにおいては，その関与および不作為は，当該顧客に対する銀行担当者の信義則上の説明義務に違反する違法な行為であるから，当該不法行為者である担当者およびその使用者である銀行は，顧客が被った損害を賠償すべき責任がある。

D. 東京高判平14・4・23判時1784・76

　変額保険は，加入者の契約時年齢，加入保険の規模，加入時期等によっては，相続税対策としての商品適格を欠くことになる場合もあるところ，将来の相続税負担を変額保険によって軽減しようと期待し，被告コンサルティング会社担当者に勧められるままに巨額の借入れをして，合計1億円の保険料による変額保険に加入した原告らの契約時年齢は65歳と55歳で生存可能期間が長く，借入金の金利を上回る変額保険の運用率が約束されるという保障がないので，本件変額保険は相続税対策を図ろうとした原告らの期待に沿うものではなく，商品として適格性を欠いていた。それにもかかわらず，上記担当者は，変額保険契約締結による相続税対策の有利性を一方的に強調したもので，変額保

険への加入の可否に関する原告らの適切な判断を誤らせたものであって，違法であり，被告コンサルティング会社と連携して勧誘した被告銀行は，原告に生じた損害を賠償する不法行為責任がある。

E. 大阪高判平15・3・26金判1183・42

相続税対策のために変額保険に加入し，その保険料支払いのため銀行から借入れをする場合，相続税対策として有効かどうかということは，変額保険契約のみならず銀行との間の金銭消費貸借契約の要素でもあるから，相続税対策として有効かどうかということに錯誤があるときは，同金銭消費貸借契約は錯誤により無効である。

(2) 分析：その1──一体性ありと判断される基準

① 融資一体型変額保険契約の分析

以上の融資一体型変額保険契約に関する事案を分析すると，まず，契約の個数が問題となる。つまり，変額保険契約と融資契約（すなわち，金銭消費貸借契約）における契約当事者が異なっている。変額保険契約は保険会社と取引先であり，融資契約は銀行と当該取引先である。

このように契約当事者が異なる二つの契約の場合，通常，一方の契約の効力が他方の契約に効力を及ぼすことはない。

この点につき，金融機関の説明義務を認容する各判決は融資契約と変額保険契約とを一体契約として捉えた上で，金融機関の説明義務を導いているものと思われる。

では，それぞれの事案につき，一体契約と捉えているとみられる表現を拾ってみよう。

A. 大阪地裁堺支判平7・9・8は，「確かに，法律上，本件変額保険と本件融資とは別個の契約であることは疑いをいれない。しかしながら，前記1で掲げた証拠には，本件変額保険と本件融資が深い関係にあることを示す内容が数多くあり，そのとおり認定できる場合が少なくないから……」としていることから，変額保険契約と融資契約との一体性の認定がなされているものというこ

とができる。

　また，B．大阪地判平9・7・31，C．大阪地判平12・12・22，D．東京高判平14・4・23，E．大阪高判平15・3・26にあっては，「融資一体型変額保険契約」との表現があり，さらに，B．大阪地判平9・7・31では，「……借入金により保険料を支払って本件各保険に加入することは，『相続税対策』という目的のために主観的・機能的に密接な関連性を有する。」「すなわち，相続税対策という経済的目的を実現するために変額保険に加入する場合，銀行からの借入金によって変額保険の保険料を支払うことが『相続税対策』の手段として予定されている。そして，銀行は，変額保険の保険料の融資ということで高額の融資を行うことができ，生命保険会社も，銀行が高額の融資をするから高額の変額保険への加入者を獲得することができ，契約者も，相続税対策という目的のために，そのような高額の両契約を締結するのであって，銀行からの借入れと変額保険への加入は極めて密接な関連性を有している。」と表現している。

　E．大阪高判平15・3・26は，「本件変額保険への加入とその保険料支払いのための本件消費貸借契約とは，いずれか一方のみを実行し，他を残しても相続税対策のスキームとしては機能しない」としている。

　以上の各判決の表現からすれば，変額保険契約と融資契約とは契約当事者が異なっているものの，一体性を有する契約であるとして捉えていることは明らかである。

② 最三小判平8・11・12民集50・10・2673

　さて，ここで問題になるのは，変額保険をめぐる一連の融資取引において，金融機関に説明義務が認容される要件として契約一体性が課されるとした場合の「一体性ありと判断される基準」である。

　そこで参考になると思われるのが，最三小判平8・11・12民集50・10・2673である。これは，複合契約ではあるが，その一体性を認定し，一方の債務不履行が他方の解除要因になると判断したものである。

　事案と判決は以下のとおりである。なお，原告は契約解除を請求した事案であることから，解除の適否が判断された。

＜事案＞　リゾートマンションとスポーツクラブを所有する会社から，マンションと同時にスポーツクラブの会員権を購入したが，スポーツクラブが完成しなかった事案において，同一当事者間での複合契約の一つについての不履行が，他の契約の解除理由となるかについて争われたものである。

　＜判決＞　一般論として，「同一当事者間で債権債務関係がその形式は甲契約及び乙契約といった二個以上の契約から成る場合であっても，それらの目的とするところが相互に密接に関連付けられていて，社会通念上，甲契約又は乙契約のいずれかが履行されるだけでは契約を締結した目的が全体としては達成されないと認められる場合には，甲契約上の債務の不履行を理由に，その債権者が法定解除権の行使として甲契約と併せて乙契約をも解除することができる」と判示している。

　つまり，二個以上の相互に密接に関連する契約のいずれかが履行されるだけでは全体として目的が達成できない場合，一方の不履行を理由に他方も解除できるのである。

　なお，本件では，リゾートマンションとスポーツクラブ会員権の売買契約は併せて解除できると判断されている。

③　異なる当事者間の複合契約事案とその判断

　最三小判平 8・11・12 事案は，同一当事者間における複合契約に関する事案であり，融資一体型変額保険に関する事案や最高裁平成 15 年判決および同平成 18 年判決事案のように契約当事者の異なる事案にも適用されるのかどうかが問題となる。

　これについては，都筑満雄准教授は，「このような複合契約が，その相互依存性の源を取引の当事者の意図，目的に求めるものである以上，当事者の数に関わりなく，適用を認めるべきである」[13] としており，また，E. 大阪高判平

13　都筑満雄『複合取引の法的構造』336 頁以下（成文堂，2007）。都筑准教授は，近時のフランスにおける消滅の局面を中心とする複合契約を構成するある契約の消滅による他の契約の消滅如何に関する議論を検討し，当該議論は我が国の複合契約の参考になるものと指摘する。

15・3・26は，契約一体性を重視し，複合契約の目的である相続税対策として有用かどうかという動機は，一体となっている変額保険のみならず消費貸借契約の要素でもあるとして，両契約は錯誤により無効であると判断している。

さらに，最高裁判決ではないものの，東京高判平10・7・29判タ1042・160は，高齢者向け分譲マンションの売買契約を締結するにあたり，マンション内施設の運営・食事・保健衛生・介護等のサービスを目的とするライフケア契約を売買契約当事者とは異なる者と締結した事案であり，ライフケアサービス契約の債務不履行を理由として，一体性ゆえに当該売買契約も解除をなしうると判断した[14]。

また，東京地判平15・3・28判時1836・89は，歌手が事務所とマネジメント契約を締結し，レコード会社との間で専属実演家契約を締結していたが，当該歌手は専属実演家契約によって義務のみが課され，マネジメント契約によってのみその報酬が支払われる関係になっていた。本判決ではこれら二契約をあわせ考えることにより初めて当事者間の双務性・有償性が認められることから，一方契約の解除による他方契約の終了を認めた[15]。これも両契約の一体性を認容した判決といえよう。

以上から，契約当事者が異なる二個以上の契約であっても，「一体性」要件は，両契約が一つの契約であるかのごとく，一方の契約の効力が他方の契約の効力に影響を与えることとなる必要要件であるといえよう。事実，これまでの金融機関の説明義務を肯定した融資一体型変額保険契約事案はいずれもこの要件を具備している。

---

[14] 一体性が認容された理由として，本件マンション売買契約とライフケアサービス契約とは，契約の当事者も異なる別個の契約となっているが，本件マンションの売買契約とライフケアサービス契約とは相互に密接な関連を有し，前者の解除が契約条項上当然に後者の契約の消滅事由とされているだけではなく，後者について債務の本旨にしたがった履行がないと認められる場合には，本件マンション売買契約を締結した目的が達成できないと判断されたからである。これに対し，ケアホテル契約と本件売買契約とは一体性がないとされている。

[15] マネジメント契約が解除されると，当該歌手は専属実演家契約によって義務のみが課されることになり，それは当該歌手にとって著しい不利益となることを理由としている。

(3) 分析：その2 ――金融機関職員の積極的勧誘・主体的関与

　契約当事者が異なる複合契約である変額保険をめぐる一連の融資取引において，単に変額保険契約と融資契約との一体性を認定するだけで変額保険に関する金融機関の説明義務が肯定されているのであろうか。
　つまり，契約一体性以外に要件を要するかという問題である。
　この点に注目し，金融機関の説明義務を肯定した融資一体型変額保険契約事案を見てみることとする。

A. 大阪地裁堺支判平7・9・8

　「一般に，銀行の顧客が保険への投資をするために，銀行に融資を申し込み，銀行がそれに応じる場合，保険契約と融資契約は法律上別個であり，保取法9条[16]で銀行は保険の募集をすることは行政取締法上できないから，銀行が顧客に保険の説明をする義務は原則としてなく，保険会社の説明義務だけが生じうる。ただし，すべての場合に右原則を貫くことはできず，保険勧誘への銀行のかかわり方等によっては，特段の事情のある場合，保取法9条の趣旨に反しない限度で，銀行にも保険の説明ないしそれに類似した行為をとる義務が生じうるとするのが信義則にかなうであろう。」とし，本事案の場合，変額保険に対する金融機関職員の深い関与のほか，顧客と銀行との関係，顧客の変額保険加入動機とその認識可能性からすると，「特段の事情が認められる場合であ」るとしている。

B. 大阪地判平9・7・31

　金融機関職員が金融機関からの融資により保険料を支払って変額保険へ加入することを積極的に勧誘し，保険契約締結に至るまで主体的に関与し，変額保険の基本保険金額や金融機関からの借入金額，利息の支払方法等も実質的に指示し，保険会社職員とともに互いの行為を利用し合って本件各契約の締結に及んでいるものと認定し，一般論として，「このように両契約が密接に関連し，

16　保険募集の取締に関する法律（法律第171号（昭23・7・15））を意味する。平成7年6月7日に同法は廃止され，内容は改正保険業法に引き継がれた。

銀行が変額保険の締結に深く関与している場合，銀行は，消費貸借契約の内容について説明することはもちろんのこと，信義則上，変額保険の内容，危険性についても説明すべき義務が生ずるというべきである。」と述べ，本件にあっては，保険契約と消費貸借契約との密接な関連性，金融機関職員の果たした役割の両者に基づき，金融機関の説明義務を認容している。ここでは，契約一体性以外の要件として「積極的に勧誘」「主体的に関与」という文言にあるように金融機関職員の深い関与が要求されている。

C. 大阪地判平 12・12・22

「当該銀行が，当該顧客において変額保険に興味を示していることを察知して，これを保険会社に紹介し，当該保険会社の勧誘員と共同して当該顧客に対し，変額保険の契約とその保険料支払いのための融資を積極的に勧誘し，あるいは勧誘員に対し勧誘のためのアドバイスをするなどの関与を積極的に行った場合には，その過程で，保険会社の勧誘員の説明内容を正して補正させ，あるいは，自らそれを補足して，当該顧客に誤解が生じないよう是正すべき信義則上の説明義務を負うというべきであ」るとしていることから，やはり金融機関職員の積極的関与が要件となっている。

D. 東京高判平 14・4・23

「本件各変額保険は，相続税対策を図ろうとした控訴人らの期待に沿うものとは言い難く，商品としての適格性を欠いていたものといわざるを得ない」とし，金融機関職員についてはコンサルティング会社職員と連携して顧客に変額保険の勧誘を勧めたものと推認し，相続税対策の必要性等を強調し，変額保険への加入の可否に関する顧客の適切な判断を誤らせたコンサルティング会社の行為に加担したものであることは明らかであって，違法と評価せざるを得ないとしている。商品としての不適格性を有する変額保険の勧誘における金融機関職員の積極的関与が賠償責任を認容する要件となっている。

E. 大阪高判平 15・3・26

勧誘の程度・態様，勧誘に際し示された資料の体裁・内容，金融機関職員の属性，相続税対策の要否その他の事情を勘案し，具体的には，金融機関職員ら

が，変額保険が真実は多大な投機的なリスクを孕んでおり，損益の予測が極めて困難で相続税対策とは相容れない不確実性の側面を多々有するにもかかわらず，相続税対策として有用であるとの有利性の側面のみを強調され，再三の強い勧誘を繰り返され，わが国有数の大銀行であり長年にわたる取引を続けてきた金融機関職員の言動を信じたために，変額保険および消費貸借契約の締結に至ったものと認定していることから，金融機関職員の積極的関与も要因として扱われているものといえる。

　以上の判例からいえることは，いずれの判例も金融機関に説明義務を認容する要件として職員の積極的勧誘・主体的関与等が挙げられているということである。ただし，どのような関与があれば金融機関職員による積極的勧誘・主体的関与に該当するかについては，これまでの事案を見てきたように事案によって異なるものと思われる。

(4)　分析：その3 ──両要件の関係

　以上の分析から，契約一体性と金融機関職員の積極的勧誘・主体的関与といった二つの要件が挙げられることとなった。両要件はどのような関係にあるのであろうか。考えられるのは，両要件の具備が必要，一方のみの要件具備で足りる，のいずれかである。

　まず，変額保険をめぐる一連の融資取引であるが，判決では契約当事者が異なる別個の契約である以上，説明義務認容判例は，融資を行う金融機関に契約対象ではない変額保険の説明義務を課すべきではない旨を原則論として認めている（A．大阪地裁堺支判平7・9・8，B．大阪地判平9・7・31，C．大阪地判12・12・22）。そのような原則論にあって融資契約の当事者である金融機関に変額保険に関する説明義務を課すためには，やはり，まず必要な要件は変額保険契約と融資契約との一体性であろう。

　では，契約一体性の要件充足だけで金融機関に説明義務を課すことができるのであろうか。これについては前掲最三小判平8・11・12が参考となろう。事

案は前述のとおり，同一の契約当事者による複合契約に関するものであって，契約一体性要件を充足したためにリゾートマンションとスポーツクラブ会員権の売買契約は併せて解除できると判断されたわけであるが，そこではマンション販売業者によるスポーツクラブ会員権購入に関する積極的勧誘・主体的関与の度合いは何ら問題とならなかった。それは同一の契約当事者であることから，この二つの契約は一つの契約のそれぞれの部分であるとも解釈することができるからと思われる。

異なる契約当事者である複合契約の場合に，同一契約当事者間の複合契約と同様の法的効果を与えるためには，契約の一体性のみではなく，契約当事者が一体化しているような事情が要件として必要なのではないだろうか。

そして，両要件が具備されてはじめて金融機関に説明義務を課すことができる。

つまり，異なる契約当事者である複合契約の場合，金融機関に説明義務が認容されるためには，契約一体性と金融機関職員の積極的勧誘・主体的関与の両要件の具備が必要ということになる。

5. 特段の事情スキームと契約一体性を重視した判断スキームとの関係

特段の事情スキームは融資契約と他の契約とを別個の契約として捉え，特段の事情が存する場合に金融機関に説明義務を認容するものであるのに対し，契約一体性を重視した判断スキームは融資契約と他の契約とを一体であると判断した上で，金融機関職員の積極的勧誘・主体的関与があった場合[17]に，金融機関に説明義務を認容するものである。

最高裁平成15年判決および同平成18年判決は前者に属し，変額保険をめぐる一連の融資取引における裁判例は後者に属するものと思われるが，事案とし

---

17 前掲A. 大阪地裁堺支判平7・9・8は，これを特段の事情としている。

ては，最高裁平成15年判決における不動産の販売を銀行がすることは当然できず，変額保険をめぐる一連の融資取引における事案においてもその当時，銀行は変額保険の勧誘・販売ができなかった。そして，これらは不動産や保険購入資金を銀行が融資した事案であり，目的物は異なるものの共通の事案であるといっても過言ではない。異なる点は契約一体性の有無である。変額保険をめぐる一連の融資取引における事案はいずれも相続税対策といった目的があり，前掲最三小判平8・11・12はスポーツクラブを擁するリゾートマンションの購入であり，前掲東京高判平10・7・29はライフケアサービス付のマンション購入であって，前掲東京地判平15・3・28は，マネジメント契約と専属実演家契約の両契約があって初めて歌手が報酬を得ることができるというもので，それぞれ一体性が認められる。これに対し，特段の事情スキーム適用事案のうち，最高裁平成15年判決は融資資金による不動産購入であるが，両契約は相続税対策等といった何らかの目的のために不可分一体に機能するものではない。しかし，最高裁平成18年判決は，建設資金等の融資元利金の返済にあたって不動産の売却が必須であり，その不動産の売却によって作出された資金があってこそ，建設資金等の返済が可能なのである。したがって，不動産売買契約と建設資金融資契約は一体性を有するものと判断されてもおかしくはない事案であり，そうであるならば契約一体性を重視した判断スキームを適用することも可能な事案といえるのである。

　以上からいえることは，特段の事情スキームも契約一体性を重視した判断スキームも上記の事案にあるような複合契約事案に適用されるスキームであって，それぞれのスキームで適用事案が異なるものではないということであり，かりに，金融機関に説明義務ありと判断されるのは両者同一の一定レベルに達したときであるとした場合，前者は，主に特段の事情でそのレベルに達したか否かが判断されるのに対し，後者は，契約一体性と金融機関職員の積極的勧誘・主体的関与の程度の両者によって判断されることになる。

　特段の事情スキームにおける特段の事情は，最高裁平成15年判決に例示列挙（前記2(1)b. ア）されているが，これと契約一体性を重視した判断スキー

ムにおける金融機関職員の積極的勧誘・主体的関与の程度の内容を比較すると，後者からも最高裁平成15年判決の例示列挙とほぼ同様の項目（土地の売主や販売業者との業務提携等の有無，金融機関職員の土地の売主等の販売活動への関わりの程度など）を内容として挙げることができよう。このことは，特段の事情スキームにおける特段の事情とは，契約一体性を重視した判断スキームにおける判断項目である金融機関職員の積極的勧誘・主体的関与の程度を指しているということである。しかし，その度合いは異なっている。なぜならば，特段の事情スキームは主にそれだけで金融機関の説明義務を認容するレベルにあるかどうかを判断することになることから，特段の事情があると認められる金融機関職員の積極的勧誘・主体的関与の程度は当然に契約一体性を重視した判断スキームを適用する場合よりも大きくなるのに対し，契約一体性を重視した判断スキームの場合は，契約一体性と金融機関職員の積極的勧誘・主体的関与の程度の両者で判断することになるから，積極的勧誘・主体的関与の程度が特段の事情スキームにおけるそれと同程度に達していなくても，説明義務が認容される場合がありえるということがいえるのである。

　両スキームが以上のような関係にあるならば，金融機関の説明義務を認容するためには，両スキームの適用の可能性を念頭に置いた上で，まず最初に契約一体性の度合いを判断することになるであろう。なぜならば，特段の事情スキームにおいて，金融機関の説明義務が認容される場合の金融機関職員の積極的勧誘・主体的関与の程度は，契約一体性を重視した判断スキームのそれより大きくなければならず，そのため，特段の事情スキームは契約一体性を重視した判断スキームよりも金融機関職員の積極的勧誘・主体的関与の程度の立証の点で負担が大きくなるからである。

　そこでまずは契約一体性を重視した判断スキームを適用すべく，契約一体性から判断していくのである。そして，契約一体性がないと判断された場合には，特段の事情スキームを適用することとなる。

　これに対し，契約一体性があると判断された場合は，契約一体性を重視した判断スキームを適用することができるから，もう一つの要件である金融機関職

員の積極的勧誘・主体的関与の程度を判断し，金融機関の説明義務を導くことになろう。

両スキームのこのような適用関係が存在するとした場合，特段の事情スキームを適用する場合においても，最初に契約一体性の有無が判断されているということになる。

契約一体性の判断が単に「ある」「なし」の判断ではなく，一定の程度もしくは一定の要件具備の有無でなされるとした場合，一体性ありと判断されるに満たない場合であっても，一定程度の一体性あるいは一体性要件のいくつかは満たしているということもありえるのである。そうであるならば，両スキームの関係は図のようになるであろう。

〈特段の事情スキームと契約一体性を重視した判断スキームの関係〉

金融機関の説明義務が認容されるライン	金融機関職員の積極的勧誘・主体的関与の程度	金融機関職員の積極的勧誘・主体的関与の程度
契約一体性が認容されるライン		契約一体性の度合い
	契約一体性の度合い	
	特段の事情スキーム	契約一体性を重視した判断スキーム

上図のとおり，特段の事情スキームも契約一体性を重視した判断スキームも契約一体性と金融機関職員の積極的勧誘・主体的関与の程度の二要素で金融機関の説明義務を判断していることになり，また，金融機関職員の積極的勧誘・

主体的関与の程度の立証負担についていえば、特段の事情スキームでの判断の方が契約一体性を重視した判断スキームでの判断よりも大きいということがいえる。

さらに、契約一体性を重視した判断スキームは契約一体の度合いが一定ラインに達したときに適用され、反対に特段の事情スキームは契約一体の度合いが一定ラインに達していないときに適用されるとも捉えることができそうである。

つまり、判決で金融機関の説明義務の認容判断が下されるにあたって一定のレベルがあるとし、そのレベルが両スキームで等しく、そして特段の事情スキームでもある程度契約一体性の度合いが判断されているとするならば、両スキームは同じ判断要素を有するスキームであり、両者を念頭に入れて判断をすることにより、相互補完関係を形成させることができるということがいえる。

実際の事案での判断過程にこのような相互補完関係を明確に見出すことはできないが、複合契約のいずれの事案でも契約一体性の判断を当初に行っていることから、これをまったく否定することもできないものと思われる[18]。

また、複合契約事案に両スキームの適用が可能であるとするならば、たとえば、契約一体性を重視した判断スキームの適用を多くしたいと考える場合、契約一体性が認容されるラインを下げることによりそれが可能となる。これはある意味、適用スキームの統一化といえる。しかし、契約一体性が認容されるラインが下がると契約一体性を重視した判断スキームにあってもそれだけ金融機関職員の積極的勧誘・主体的関与の程度の立証負担が増大することになるから、両者に相互補完関係を認めることができる限り、顧客保護を重視する上でも、あえて適用スキームの統一化を図る必要はないものと思われる。

---

18 最高裁平成18年判決の差戻控訴審においても、不動産の売買契約ができなくなる可能性を有する当該不動産の瑕疵に関する金融機関職員の説明義務違反は消費貸借契約および設計・建築請負契約に付随するものであるとして、当初に一体性の判断を行っている。

第3章

土地定着物の建物への従属性の検討
―抵当権の効力の及ぶ目的物の範囲を中心として―

土地上に建物および土地定着物（住宅用途であれば門・塀など，工場用途であれば重機・鉄塔など）が存する場合，当該土地定着物が土地，建物のいずれの従属物であるかにつき実務上問題となる。土地，建物のいずれかにのみ抵当権が設定されている場合や，土地および地上建物の両者に同一債権者による抵当権が設定され，土地と建物とで設定順位が異なる場合，当該土地定着物が高値であればあるほど，それが土地，建物のいずれの従属物であるかという点が抵当権者の配当に影響を与える。

本章は，この問題点につき，ひとつの判断基準を提示するものである。

1. はじめに

抵当土地上に建物が存し，当該土地および建物が債務者（または物上保証人）所有の場合，金融機関における抵当実務であれば，当該地上建物にも土地抵当権と同順位での抵当権の設定を受け，共同抵当とするのが一般である。しかし，実際の場面ではかならずしもそのような場合だけではなく，抵当権の順位が土地と建物とで異なる場合，土地だけに抵当権の設定を受ける場合などもありえる。

たとえば，A銀行がB社所有の甲地（更地）に抵当権の設定を受けている。その後B社が甲地に建物を建てるときに，A銀行は建築資金の融資を拒絶したため，B社はC銀行から建築資金の融資を受けた。このような場合，当該新築建物（以下，乙建物という）にはC銀行の抵当権だけが設定を受けることとなる。

甲地上に乙建物新築前より定着する高額な重機（以下，丙機という）が存するとした場合，丙機は甲地の構成部分であるか，乙建物の従物であるか，あるいは甲地，乙建物にはまったく従属しない動産（または不動産）であるのか。乙建物の従物である場合は，丙機が乙建物抵当権の目的物となり，配当の面でC銀行は丙機の担保価値相当額の利得を得ることになる。これに対し，甲地の構成部分である場合は，A銀行の利得となる。甲地，乙建物のいずれにも従

属しない場合は，A銀行，C銀行のいずれも丙機における担保価値の利得を得ることができないのはもちろんであるが，この場合，第三者が執行妨害目的で丙機の所有権等を取得する場合が出てくる。

本章では，土地定着物が土地の構成部分であるのか，もしくは建物の従物であるのか，あるいは土地とは独立した動産（または不動産）であるのかといった従属性およびその基準について検討する。

2. 判例の基本的考え方および判例が提示する基準

ここでは，判例が，土地定着物が土地抵当あるいは建物抵当のいずれの対象物であるかについてどのような基準（以下，区分基準という）で判断しているかにつき，以下の判例を見ていくこととする。

(1) 判例の概括

判例①：東京高判明43・12・28新聞716・21

　土地抵当権の効力は，抵当土地に定着された庭木，庭石に及び，建物抵当権の効力は抵当建物内に設置された戸，障子，畳，襖などの従物に及ぶとした。

判例②：東京高判大7・12・20法律学説判例評論全集8巻民法106頁

　水車小屋内に備付された水車附属品等は水車小屋の従物であるとして建物（水車小屋）抵当権の効力が及ぶとした。

判例③：大判昭13・12・13法律学説判例評論全集28巻民法25頁

　抵当土地上に存する樹木につき，土地抵当権の効力が及ぶものとした。

判例④：名古屋高判昭30・7・8判時59・17

　抵当土地に定着附加されてその構成部分となった庭木，石燈籠，庭石等に土地抵当権の効力が及び，抵当建物内に設置された畳には建物抵当権の効力が及ぶとした。

判例⑤：東京地判昭32・12・27新聞90・13

　焼失した浴場の後に残った煙突および火焚場は，土地の定着物たる性質を有

するに至ったものであり，土地に定着したままでは独立の物権の客体たり得ないとした。

判例⑥：奈良地裁葛城支判昭38・8・23判タ152・91

抵当建物（旅館）外に存する抵当建物を囲繞する門塀は抵当建物の常用に供するために附属せしめられたものであり，建物抵当権の効力が及ぶとした。なお，本事案は建物にのみ抵当権が設定されていたものである。

判例⑦：仙台高判昭39・2・12下民集15・2・257

ガソリンスタンド内のコンクリートブロック塀は抵当土地との付加一体物と推断するに十分であり，土地抵当権の効力が及び，地下油槽はガソリン給油施設として有機的に結合している宅地建物の附加一体物と解することができ，宅地建物の抵当権の効力が及ぶとした。

判例⑧：浦和地判昭42・4・27金判62・6

抵当土地内に存する井戸は抵当土地の構成部分であるとした。

判例⑨：最二小判昭44・3・28民集23・3・699

石燈籠，取外しのできる庭石等は抵当土地の従物であり，植木，取外しの困難な庭石等は抵当土地の構成部分である。いずれにも土地抵当権の効力が及ぶとした[1]。なお，本事案は，土地およびその地上建物の双方に抵当権が設定されている事案である。

判例⑩：東京地判昭46・8・12判時649・39

旅館土地，建物双方に抵当権の設定がある事案であり，旅館諸施設のうち，上陸用桟橋は土地の構成部分ないしは従物，通行用トンネルは横穴式倉庫も含め，土地の構成部分，屋外プールは旅館建物の構成部分ないしは従物，岩風呂は土地の構成部分であり，脱衣場は旅館建物の構成部分ないしは従物であるとした。

---

1 本判決は，すでに抵当権設定当時に存在していた土地の従物につき，土地の抵当権の効力が及ぶとし，かつ，従物に抵当権の効力が及ぶことについては，土地についての抵当権登記があれば足り，従物自体について別個に公示方法を必要とはしないとする立場を最高裁が明らかにしたものとして，評価されている（磯村保「判批」『担保法の判例〔1〕ジュリスト増刊』31頁（有斐閣，1994））。

判例⑪：東京高判昭 61・12・24 判時 1224・19

　土地の上に，広告塔やガスタンクなどの工作物が建設された場合，これらが土地に定着していると認められるならば，これらの工作物は土地の一部となって土地所有者の所有物になると同理で，建築途上建物も土地の一部として土地所有者の所有に属するとした。

判例⑫：最一小判平 2・4・19 裁判集民 159・461

　借地上に建築されたガソリンスタンド用建物に設定された根抵当権の効力は，ガソリンスタンド諸設備（地下タンク，ノンスペース型計量機，洗車機など）は借地上または地下に近接して設置され当該建物内の設備と一部管によって連通し，当該建物を店舗とし，これに諸設備が付属してガソリンスタンドとして使用され，経済的一体をなしており，当該建物の従物であるとしてこれら諸設備に及ぶとした。

判例⑬：東京高判平 12・11・7 判時 1734・16

　車庫に関する事案であるが，当該車庫が事実上擁壁としての役割を果たし，土地の一部を構成するとともに，建物の附属物としての経済的用途を有していることから，当該車庫は抵当建物の従物であるとともに抵当土地の一部でもあるから，土地抵当権と建物抵当権の双方の効力が及ぶとした。

(2) 判例分析

A. 判例の基本的考え方

　判例⑤までは，土地上に存する物には土地抵当権の効力が及び，建物内に存する物には建物抵当権の効力が及ぶものと判断しているように見える。

　判例⑥と判例⑦では塀に対する判断が異なる。判例⑥は，旅館の用に供する土地上に設置された塀が抵当建物の附加物であるとし，判例⑦では，ガソリンスタンドの用に供する土地上に設置された塀が抵当土地の附加物であるとしている。この相違は，ひとえに抵当権の設定状況の差によるものと思われる。すなわち，判例⑥では，建物のみに抵当権が設定されているのに対し，判例⑦は土地と地上建物の双方に抵当権が設定されているからである。判例⑥におい

て，その経済的一体性を保持すべく，当該塀は建物の附加物であると判断されたものと推測できる。

判例⑩は，土地とその地上建物に同一抵当権者による抵当権が設定されているため，経済的一体性は保持される。また，その内訳である旅館各諸施設は，土地への従属性が高い場合には土地の構成部分あるいは従物であるとし，建物への従属性が高い場合には建物の構成部分あるいは従物であるとしている。

判例⑪は，事案の建築途上建物のみならず，傍論で広告塔，ガスタンク等の工作物も土地の定着物であるならば，それは当該土地の構成部分であるとする考えを提示している。この考えに基づけば，経済的一体利用の範囲内に定着する設備は建物を除き，すべて土地の構成部分であるということになる。

判例⑫は，借地上のガソリンスタンド施設という特殊性から，判例⑦と異なり，各種諸施設はすべて抵当建物の従物であるとされた（なお，地下タンクについては，判例⑦は土地建物の附加一体物とするのみで，どちらに対する従属物であるかについては判断していない）。本判決は，原審（東京高判昭61・12・24判タ642・196）を是認した上で上告棄却した。

以上の判例の基本的考え方は，経済的一体性保持にあるということがいえよう。経済的一体性保持のために，地上建物の存否の状況および抵当権の設定状況にしたがって，判例⑪を除き，判例は経済的一体性保持がなされるよう柔軟な判断を下している。

B．判例における区分基準

次に判例における区分基準につき検討する。そのために，まず，所有権移転等の客体が何であるかが問題となっている事案（判例⑤⑪）と，抵当権の効力の及ぶ目的物の範囲が問題となっている事案（判例①②③④⑥⑦⑧⑨⑩⑫⑬）とに区分する。

所有権移転等の客体が問題となる事案では，土地上に建物がない場合に，一体性を保持すべく土地の構成部分であると判断している（判例⑤）。

抵当権の効力の及ぶ目的物の範囲が問題となるケースでは，土地上に建物がない場合は，土地の附加物，構成部分あるいは従物であると判断（判例③⑧）

し，建物のみに抵当権が設定されている場合は建物の附加物あるいは従物であると判断（判例⑥⑫）している。

　また，区分基準を考える上で重要な事案，つまり，土地，建物双方に抵当権の設定がある場合において，この基準はかならずしも確立していないものといえる（判例④は，建物内に存するものが建物の附加物であるとし，土地上に存するものが土地の構成部分であるとしている。判例⑩は，前述のとおり，土地，建物への従属性の程度に基づき，判断がなされている。判例⑬は，車庫を土地の構成部分と建物の従物との両性格を有するとし，建物の従物としたのは，車庫が建物に対する附属物としての経済的用途を有していることが判断基準となっている）。

　また，最高裁の事案に着目した場合，判例⑨は，土地およびその地上建物の双方に抵当権が設定されており，比較的広い庭園上の植木，石灯籠等に対し，石灯籠，取外しのできる庭石等は土地の従物であり，植木，取外しの困難な庭石等は土地の構成部分であるとしている。庭木，庭石，石灯籠等については，これまでの大審院判決および下級審判決でも土地の構成部分あるいは従物であるとの判断がなされており（判例①④，大審院判決は判例③），判例法理は確立されているということがいえよう。

　判例⑫は，地下タンクを建物の従物であると判示した上で，原審の判断を正当として是認でき，その過程に所論の違法もないとしている。原審は，従物であると判断するにあたって，地下タンクのみを敷地から独立した不動産であるとするものの，その理由は明示されていない。

　土地定着物に従物としての独立性を認める学説には次の二つがある。すなわち，物理的独立性を要求するもの[2]（以下，物理的独立性説という）と，経済的に独立の価値があればよいとするもの[3]（以下，経済的独立性説という）である。

2　齊木敏文「判批」判タ 762・36（1991）。なお，地上物は原則として土地に吸収されて土地の構成部分となるが，判例法上明確に認められた取引上の独立（立木，稲立毛等）を例外的に取り扱う説もある（柚木馨『判例民法総論（上）』403 頁（有斐閣，1951），田中整爾『注釈民法（2）』615 頁以下〔前田達明＝林良平〕（有斐閣，1991）。「不動産とは何か（3）」ジュリ1334・203 以下〔山野目章夫氏発言〕（2007）もここに該当することとなろう）が，この説は本判例の判断と整合しない。

判例⑫の事案は，物理的独立性説からは，地下タンクが鉄筋コンクリート製の箱状のタンク室に置かれている状態であることから，土地からの不完全ではあるが独立性（弱い付合）を有しているもの[4]として，また，経済的独立性説からは，ガソリンスタンド営業に必要不可欠な設備として本件建物の従物として取引経済上の独立価値を有するもの[5]として，いずれの学説からも地下タンクが土地からは独立の不動産であることを導くことができる。

3. 学説の状況

(1) 区分基準の不存在

これまでのところ，区分基準を提示する学説は見当たらない[6]。しかし，多くの文献は，土地・建物の構成部分・従物の具体例を挙げているが，これら具体例は経済的一体性の考え[7]に基づき判断されている。

経済的一体性保持の考え方は，利用の一体性保持のみならず，一体的な経済的価値の保持の両面を包含するものと思われる。しかも経済的一体性は，土地もしくは建物のみがその構成部分や従物とともに作り出しているのではなく，多くの場合，土地と建物とが一体となって，それらの構成部分・従物とともに作り出していることが多い。したがって，土地と建物との一体化によって作り

---

[3] この説は，民法86条1項は不動産性を決定するにすぎず，独立の不動産の決定に関するものではないとみ，判例法上明白には確立されていないものについても経済的に独立の価値があればその独立的取引を認めようとする説である（林良平「動産と不動産」〔谷口知平＝加藤一郎編〕『新民法演習Ⅰ』87頁以下（有斐閣，1967），田中・前掲注(2)616頁，清水暁「判批」判例評論386・30（判時1373・176）(1991)。「不動産とは何か(3)」ジュリ1334・203以下〔鎌田薫氏発言〕(2007)もここに該当することとなろう）。

[4] 齊木・前掲注(2)36以下

[5] 清水・前掲注(3)30以下

[6] 富井政章『民法原論1巻（上）』276頁以下（有斐閣，1903），内田貴『民法Ⅲ 債権総論・担保物権』394頁以下（東京大学出版会，第三版，2005）をはじめ多くの文献を見たが，区分基準を提示しているものはなかった。

[7] 於保不二雄「附加物及び従物と抵当権」民商29・5・306(1954)

出されている経済的一体物を，あえて土地（構成部分あるいは従物）と建物（従物）いずれの従属物とするか，その区分は困難な作業であるといわざるを得ない。

(2) 土地定着物の帰属問題

　金融実務家が懸念する次のような問題が存する。すなわち，家屋の競落にあたっての門，塀等の土地・建物の帰属に関する問題であり，さらに複雑な問題として，同じ土地内に所有者を異にする家屋が2棟以上ある場合の門，塀等の土地・建物への帰属に関する問題[8]が存するが，後者の問題は今後の検討に譲るものとし，前者の土地・建物の帰属に関する問題について考察する。

　土地・建物の帰属に関する問題については，門，塀等が土地に附合していると考えるか，それとも建物以外で，土地には附合していない不動産と考えるかの二つがある[9]。

　これについては，門，塀等が土地に附合しない不動産に該当するかにつき，前述の物理的独立性説によれば，門，塀等が土地上の鉄筋コンクリート基礎に緊結している場合には，該当しないが，経済的独立性説によれば，経済的な独立価値（以下，経済的独立価値という）があれば該当することになる。

　経済的独立性説では，その門，塀に，十分な経済的独立価値がある場合に，土地から独立した不動産となる。経済的独立価値の存する場合としては，たとえば，建物抵当権が実行され，土地所有権者と建物所有権者とが異なることとなる場合で，経済的一体性を保持するために，当該門，塀を建物に従属する不動産とする必要性の存する場合なども該当することになろう。これまで検討してきた判例の基本的考え方も，経済的一体性保持を果たすべく，建物に従属させるため，土地定着物の独立不動産性を認容（判例⑥⑫）してきている。この

8　村松俊夫「判批」金法367・10以下（1963）は，判例⑥の判批においてこの問題が金融実務家より提起されたものとして紹介している。
9　これら門，塀等を動産と捉える考え方（「不動産とは何か（3）」ジュリ1334・203〔始関正光氏発言〕（2007））もあるかもしれないが，これらは土地に定着しており，移動の自由性はなく，民法86条1項からも不動産と解釈すべきである。

ように経済的一体性保持の利益を経済的独立価値ありとみる考え方は，この判例の基本的考え方にも適合する。

4. 区分基準の検討

(1) 経済的独立性説の妥当性

　土地定着物の区分基準を検討するにあたって，物理的独立性説と経済的独立性説のいずれかを基準とすることが考えられるが，前述のとおり判例の基本的考え方である経済的一体性の保持にあたって柔軟に対応できるのが経済的独立性説と思われる。

　なぜならば，判例⑫の事案において，借地上に建築されたガソリンスタンド用建物と関連諸設備との経済的一体性保持を図るためには，地下タンクにつき，物理的独立性説に立った場合，当該タンクは鉄筋コンクリート製の箱状のタンク室に置かれている状態であるとはいえ，高力ボルト等で強固に固定され土地に定着されているはずであり，その状態であってもそれをあえて物理的に独立しているものとする必要があった[10]。このように物理的独立性説では，物理的独立性を有するか否かを専門的かつ詳細に検討しなければならない。また，物理的独立性が微妙な定着物も存するはずであり，判断が困難となる場合もあろう。さらに，物理的独立性が全くないものでありながら，建物に貢献する度合が強い土地定着物，たとえば地下タンクがまわりをすきまなく鉄筋コンクリートで固められ，地下に埋設されていた場合はどうであろうか。地下タンクがガソリンスタンド事業に必要不可欠であることは明白であり，物理的独立性説では独立不動産性を認めることはできない。

---

[10] 齊木氏は，機能的側面と経済的側面をも問題とし，本件タンクは物理的には独立しているが，機能的にはタンク室と一体となっており，経済的にも，タンク自体の価格よりも掘り出して他に移転させる費用の方が相当額になるとされているから，土地からの独立性は不完全であるとしている（同・前掲注(2)36)。

これに対し，経済的独立性説であれば，地下タンクに物理的独立性をまったく認めることができない場合であっても，経済的独立価値の捉え方によっては独立不動産性を認めることは可能と思われる。現に判例⑩における屋外プールは経済的独立性説の立場に立って判断されたものと捉えることができよう[11]。

　よって，本章では経済的独立性説を支持し，経済的独立価値の意義について検討する。

(2) 経済的独立価値の意義

A. 経済的一体性保持における経済的独立価値

　経済的独立価値とは何を意味するのであろうか。これを，土地定着物を不動産として土地から独立させる経済的な価値（もしくは利益）と捉えた場合，まず考えられることは，抵当権が建物にのみ設定されている場合に，独立の不動産として建物の従と捉え経済的一体性を保持するという経済的利益である。

　たとえば，判例⑥と判例⑫はいずれも，建物のみに抵当権が設定されていたケースであり，経済的一体性を保持するために土地定着物を建物の従物（判例⑫）であるとしている。

　しかし，判例⑩には，土地とその地上建物双方に同一抵当権者による抵当権が設定されており，抵当目的物の経済的一体性は保持されていることから，あえて土地定着物を独立不動産とする利益はない。しかし，はたしてそうであろうか。以下，この点につき検討する。

B. 土地およびその地上建物双方に同一抵当権者の抵当権が設定されている場合における経済的独立価値の有無

　抵当権の設定状況がこのような状況であっても，抵当権者への配当面に焦点をあてた場合は経済的独立価値を見出すことができる。たとえば，法定地上権が潜在化しているケースでは，土地および建物に設定された抵当権が共同抵当であっても，土地抵当権にあっては法定地上権負担付で配当を受け，建物抵当

---

[11] 屋外プールは，物理的独立性はまったくないにもかかわらず，旅館たる建物の構成部分ないしは従物と判断されている。

権にあっては建物価額に法定地上権価額相当額が加算されて配当を受ける。この場合，土地と建物とが別々の者に競落されることを想定し，法定地上権の範囲を建物利用に必要な経済的一体性を有する範囲としておく必要があり，そのためにも土地定着物を土地抵当の対象物あるいは建物抵当の対象物とに区分しておく実益はある。

また，法定地上権が成立しないケースでも同様である。この場合，一括競売をすることができるが，やはり配当は土地と建物とで別々になされる。建物の配当においては，建物利用に必要な経済的一体性を有する範囲を前提として配当がなされるはずであり，そのためにも土地定着物を土地抵当の対象物あるいは建物抵当の対象物とに区分しておく実益はある。

よって，本類型においても，土地定着物を土地から独立の不動産とし，建物に従属させるということにつき経済的独立価値があるといえる。

(3) 担保法の原則に適合する具体的区分基準：従物理論の適用

以上の検討より，経済的独立性説を基準に具体的区分基準を考察する。この説は，判例上明白に確立されていないものについて経済的独立価値の有無を判断するものであり，前述のように庭木，庭石，石灯籠等については土地の構成部分あるいは従物であるとの判例法理が確立しているものと思われ，それ以外の物について判断することとなる。

具体的区分基準は，土地定着物を土地抵当の対象物あるいは建物抵当の対象物とに区分する基準であり，判例⑫を含め，これまでの判例が土地定着物を建物抵当の対象物と判断する基準としているのが従物性の有無であることから，ここでは従物理論を適用すべきものと思われる。

従物性は，a. 独立の物であること，b. 主物の存すること，c. 主物・従物とも同一の所有者に属すること，d. 従物は主物の常用に供せられること，e. 従物は主物に附属せしめられたこと，の五つの要件が必要となる[12]が，aの独

---

12 田中・前掲注(2)634頁以下

立性は経済的独立価値の有無により判断されることとなる。

なお，区分する場面では抵当権すなわち担保権が絡む場合が多く，担保法の原則として簡明なものでなければならない。つまり，抵当権設定当事者に十分な予見可能性（抵当権設定当事者が裁判結果と異ならない判断ができることをいう）がなければならないが，従物理論の適用は，この原則に則っているものと思われる。なぜならば，今日までの従物理論の発展により，従物性の判断は抵当権者の周知・判断し得るところとなっているからである。

ところで，具体的区分基準は，抵当権の効力の及ぶ目的物の範囲が問題となる場合だけではなく，土地定着物の所有権の帰属が問題となる場合にも適用しなければならない。

土地定着物の所有権の帰属が問題となる場合は，判例⑤および判例⑪のように，建物の存しない土地の所有権が譲渡される場合に問題となることが多く，この場合は，土地定着物が譲渡対象でない場合には，その旨を当事者が売買契約書に明記し，さらに第三者に対抗すべく明認方法を施す必要がある。また，ケースとしてはあまり見られないものと思われるが，地上建物のみが譲渡される場合には，土地定着物について従物理論を適用し，判断することとなろう。

さらに，抵当権の効力の及ぶ目的物の範囲が問題となる場合であっても，地上に建物がなく，土地定着物を土地抵当権の効力の及ぶ目的物の範囲から除外する場合には，担保法の原則に則り予見可能性を充足するためにも，土地抵当権の効力から除外すべき旨の登記（民370但書）をしておくことが必要となろう。

(4) 土地抵当権との調整

「1．はじめに」の設例にあるように，抵当土地上に定着物が存しており，その後建物が築造された場合，当該定着物が後に築造された建物の従物として機能する場合も，事案としてはあり得る。このような場合に，当該定着物を建物の従物であるとしたならば，当該定着物の価額相当額も含めて配当を予想していた土地抵当権者の予見可能性を害することになる。

しかし，従物基準を適用する以上，土地抵当権設定時で判断すべきではない。たとえそれが，土地抵当権者の予見可能性を害することになったとしても，やむを得ないものと思われる。なぜならば，現在の通説[13]が説く民法370条の附加物の判断は抵当権実行時を基準としているものと捉えることができるからである。抵当権設定後に付属せしめられた従物については，民法370条の附加物になるとするのが今日の通説であり，これはつまり，抵当権実行時において従物性を判断しているものといえる。また学説は，抵当権実行前における（従物の）分離・搬出には，一定要件の下，抵当権の効力は及ばない[14]としており，これも抵当権実行時基準を後押ししているものといえよう。

したがって，「1. はじめに」の設例では，甲地抵当権設定後に築造される乙建物の従物たる土地定着物丙機は乙建物抵当権の効力の及ぶ目的物となる。

5. おわりに

残された問題として，同一土地上に主たる建物が複数存する場合に，経済的独立価値を有する土地定着物がどの建物に対する物であるかを適正に判断しなければならず，今後この場合における妥当な区分基準を検討する必要がある。

ところで，経済的独立性説においても物理的独立性説においても，車両など単独での独立利用度が高い物を除き，定着性をかなりの程度認定することによって，抵当不動産上における経済的一体性を有する範囲に属する資産のほとんどを抵当権の効力の及ぶ目的物とすることができる。このように企業財産全体を構成部分および従物として捉え，一体化することに対し，我妻栄博士は，否定的見解を呈している[15]。しかし，抵当権の効力の及ばない物を常に抵当不動産から分離・搬出させた上で競売を行うとすることは容易でないことから，そ

---

13 我妻栄『新訂 担保物権法（民法講座Ⅲ）』270頁以下（岩波書店，1968），内田・前掲注(6)397頁
14 我妻・前掲注(13)268頁以下，鈴木禄弥『物権法講義』170頁（創文社，三訂版，1985）ほか
15 我妻栄『民法総則』336頁（岩波書店，1930）

のような物にも従物性を肯定し，一括処分できるようにすべきかと思われる。さらに，そうすることにより，抵当権者の配当額を増加させることができ，債務者（抵当権設定者）の残債務減少の利益に資することができる。

第4章

建物所有権の再考察

1. はじめに

　所有者は，法令の制限内において，自由にその所有物の使用，収益および処分をする権利を有する（民206）と規定されていることから，不動産所有権についていえば，その内容は，人が不動産を自由に使用・収益・処分しうる物権ということになる[1]。

　不動産とはもちろん土地および建物であるが，我が国民法は土地と建物とを別個の不動産としている。したがって，民法206条の規定からすれば，土地所有権の内容は人が当該土地を自由に使用・収益・処分しうる物権であり，建物所有権の内容は人が当該建物自体を自由に使用・収益・処分しうる物権ということになり，建物が土地上に存続するための当該土地における建物所有のための利用権は建物所有権の内容を構成するものではない。したがって，建物がある土地上に存続するためには，建物所有権者が，建物所有のための当該土地に対する何らかの利用権を有していなければならない。さもなければ，当該建物は，土地所有権者による当該所有権に基づく妨害排除請求権の行使によって，収去を余儀なくされることとなる。このことからいえることは，土地上に存する建物のみが競落されたとき，要件充足を条件として当該建物の収去を防ぎ，将来に向かって当該建物を存続させるために必要な土地利用権である法定地上権の成立事案からもわかるとおり，建物存続のためには，建物所有権者は建物所有権のみではなく，建物所有のための土地利用権をも有していなければならないということである。

　次の事案はどうであろうか。建物賃貸借の事案にあって，最一小判昭38・2・21民集17・1・219（以下，判例【7】という），最三小判昭39・7・28民集18・6・1220（以下，判例【9】という），最一小判昭46・7・1判時644・49（以下，判例【14】という）および最一小判昭50・7・10判時793・49（以下，判例

1　川井健『注釈民法（7）』300頁〔川島武宜＝川井健〕（有斐閣，2007）

【15】という）は，建物賃貸借にあって，建物の賃借人は，当該建物賃借権の存続期間内において，当該建物の敷地を建物使用の目的の範囲内で使用することができるとしている。つまり，建物賃借人は建物の賃貸借契約を締結しただけであるにもかかわらず建物自体の賃借権（利用権）を有するだけではなく，建物利用のための土地利用権をも有することになるのである[2]。また，東京地判昭 32・11・20 下民集 8・11・2144（以下，判例【3】という）は，敷地については，建物の賃貸借と同時にこれに附随して，敷地上の附属施設も含めて，使用貸借関係が成立し，この使用貸借関係は建物の賃貸借と主従の関係にあって，これとその運命を共にするものと解している。

　上記裁判例の理からすれば，建物の賃貸借契約にあって，賃貸人は賃借人のために対象建物のみならず，建物使用に必要な範囲の土地についても使用・収益させる義務を負っていると解されることになる。建物利用にあって，公道から建物入口までの行き来，庭での物干など敷地使用は必要不可欠な要素であることから理解できることではあるが，賃貸人が建物所有権者である場合，賃貸人は自らの建物所有権のみならず，建物使用に必要な範囲における敷地使用権限をも賃借人のために確保しなければならない。確保できない場合には，土地所有権者からの妨害排除請求を余儀なくされ，賃貸人の使用・収益させる義務は履行不能となってしまう。

　建物賃貸借では賃借人に敷地使用権限が当然に伴うとされるが，それは敷地使用が賃貸借契約の内容となっていなくても同様である。しかし，なぜ建物賃借人に敷地使用権が従たる権利として当然に伴うのか。その法的根拠は明らかではない。前掲東京地判昭 32・11・20 では，敷地の使用貸借契約を擬制するが，このような不合理な論拠を持ち出すよりは，素直に建物所有権の中に建物使用に必要な範囲における敷地利用権能が含まれると解する方が合理的といえるのではないだろうか。

---

[2]　実務上，アパートや賃貸マンションの賃貸借契約書には敷地を使用できる旨の内容が記載されることはほとんどなく，仲介を行う宅地建物取引業者による重要事項での説明義務にもなっていない。

以下，建物所有権と敷地利用権能の関係について考察するものとする。

2. 建物賃借人の敷地使用権の内容

建物賃借人が有する敷地使用権の内容につき，判例および学説を検討する。

(1) 判 例

建物賃借人の敷地使用権の有無およびその範囲につき判示している裁判例，および傍論でこの点につき論じている裁判例を分析するものとする。

判例【1】：大阪地判昭30・5・2下民集6・5・875

木造2階建ての集合貸室（アパート）を営業店舗に使用する目的で賃借した賃借人が当該アパートの敷地に建設した仮設建物の収去に関する事案である。

「凡そ建物の賃借人はその建物の敷地を建物使用の目的の範囲内に於て使用する権能を有するに止る。」とし，さらに「このことは建物の賃借人が敷地の地代相当額を家賃に包含して支払うことによって差異を来すものではない。」と判示する。また，敷地使用が目的の範囲であるか否かにつき，一般論として，建物の賃借人は宅地の賃借人のごとくその整地に建物を建築することは許されないとするも，建物使用のために容易に収去し得る物置程度の仮設建物を建て，あるいは敷地の保管義務に違反しない程度の家庭菜園を作る等の場合は建物賃借権の範囲を超えないものであると示している。

特に，集合貸室の敷地は非常通路の役目を有し賃借人全員の共同の目的に奉仕すべきものであるから賃借人は互いに他の賃借人の利用を妨げるような施設を設けることは許されないとする。

本件については，容易に除去でき，他の賃借人の通行その他の利用を妨害するものでない仮設建物については建物賃借権の範囲内の物であり，そうでない物は当該範囲を逸脱するものとして判示された。

判例【2】：東京地判昭32・8・2下民集8・8・1447（判例【4】の原審）

住宅用賃借建物の建坪が17合5勺にすぎない建物の賃借人が，当該建物の

敷地に建坪5坪に及ぶ建物を建築し，5人の工員を雇った上，1/4馬力のモーター，やすり等を使用してプラスチックの板加工作業をしていた事案につき，元来賃借家屋のように住宅用の独立した家屋についての賃貸借が，その敷地をも含めてなされることは当然であって，その場合，借家人の建物保管義務はかならずしもその建物のみについて生ずるものではなく，その敷地，付属設備等についても，善良なる管理者としての注意義務を要求されるものというべきであり，賃借家屋内に付属建物を建築したからといって，常に賃借家屋の保管義務に違反するというわけのものではなく，その付属建物の形状，大きさ，その建築が賃借家屋にとって有益なものであるか否か，建築の際の当事者の態度，事情等を斟酌して社会通念に従って決定されるべきであるとの一般論を提示した上で，本件の場合，付属建物の建築行為は家屋の賃借人としてのその保管義務に違反するものであり，かつ，当該違反の程度は，本件家屋についての当事者間の賃貸借契約について存する信頼関係を破壊し，解除の原因となるものとした。

判例【3】：東京地判昭32・11・20下民集8・11・2144

　本件土地40坪は，その一部をXが所有し，他を訴外Aより建物所有目的で賃借していた。Xは本件土地に連続する地所に店舗建物10棟を所有し，35店舗からなる久ケ原マーケットを経営しており，YらがXからそれぞれ上記マーケット内の店舗各一戸賃借していた。本件土地には便所および井戸があり，これらはXが所有するもYらが本件土地およびこれら施設を占有使用していた。

　XはYらに対し本件土地，便所および井戸を賃貸したことはなく，本件はXがYらに対し，本件土地およびこれら施設の引渡しを請求するものである。

　久ケ原マーケットの店舗は店舗住宅であり，130名位の者がここに生活し，うち100名位の者がマーケット内の店舗で寝起きしている。便所のついている店舗は一店舗を除き存在せず，本件便所等がマーケットの居住者全員の共同便所として使用されている。また，水道は生魚や肉を扱う数名の者の店舗には取り付けてあるが，その他の店舗には水道の設備がなく，共同水道は2か所だけ

で，しかもその出水状況が悪いため，本件井戸は盛んに利用され，出店者にとっては炊事，洗濯等の日常生活の上からいって欠くことのできないものになっており，八百屋，魚屋，花屋などにとっては営業上も必要なものになっている。さらに，久ケ原マーケットには他に適当な空き地がないことから，本件土地には物干場が設けられて物干に利用されたり，荷ほどきや空箱の整理場所などにも使用されている。

本件に対する判決は次のとおりである。すなわち，本件土地は久ケ原マーケットの敷地の一部で，本件土地はその地上にある係争の便所および井戸とともにマーケットの出店者であるYらにとって必要不可欠のものであることが明らかである。しかして，Yらが店舗の賃貸借によって当然に本件土地およびその地上にある便所および井戸を使用できるものと考え，その使用を前提として店舗を賃借したものである。したがって，Yらは本件土地およびその地上の便所および井戸を使用すべき法律上の権限を有するものというべきである。

XとYらの店舗賃貸借契約は文字どおり店舗の賃貸借であって，本件土地の係争の便所，井戸の施設についてはなんら特別の取り決めのないことが明らかであるから，Yらの前記使用権限が賃貸借上の権利なのか，それとも使用貸借上の権利なのかについては若干の疑いがないでもない。しかし，一般に，家庭の賃貸借の場合には当事者の意思からみても契約の目的からいっても家屋の外にその敷地についても当然に賃貸借が成立しているものとみなければならない合理的根拠はない。家屋の外の敷地についても賃貸借が成立しているというのはいわれなき擬制にすぎない。特別な事情のない限り，家主は借家人に対して家屋の有償使用を許すと同時に家屋使用の必要上その敷地についてもその無償使用を許すのであって，使用貸借関係が成立し，この使用貸借関係は家屋の賃貸借と主従の関係にあって，これとその運命を共にするものと解するのが相当であると思われる。

判例【4】：東京高判昭34・4・23下民集10・4・804（判例【2】の控訴審）

本件は，判例【2】の控訴審である。判決は，元来住宅に使用するための家屋の賃貸借契約において，その家屋に居住し，これを使用するため必要な限度

でその敷地の通常の方法による使用が随伴することは当然であって，この場合その敷地の占有使用につきさらに賃貸人の同意を得る必要はないとし，敷地の占有使用はあくまでも賃借家屋の使用占有に伴うものであり，本来の目的たる家屋の使用占有する上において常識上当然とされる程度に限られるものであるとする。本件は，常識上当然とされる程度を超えていることから解除が適法になされたものと判断している。

判例【5】：東京高判昭34・9・30 高民10・9・213

居住用として建物を賃借した賃借人が当該建物の敷地に飲食店向屋台を設置した事案であり，賃借人は賃貸借契約または賃借物の性質によって定まった用法に従って，その賃借物の使用収益をなすべき義務を負うものであって，本件賃貸借にあっては，本件家屋は住宅用として建てられ，住宅用として賃貸せられたものであるから，当該家屋の付属用地である庭も，住宅の付属用地としての用法に従った使用収益のみが許されているにすぎないものと解すべきであるとして，当該屋台の収去を判示した。

判例【6】：最二小判昭36・7・21 民集15・7・1939

借地上の建物の賃借人が空地に建物を無断で増築した場合でも，当該増築部分が，賃借建物の構造を変更せずしてこれに付属せしめられた一日で撤去できる仮建築であって，賃借建物の利用を増加こそすれその効用を害するものではなく，しかも，本件家屋は，建物賃借人が賃借した昭和3年当時すでに相当の年月を経た古家であって，建物賃借人において自ら自己の費用で理髪店向その他居住に好都合なように適宜改造して使用すべく，建物賃貸人においては修理をしない約束で借り受け，その当時所要の修理をして使用を始めた経緯もあり，建物賃貸人は昭和24年4月頃当該増築がなされていることを発見したけれども，当時においては特に抗議もしなかった，というのであるから，建物賃借人の当該増築行為をもって賃貸人に対する背信行為に当たらず，また，建物賃借人が当該増築部分の敷地につき占有権原があるとした原判決の判断は相当であるとした。

判例【7】：最一小判昭38・2・21 民集17・1・219

本件土地所有者から当該土地を賃借する借地人より居住用として建物を賃借する事案において、当該土地所有者と借地人とが当該借地契約を合意解約したものであるが、当該合意解約は当該借家人には対抗できないものと判断された。この判断過程において裁判官は建物賃借人の敷地利用権につき次のとおり示している。すなわち、当該土地所有者と当該借家人との間には直接の契約関係がないものの、建物所有を目的とする土地の賃貸借においては、土地賃貸人は、土地賃借人が、その借地上に建物を建築所有してこれに居住することばかりでなく、反対の特約がないかぎりは、他にこれを賃貸し、建物賃借人をしてその敷地を占有使用させることを当然に予想し、かつ認容しているものとみるべきであるから、借家人は、当該建物の使用に必要な範囲において、その敷地の使用収益をなす権利を有する。そして、この権利は土地賃貸人に主張することができ、当該権利は土地賃借人がその有する借地権を放棄することによって勝手に消滅せしめることはできないと解している。

判例【8】：大阪高判昭39・1・22判時372・24

　建物の賃借人が借地人兼家主および地主に無断でバラック建に類する店舗を増築したことが建物賃貸借契約の解除原因かどうかが争われた事案で、建物の賃借人はその建物に付属する敷地につき使用権を有することは当然であること、この使用権は建物賃借権に従属するものであり、この建物を用法に従って使用する範囲内に限定せられるものであるから、みだりにその敷地内に工作物を設置するがごときは、それが社会通念上許容せられる範囲を逸脱するとき、場合によっては契約解除原因になるとした。本件では、このようなバラックは社会通念上許容せられる範囲を逸脱するものであるが、諸種の事情をも勘案され、契約解除原因にはならないとされた。

　なお、最二小判昭40・1・22裁判集民77・113も原審である本判決を是認している。

判例【9】：最三小判昭39・7・28民集18・6・1220

　本件は、建物賃借人が行った家屋改造工事により、簡易粗製の仮設的工作物が賃借建物の裏側に接して付置され、当該付置が賃借建物の利用の程度を超え

るものとして信頼関係の破壊の有無が争われたものである。この点につき裁判所は，設置された工作物はいずれも簡易粗製の仮設的なものであり，その機械施設等は容易に撤去移動できるものであって，当該施設のために賃借建物の構造が変更せられたとか当該建物自体の構造に変動を生ずるものではないこと，および当該改造工事は賃借建物の利用の限度をこえないものであり，賃借建物の保管義務に違反したものというに至らず，賃借人が賃借家屋の使用収益に関連して通常有する建物周辺の空地を使用しうべき従たる権利を濫用して本件建物賃貸借の継続を期待し得ないまでに賃貸人との信頼関係が破壊されたものともみられないとした。

判例【10】：東京地判昭40・1・30下民集16・1・189

本件は，借地上の建物の賃借人が借地人に無断で借地上に築造した建物および工作物につき，当該借地人が借地権に基づく妨害排除請求をした事案である。傍論で，建物の賃借人は，賃借建物の使用の目的範囲内において，その敷地を使用する権限を有するにとどまる旨判示している。

判例【11】：東京地判昭41・1・31判時450・34

本件は，借地上の建物の一部の賃借人が当該建物の敷地に簡易な物置を設置したことが，賃貸借契約の解除原因に当たるか否かが争われたものである。これにつき，裁判所は次のように判断した。すなわち，建物の賃借人は目的建物のみならず，建物の敷地についても，建物使用の目的の範囲内でこれを使用する権能を有するものと解すべきであるから，敷地の賃貸人はこの範囲における建物賃借人の敷地の使用を妨げることはできないと解される。しかして，建物使用に必要な限り本件におけるような簡易な物置等を設置することもこれによって賃借人の建物および敷地に対する保管義務違反の問題が生じ賃貸人の利益が害される等の特段の事情のない限り，前記の範囲に含まれると解するのが相当である。

本件では建物の一部の（独立した建物の賃貸借でない）賃借人が，建物の他の部分の占有者もしくは賃貸人の意思如何にかかわらず本件におけるような物置を設置することが当然にできるというものではないとする。また，傍論とし

て，設置した物置が建物使用の目的の範囲内であると判断される場合，賃借人は当該物置を収去して目的物を現状に復した上で建物賃貸人に返還すべきであるとしている。

判例【12】：大阪地判昭 42・3・30 判時 501・81

建物賃借人の長男が当該賃貸建物の敷地に営業用建物を所有し当該敷地を占有していたのであるが，本件は当該営業用建物の収去とその敷地の明渡しを求めたものである。当該賃貸建物およびその敷地の所有者が，建物賃借人の長男が当該営業用建物を所有するため，その敷地を使用することにつき，それを知りながら異議を述べることなく，賃料を受領してきたことが認められ，この点は当該敷地の使用を黙示的に承認したものと認められるものとして，当該長男による建物所有のための敷地使用は，建物賃貸借契約にもとづく敷地使用権能の範囲内にあるものであるとした。

判例【13】：前橋地裁高崎支判昭 46・5・31 判時 643・81

賃借建物の敷地内における居住用建物の築造が建物賃貸借契約の解除原因になるか否かが争われた事案である（当初建物およびその敷地は同一人が所有していたが，相続により，土地と建物は別々人が取得した）。家屋の賃借人は，賃貸借の目的たる家屋の利用に付随し，これを利用するに必要な範囲内で，しかも家屋賃借権の存続する期間内においてのみ，賃借家屋の敷地を利用することが許されていると解するのが相当であるとし，本件については，賃借人が以前から八百屋を営んでいたが，本件家屋（2階建て店舗，1階 17.20㎡, 2階 7.50㎡）で入居後今日まで当該営業を継続する目的で賃借し，入居後今日まで引き続いてこれを営み，今後も八百屋を続ける意思を有すること，家主の側でもこれを熟知しており，特別の事情のない限りなお相当の期間にわたり本件家屋の賃貸借契約が継続することが予想されていたこと，その間家賃の不払い等の紛議を生じたこともなかったこと，等の事情およびこれまで居住していた旧物置兼居宅（6.6㎡, 付属居宅 7.26㎡）の腐朽の程度がはなはだしいこと，賃借した店舗を有効に利用するにはその店舗に近接して物置や住居があることが極めて必要であること，等の事情に鑑みれば，賃借人がこれを取り壊して，その敷地の範囲を

超えない部分に，ある程度耐久性があり，必要最小限度の居住用の建物（平家建て居宅，48.41㎡）を建て，青果物等の置場を店舗に近い場所に移したこと，などの行為は，久しく当該物置兼居宅に居住してこれを賃借家屋を使用するための便益に供していた賃借人としては，賃借家屋の利用を増進するためまことにやむをえないものというべきであって，賃貸人がこれを禁止することは，賃借人に対し劣悪，不便な生活条件を強要することになり不当であるから，賃借人の当該行為は，家屋の賃貸人により許容された敷地利用権の範囲を超えるものではないとし，解除を否定した。

判例【14】：最一小判昭46・7・1判時644・49

　事例判決であるが，借地上の建物賃借人が当該建物の敷地に建築した作業場がその敷地の使用収益権の範囲を逸脱し，その保管義務に違反するか否かが争われた事案である。建物賃借人は賃借建物およびその敷地の使用収益権の範囲を逸脱し，その保管義務に反するものということはできないとした。

判例【15】：最一小判昭50・7・10判時793・49

　本件は，借地上建物（木造瓦葺2階建て店舗，床面積1階，2階とも54.55㎡）の賃借人が，当該建物を改築する場合には，事前に改築部分につき図面による建物賃貸人の承認を得る旨の特約に反して建物賃貸人の事前承認を得ず，また，土地賃貸人の承諾を得ることもなく，当該建物の南側下屋部分を取り壊し，本件土地上に木造瓦葺2階建て店舗，1階29.826㎡，2階36.436㎡の建物を築造するため，本件土地上に角柱2本，当該柱を連結する鉄製アングル，支え材等を設置するに至った。

　そこで，土地賃貸人から建物賃借人に対し，本件土地所有権に基づき，本件土地上に建物の築造その他工作物を設置することの禁止（妨害予防）および本件土地上に設置した物件の収去（妨害除去）を請求したものである。

　最高裁は，建物賃借人が本件土地上にしようとする建築は，建物賃借人の敷地の使用収益の範囲を逸脱したものであって，建物賃借人が本件土地の所有権者である土地賃貸人の請求に従い同土地上から本件物件を収去すべき義務を負うとした原審の判断は，正当として是認することができるとした。

判例【16】：名古屋地判昭60・12・20判時1185・134

　本件は，スナック，バーの営業および居住を目的として賃借した共同住宅である建物の平家部分の上部にある鉄骨柱2本，木柱2本および本件賃貸建物の壁を支えとし，建物賃借人が本件賃貸建物の平家部分の屋根上に100羽の鳩を飼育する鳩舎を設置した。鉄骨柱および木柱は本件賃貸建物の敷地に設置されている。このような鳩舎設置行為は背信行為に該当し，本件建物賃貸借契約の解除原因となるかにつき争われた。本件鳩舎は，建物とはいえないまでも木造亜鉛メッキ鋼板葺2階建ての構造を有し，床面積15.66㎡に達するもので，本件賃貸建物そのものを支えとする相当大きな構造物であって，単に観賞用，愛玩用の鳥類を飼育するための鳥籠程度の工作物とは規模においてまったく異なるものといわなければならないとし，本件鳩舎が本件賃貸建物の敷地に基礎を置く鉄骨柱および木柱を支えの一部とする点で本件賃貸建物の敷地を利用していることは明らかであり，かつ，本件鳩舎の規模を考えれば，建物賃借人の敷地利用方法を逸脱しているものとみることは明らかであるとした。

　なお，本件賃貸借の賃料は銀行振込みになっていることおよび建物賃貸人と本件賃貸建物とは約400m程度離れていることの各事実が認められ，他に特段本件鳩舎の設置から本件賃貸借契約書の作成に至るまで建物賃貸人において本件賃貸建物の見回りをした等の事情も窺われないことから，本件鳩舎の存在が外部から容易に看取できるものであることの一事をもって建物賃貸人が本件鳩舎の設置を追認したものとはいえない。よって，本件行為は背信行為であるとして，本件賃貸借契約の解除原因になるものと判断した。

判例【17】：東京地判昭61・6・26判時1228・94

　本件は次のとおりである。建物賃借人が本件ビル（鉄筋コンクリート造陸屋根4階建て地下1階店舗）の1階55㎡のうち，北西側の本件店舗約19㎡を賃借しており，本件ビルの敷地のうち，本件土地3.37㎡は，本件店舗の北，北西，西側の歩道に面する幅員約46cmの本件ビル賃貸人の代表者個人が所有している土地であり，建物賃借人が本件土地を占有使用している。建物賃借人は，本件店舗で，カメラ，写真材料等の陳列販売および写真の現像等を営んでいる。建

物賃借人は，賃貸人の承諾を得て，本件店舗の全面的な内装，外装改造工事を行い，柱部分を除き足元近くまで全面一枚のガラス張りのウインドウとし，出入口も全面ガラスの一枚戸とし，道路から店内がほぼ完全に見透せるように改造し，カメラメーカーから広告テントの提供を受け，外壁上部に鉄枠を設けてこれを取り付けたこと，夜間には，ガラス面全体を覆い隠すことができるシャッターを取り付けたが，その柱は，本件土地上に建てられ，昼間は，中間の柱は本件土地上に横に置いて保管するようになり，そのシャッターの鍵は建物賃借人が所持していたこと，広告テントを取り付けた結果本件土地には，余り雨が当たらないようになり，建物賃借人は，そのことから，出入口両側の本件土地上に客の注意を誘うように建物賃借人の営業中はアルバム，カメラバック，写真材料等を載せたワゴンを置くようになったこと，本件店舗のエアコンの排水口が本件土地上に出ているため，建物賃借人は，これが詰らないよう保守管理をしていたこと，本件店舗の北，北西，西側の道路（ことに歩道）を通行する者は，前記ガラス面を通して本件店舗の商品の陳列を見て，商品を買うか否か考える状況にあること，建物賃借人の従業員は，前記シャッターの上げ下げの際には，本件土地内に入ってこれを行い，ガラス面の清掃についても同様で，建物賃貸人も数年間は建物賃借人のこのような本件土地の占有使用について格別の異議を申し立てることはなかった。

　このような状況下で，建物賃貸人は賃借人の本件の使用を妨害するかのように，本件土地の中央付近にタバコ自動販売機1台を設置し，本件店舗への出入口部分と販売機設置部分を除くほぼ全体に，ブロック石製の花壇6基を設置した。建物賃借人が当該妨害に対し，本件土地については，賃貸借の目的物である本件店舗に付随して占有使用する権利があるとして，占有使用の妨害の禁止を求めたものである。

　これにつき判決は次のとおりである。すなわち，ビルの1階店舗の賃借人が，一般的に，当然に当該ビルの敷地を使用する権利を有するとはいえないが，ビルの1階店舗の構造，外観，敷地との位置関係，店舗の業種，契約内容，現実の占有使用態様等によっては，用法に限界があるとはいえ，道路に面

する敷地について，賃貸借の目的物である店舗に付随してこれを使用する権利を有する場合があり，その有無は，具体的事案によって判断されるべきものというべきである。本件については，建物賃貸人も数年間はこれを事実上許容していたものとみることができ，建物賃借人は，本件土地を本件店舗に付随して使用する権利を有するものであるとし，本件土地上の占有使用の妨害禁止を求める請求については，賃貸借契約に基づき理由があるとして認容した。

判例【18】：東京地判平4・4・21 判タ 804・143

　本件は，賃借店舗の敷地に無断で建物等を建てた行為が賃貸借契約当事者間の信頼関係を破壊するものであり，契約解除をなしうるかが争われた事案である。賃借建物は建築材料販売等ホームセンター用店舗であり，建物の賃借人が賃借建物の敷地上に建物等の工作物を設置し，また，本件建物に改修を加えたことが，建物賃貸借に伴う敷地利用権や建物使用権の範囲を逸脱し，契約当事者間の信頼関係を破壊するものとして解除原因となるか否かについては，賃借人が敷地上に設置した工作物や建物に設置した造作について，賃借建物の用法との関係，規模，構造，賃借建物への影響等を検討するのはもとより，賃貸人の承諾の有無や，建築および設置の経緯を考慮して判断することが不可欠であるとの一般論を示した上で判断を下すものであるが，本事案は，本件建物の改築，増築，修繕その他本件建物の現状に変更を来たすような一切の造作加工または模様替えをなすには，賃貸人の書面による承諾がなければならないとされていた。ホームセンターの場合，扱われている商品の多様性や性質，形状，重量などから，建物の敷地も屋外の売場として使用されていることが一般的であり，また，自動車等により来店する客のための広告塔等の設置の必要性も認められるところであるから，設置物の用途，大きさ，構造等の点で合理的に認められる限度においては，賃貸人の承諾がなくとも，その敷地に売場や付属設備を設置することができるというべきであるとするも，本件土地上には，独立の建物としての構造を備えた建築物もあること，その占有面積は広範に及び，本件建物敷地のうちの空地の相当部分を占めること，さらに，店舗としての効用を全うするためにこれらの建築物を設置するなどして本件土地を利用する必要

があれば，本件土地に賃借権を設定することも可能であり，またそのようにすべきであることを考慮すれば，賃借人の設置した本件土地上の建築物等が，当該設置の事実だけをとらえて直ちに信頼関係が破壊されたとはいえないとしても，本件賃貸借契約に伴う敷地利用権の範囲にとどまるとはいいがたい，とし，さらに，本件土地の利用状況を現状のまま固定することを前提とした和解が検討されている最中にも，無断で工作物等を設置している賃借人の行為は，信頼関係を破壊するものであると判断している。

(2) 分析検討

① 建物賃貸借に従属，随伴する敷地使用権

以上の判例によれば，いずれの判例も，建物の賃借人は，当該建物賃借権の存続する期間内において，当該建物の敷地を建物使用の目的の範囲内で使用することができるとしており，これは最高裁判例である判例【7】【9】【14】【15】により認容されている（判例【1】は敷地使用の対価を家賃に包含して支払っているか否かに関係なく，建物使用の目的の範囲内で敷地を使用することができるとしている）。建物賃貸人も敷地の賃貸人も建物使用の目的の範囲内における建物賃借人の敷地使用を妨害することはできない（判例【7】【11】）。

そして，この権能に対する対価は無償であることを示すもの（判例【3】）と，敷地の賃料が家賃に包含された形での賃貸借，すなわち有償であるとするもの（判例【2】は，「元来本件家屋のように住宅用の独立した家屋についての賃貸借が，その敷地をも含めてなされることは当然であって……」と判示している[3]）とがある[4]。そして，建物の賃貸借と主従の関係にあり，建物の賃貸借に従属し，随伴する（判例【3】【8】）。また，敷地の占有使用につき建物賃貸人および土地所有者の同意は不要である（判例【4】）とし，検討したいずれの判例も当該敷

---

[3] 後藤清「建物賃借人の敷地使用権」民商 39・1＝2・3・40（1959）
[4] 判例【1】は，空地（敷地）使用料が本件家屋の家賃に算入せられていることを認定していることから，事案における敷地使用権は有償（賃貸借）であると判断される（後藤・前掲注(3)40）が，敷地使用権は敷地の地代相当額を家賃に包含して支払うことによって差異が生ずるものではないと判示していることから，無償での敷地使用権も当然に認容している。

地使用権は無償なのか有償なのかの疑義はあるもののの，建物の賃貸借への従属性・随伴性に疑義を呈していない。

さらに，判例【3】は，建物賃貸借の目的の範囲内における敷地使用権の法的根拠を建物賃貸人と当該賃借人との使用貸借関係であるとする。その他の判例はこのように敷地使用権の根拠が使用貸借関係である旨を明言するものはない。思うに当該敷地使用権が建物の賃貸借への従属性・随伴性を有するものである以上，敷地使用権を有償であるとして家賃に包含する，あるいは無償であるとして取り扱うという点については建物賃貸借契約当事者間の単なる合意の問題であって，それは事案によって千差万別であり，有償の場合もあれば無償の場合もあり，いずれも法的に有効なのである。したがって，事案によって，敷地使用権における建物賃貸人と当該賃借人との関係は使用貸借関係である場合もあれば賃貸借関係の場合もあるのである。

ところで，判例【7】は，数ある借地上の建物の賃貸借の事案にあって，土地賃貸人と建物賃借人との敷地使用の関係について明示したものであるが，土地賃貸人が土地賃貸借契約時において建物賃借人による土地使用を容認しており，その容認を前提として建物賃借人による敷地利用権が認められるとする間接的構成をとっている。しかし，この理は借地権付建物の賃貸借の事案に限らず，建物およびその敷地を建物賃貸人が有している場合であっても同様にあてはまる。すなわち，建物賃貸人は土地（敷地）所有権者として建物賃借人に当該土地（敷地）の使用を容認しているのであり，その容認を前提に建物賃借人が当該土地（敷地）を利用できるのであり，当然の理を述べたにすぎないといえる。異なる点は，建物およびその敷地が同一人によって所有されている場合は，当該土地所有者が当該建物賃貸借契約の当事者だという点である。

② 建物使用の目的の範囲

敷地使用は建物使用の目的の範囲内でなければならない。その根拠条文は民法616条の賃借人の用法遵守義務等である。

建物使用の目的の範囲内であるか否かにつき，判例【1】は一般論として，a．宅地の賃借人のごとくその敷地に建物を建築することは許されない，b．

建物使用のために容易に収去し得る仮設建物は可能であり，c．敷地の保管義務に違反しない程度のものは可能である，とする。さらに，最高裁判例である判例【9】は，賃借建物の改造工事を伴う工作物の敷地への設置等の場合には，d．賃借建物の構造に変更や変動が生ずるものではないことを要件に挙げている。

敷地の保管義務とは賃借目的物である賃借建物等の特定物の引渡しの場合の注意義務（民400）を意味するのであるが，それは同時に民法616条の問題としても捉えられている[5]。つまり，賃借建物の善管注意義務（民400）の問題は建物賃借人の賃借建物の用法違反の問題（民616）でもあるのである。建物賃借人は，建物賃貸借契約またはその賃借建物の性質によって定まった用法に基づき，必要な範囲でその敷地をも使用できるのであり，当該占有敷地も引渡しを受けた建物の従たる部分として同時に引渡しを受けているものであることから，建物賃借人に当該敷地部分の善管注意義務も課され，当該敷地使用は賃借建物の用法に反してはならないのである。

賃借建物の用法に適する具体的な使用としては次のとおりである。判例【1】は集合貸室（アパート）の一室を営業店舗に使用する目的で賃借した事案につき，物置，家庭菜園は賃借建物の用法に適する使用であるとしている。判例【11】も，共同賃貸ビルの一室の賃借事案で，簡易な物置等の設置を認容するものの，当然に設置できるというものではないとの一般論を示す。また，既存の井戸および既存便所の使用，既存の物干場の使用，そして営業に必要な荷ほどき・空箱の整理場としての使用は店舗用集合アパートの賃借人の生活および営業に必要なものであり（判例【3】），建物賃借人に必要な作業場（判例【14】），共同賃貸ビルの1階の一部を店舗として利用する建物賃借人が，当該ビルの敷地を当然に使用する権利はないが，その構造，外観，敷地との位置関係，店舗の業種，契約内容，現実の占有使用態様等によっては，敷地のある特定の部分を店舗に付随して使用する権利を有するとしている（判例【17】）。

また，ホームセンター等の賃借店舗においては，屋外の売場としての建物敷

---

[5] 金山正信＝金山直樹『注釈民法（10）I』195頁〔奥田昌道編〕（有斐閣，2003）

地の使用，自動車等により来店する客のための広告塔等の設置も，その用途，大きさ，構造等の点で合理的に認められる限度においては，賃貸人の承諾なくとも賃借建物の用法に適する使用に含まれる（判例【18】）としている。

　なお，賃借建物の用法に反する使用であっても，賃貸人の明示もしくは黙示の承諾があれば認容される（判例【12】：賃借人の長男が営業用建物を所有，要件a，bに違反するも賃貸人が黙示的に承認しているものと判断された，判例【6】：要件に反する増築ではないが，賃貸人の承認が容認理由として追加された）。

　一方，賃借建物の用法に反する使用としては次のものがある。一戸建てである住宅用建物の賃借の事案で，5坪程度の工場の建設（判例【2】【4】：主に要件a，bに違反），飲食店向屋台の設置（判例【5】：要件a，bに違反），バラック建てに類する店舗の増築（判例【8】：要件a，bに違反），一戸建て店舗の賃借の事案で，当該建物1階の一部を取り壊した上での増築（判例【15】：要件dに違反），店舗兼居住用共同賃貸ビルの一室の賃借で，当該建物の柱を利用した規模の大きな鳩舎（判例【16】：要件dに違反）がある[6]。

(3) 敷地使用権の法的根拠

① 学説にみる敷地使用権
—判例と学説との比較—

　判例における敷地使用権は，イ．建物賃借権の存続期間中存続する，ロ．建

---

[6] 判例【13】は，八百屋として使用する目的での一戸建て建物の賃借で，これまで居住していた物置兼居宅を腐朽の程度が激しいことから取り壊し，敷地内に居住用建物を建築した事案で，家屋の賃貸人により許容された敷地利用権の範囲を超えるものではないとされたものであるが，客観的にみれば要件a〜cに反するものといえる。しかし，これについては，入居後今日まで当該営業を継続する目的で賃借し，入居後今日まで引き続いてこれを営み，今後も八百屋を続ける意思を有すること，家主の側でもこれを熟知しており，特別の事情のない限りなお相当の期間にわたり本件家屋の賃貸借契約が継続することが予想されていたこと，その間家賃の不払い等の紛議を生じたこともなかったこと，等の事情，およびこれまで居住していた旧物置兼居宅（6.6㎡，付属居宅7.26㎡）の腐朽の程度がはだはしいこと，賃借した店舗を有効に利用するにはその店舗に近接して物置や住居があることが極めて必要であることのそれぞれの事情が相俟って，賃貸人の黙示の承認の域に達したものと判断した事案ではないかと思われる。

物使用の目的の範囲内での使用に限定される，ハ．建物の賃貸借と主従の関係にあり，建物の賃貸借に従属し，随伴する，ニ．建物賃貸人および土地所有者の同意不要，ホ．建物賃貸人も敷地の賃貸人も建物賃借人の敷地使用を妨害できない，といった性質を有するものと捉えている。

学説も，建物賃借人は，その建物の用益のために，合理的な範囲で当然に周囲の土地を用益し得る[7]とする。その法律構成につき星野説は，建物賃貸借契約はいちおう建物について存するが，建物賃貸人は建物賃借人をして当該建物の使用・収益をさせる債務を負うから，その限りで，建物の使用・収益に必要不可欠な建物以外の物をも利用させる義務があり，建物賃借人もその範囲で，土地使用権を有するものである。

そして，これは借家契約に付随しこれとその運命を共にする[8]としているのに対し，廣瀬説は，建物賃借人による敷地占有権能は，建物賃借権に従たるものであるとする点は星野説と同様であるが，敷地占有権能は建物の賃借権能に包摂せられている権能にすぎず，建物賃貸人は，賃貸借によって，常に自己の有する敷地占有権能を建物賃借人に委譲すると解しなければならないとしている[9]。さらに廣瀬説は，建物と敷地とが同一所有者に属する場合，建物賃貸人は建物所有権者として完全な建物敷地の使用権を有するのであるから，その敷地使用権限の譲渡を受けた建物賃借人は，登記され第三者対抗力を有する建物所有権に包含せられた敷地占有権能に基づき，すべての者に敷地占有の正当性を主張できるとする[10]。

星野説は，建物賃借人に対し，建物賃貸人が，建物の使用・収益に必要不可欠な建物以外の物をも利用させる義務を有しており，建物賃貸人が当該義務を履行することにより，建物賃借人が敷地を使用できるとしているのに対し，廣瀬説は，建物賃借人が建物賃貸人の敷地占有権能の全体の譲渡を受けていると

---

[7] 我妻栄『債権各論　中巻一』450頁（岩波書店，1957）
[8] 星野英一『〈法律学全集 26〉借地・借家法』614頁以下（有斐閣，1969）
[9] 廣瀬武文『借地借家法の諸問題』42頁以下（日本評論社，1959）
[10] 廣瀬・前掲注(9)42頁以下

の構成を採っていることから，廣瀬説の方が，建物賃借人による敷地使用の範囲やその程度を広く捉えているものということができるといえそうであるが，借地上の建物が賃貸せられた場合につき，廣瀬説は，借地人は，自己の有する敷地占有権能のすべてを建物賃借人に対して伝承せしめるのではなく，その居住に必要な範囲において伝承せしめるものとしている[11]ことから，建物と敷地とが同一所有者に属する場合にあっても「必要な範囲」のみが建物賃借人に伝承されるものと廣瀬説が捉えているものと考えるのが妥当であろう。そうであるならば，建物賃借人は「必要な範囲」についてのみ敷地使用権を有しているという点につき，星野説も廣瀬説も同見解ということになる。

　以上，学説は敷地使用権を判例とほぼ同様のものであると捉えているものといえる。すなわち，学説は，敷地使用権は建物使用の目的的範囲内での使用に限定されるもの(ロ)であり，建物の賃貸借と主従の関係にあり，建物の賃貸借に従属し，随伴するもの(ハ)であることを明言しており，それは同時に建物賃借権の存続期間中存続するもの(イ)である。

　また，建物賃貸人に建物の使用・収益に必要不可欠な建物以外の物（つまり敷地）をも利用させる義務がある（星野説），建物賃貸人は，賃貸借によって，常に自己の有する敷地占有権能を建物賃借人に委譲するもの（廣瀬説），との表現は，建物賃借人による敷地使用につき建物賃貸人の同意はなんら問題とならないことを意味している。

　そして，星野説は，建物賃貸人から建物賃借人に対し不法占有を理由に明渡しを求めることができないのは当然であるとし，廣瀬説は，敷地占有が建物所有者である建物賃貸人によって侵害された場合（たとえば，建物賃貸人がほしいままに敷地上に建物を築造したとき）には，建物賃貸借契約に基づき撤去を求めることができるとしており，それは判例が示す建物賃貸人は建物賃借人の敷地使用を妨害できないとする性質(ホ)を示している。また，第三者によって侵害された場合（たとえば，第三者がほしいままに敷地上に建物を築造したとき）には，

11　廣瀬・前掲注(9)42頁以下

建物賃借人は占有訴権によって撤去を求めることができる[12]としている。

さらに、いずれの学説も借地人の有する敷地使用権限内において建物賃借人が敷地使用権を有するとしていることから、建物賃借人による敷地使用権は土地所有者の関知するところではなく、土地所有者の同意は不要であり(ニ)、敷地の賃貸人は建物賃借人の敷地使用が借地人の敷地使用の範囲内である限り、妨害をすることができないことになる(ホ)。

ただし、敷地使用権が有償であるか無償であるかについては、両学説ともその回答を示すものではないが、後藤説は両者の存在を容認する[13]。

なお、建物賃借人が当該権利または許容された範囲を超えて土地を使用した場合には債務不履行となり、建物賃貸人は、その軽重に応じ、当然に違反行為の差止請求と原状回復の請求、通常の解除、無催告解除そして損害賠償を請求し得る[14]。

―借地上の建物賃借人による敷地使用権―

星野説は敷地使用をさせることを賃貸人の債務として捉え、廣瀬説は敷地使用権を建物所有権に包含される権利として物権的に捉えている。いずれも、借地人の有する敷地使用権限内において建物賃借人が敷地使用権を有する[15]とするのみであるが、後藤説は、敷地所有者の借地権設定の意思表示のなかには、建物使用の目的の範囲内においてはその敷地を建物賃借人が占有使用することを包括的に認容する意思表示が、特約（建物賃貸の禁止）のない限りは、当然に含まれていると解せざるをえないとし、建物賃借人は、敷地所有者に対する関係においては、独立の占有者ではなく、借地権者（＝建物賃貸人）の権原を援用してのみ敷地の占有を主張することができ、敷地の保管義務については、借地権者の履行補助者の地位に立つものとする[16]。

いずれにしても、学説は、敷地使用権には、建物およびその敷地を同一人が

12　廣瀬・前掲注(9)48頁以下
13　後藤・前掲注(3)40以下
14　我妻・前掲注(7)450頁、星野・前掲注(8)614頁以下
15　星野・前掲注(8)614頁以下、廣瀬・前掲注(9)42頁以下
16　後藤・前掲注(3)40頁以下

所有する場合の建物賃借人による敷地使用権と借地上の建物賃借人による敷地使用権とが存するが，敷地使用権自体は全く同じ性質を有する使用権能であって，単に後者は敷地所有者との関係が加わるにすぎないものといえる。
―敷地使用権の範囲―
　学説は敷地使用権の範囲を次のように捉えているが，いずれも判例の考え方を基礎としている。
　すなわち，道路から建物に入るための通路，その他建物使用のため最低限必要な敷地の利用であり，これらに随伴して物干場を設置すること，庭や家庭菜園を作ることなども許される。これらを認めないと，建物自体を賃貸借することの意味がなくなるからである。建築してよい建物については，撤去可能な簡易建築であれば，物置，風呂，便所など（賃貸家屋にない場合），進んでプレハブの仕事場や子供部屋など（取壊し容易なもの）を建設すること，特にこれを禁止する特約で合理的なものがない限り，許されていると解すべきである。これらは建物の使用・収益にほとんど必然的に伴うことだからである。そして，小さな花壇を作ることを禁止するようなものは，不合理であって無効と解されるが，原状回復困難な石垣や池を作ることを禁止するのであるならば有効である[17]，とする。
　また，使用できる敷地の範囲であるが，塀・垣根に囲まれた比較的狭い一画に一戸の建物だけがあり，その全部を賃貸している場合には問題ないが，一画が広い場合には，相当の部分とそれを超える部分とを分けて考えるべきである。一棟の建物が数戸に分かれている場合，たとえば集団住宅の場合，敷地の「原状変更」と敷地内における工作物の築造には，建物賃貸人の同意を要するとしている特約が多いが，居住者が多く，勝手に敷地を変更されては困るという集団住宅の特殊性から，合理性があり，有効である。敷地に存在する物（井戸など）についても，一定の範囲で使用・収益ができると解される[18]。
　さらに，後藤説は，建物賃借人が敷地に建築した建物は，賃借建物の返還に

17　星野・前掲注(8) 614 頁以下
18　星野・前掲注(8) 42 頁以下

あたって賃借人において収去の義務があり，敷地の使用関係が賃貸借であるとしても，建物の所有を目的とする独立の賃貸借ではなく建物の賃貸借に従として一体をなす関係から，借地借家法による建物買取請求権の成立の余地もないのであるから，賃借建物にとって有益であるかどうかを考慮することは無用である，とするが，私見としてはこの点は疑問である。なぜならば，建物賃貸人の承諾を得なくともこれら建物は建築することのできるものであり，それは建物賃貸人が許容しているものと解釈することも可能であり，これはいわば賃貸建物に付加された造作と捉えることができる。そうであるならば，建物賃貸借終了時に建物賃借人によりかならず収去しなければならないものではなく，むしろ建物賃貸人に対し買取請求も可能なものということがいえよう。

② **敷地使用権と使用貸借**

判例【3】は敷地使用権の法的根拠を建物賃貸人と当該賃借人との使用貸借関係であるとする。ここでは敷地使用権が使用貸借であるか否かにつき検討する。

これら性質のいくつかは判例【3】の示すとおり，使用貸借契約に共通する。

使用貸借契約の成立要件として，借主が，目的物につき，使用・収益しうべき債権を得，貸主がその債務を負うことの合意の成立，借主の使用・収益が無償であること，使用・収益した後その物を返還するという合意，目的物の貸主より借主への引渡し，のいずれもが必要[19]であり，その法的性質[20]はa. 時間を限っての物の使用収益権，b. 無償契約，c. 要物契約，d. 片務契約，e. 継続的債権関係，である。

敷地使用権と使用貸借契約とを比べてみるに，敷地使用権は建物賃借権の存続期間中存続する(イ)ものであり，時間が限定されている点（a），継続債権関係である点（イ，e）は共通である。

また，敷地使用権がその使用・収益につき，建物賃貸人の同意を要しない(ニ)ということは，敷地所有者（＝建物賃貸人）は，使用借主たる建物賃借人によ

---

19 山中康雄『注釈民法（15）』94頁以下〔幾代通＝広中俊雄〕（有斐閣，1989）
20 山中・前掲注(19)81頁以下

る当該敷地の使用・収益を容認するという，いわば使用貸借契約と同様の消極的債務を負うものであるということを意味している[21]。

建物賃貸人は建物賃借人の敷地使用を妨害できない点(ホ)についても，使用貸借契約と同様であるといえ，建物の賃貸人と賃借人とは敷地の使用貸借契約の当事者とはなりえないが，敷地使用権が建物の賃貸借に従属し，随伴する権利(ハ)であることから，建物賃貸借契約の中の一つの特約であると見ることができ，当該特約上の権利行使を妨害すれば貸主の債務不履行が成立する。

さらに，敷地使用権が，建物使用の目的の範囲内での使用に限定される点（たとえば建物使用が「居住の目的」であれば，その目的の範囲内に敷地使用が限定される）(ロ)は，使用貸借契約でいうならば，その使用・収益の目的を定めた場合（民597ⅡⅢ）に匹敵する。

以上のように，敷地使用権と使用貸借契約とは多くの点で類似の性質を有する。

また，使用貸借契約はそれ自体独立した契約であるから，当事者間で使用・収益期間を決定できるのに対し，敷地使用権は，建物の賃貸借と主従の関係にあり，建物の賃貸借に従属し，随伴する(ハ)ことから，異なる点は，建物賃借権の存続期間によって左右される点である。そして，建物賃貸借に従属し，随伴するということは，たとえば，借地上の建物の賃貸借契約の場合に，その敷地使用にあたって，直接の契約関係にない土地所有者（敷地賃貸人）の同意は不要であり，建物使用の目的の範囲内での敷地使用であるならば，土地所有者（敷地賃貸人）は敷地使用につき妨害することもできない[22]のである。

さらに，使用貸借契約は要物契約（c）であるが，敷地使用権は，建物の賃貸借に従属し，随伴する権利(ハ)であって，建物賃貸借契約が諾成契約であることから，要物性は否定されるべきものと思われる。

---

21 山中・前掲注(19)81頁以下
22 敷地使用が土地所有者（敷地賃貸人）によって妨害されたとしても，建物賃借人との間に債務不履行が成立する根拠はなく，不法行為責任のみが土地所有者（敷地賃貸人）に成立することになろう。

なお，敷地使用権が無償か有償かという点は重要である。なぜならば，無償であることが使用貸借契約のメルクマールであるからであり，有償，つまり，敷地使用権料が（契約上明示であるか黙示であるかを問わず）家賃に包含されているのであれば賃貸借契約となるからである。

使用貸借か賃貸借かという点は，次の点に影響する。すなわち，敷地使用が第三者から侵奪，あるいは妨害を受けたときに，妨害排除請求ができるかどうかである。対抗力ある賃借権[23]であれば妨害排除請求ができるが，使用貸借ではそれができない[24]。使用貸借の場合は，占有訴権により妨害排除ができるのみである（もちろん賃貸借の場合も賃借人は占有訴権を行使できる）。

この点につき，明示がなければ敷地使用権は無償であって，その法的性質は使用貸借関係であると捉えたとしても，建物賃借権に従属し，随伴するものであることから，建物賃借権に基づく妨害排除請求権を敷地使用の妨害に対しても行使できるとする考えもあろうが，筆者は，敷地使用権の使用料は，明示されていようが黙示であろうが，常に家賃に包含されていると捉える。したがって，敷地使用権も対抗力ある建物賃借権の一部であり，その妨害に対しては当該建物賃借権に基づいて妨害排除請求権が行使できるのである。その方が妨害排除請求権の行使を直截的に捉えることができ，素直な法的構成であると思われるからである。

(4) 建物賃借人の敷地使用権の法的根拠

これまで見てきたように，判例においては，建物賃借人の敷地使用権は，建物の賃貸借と主従の関係にあり，建物の賃貸借に従属し，随伴するものと捉えている。これは，敷地使用権は建物の賃借権とは別個の権利であることを意味

---

23 建物賃借権は引渡しさえあれば対抗力を確保でき（借借31 I），対抗力が従たる権利である敷地使用権にも及ぶ。
24 山中康雄教授は，大多数の学説・判例と異なり，使用借権に基づく返還請求権あるいは妨害排除請求権を取得すると解している。その理由として，本権ではない占有に占有訴権があることが規定されているのだから，本権である使用借権にこれに相当する原状回復請求権を否定するのは妥当ではないからであるとする（山中・前掲注(19)96頁以下）。

している。つまり，建物の賃貸借契約によって建物賃借人は建物内部の使用収益権を取得し，それとは別に敷地使用権が建物使用に必要な範囲内で認められるということを意味するのである。

しかし，判例は賃借権とは別個である敷地使用権の法的根拠を明確に示していない。

星野説は，建物賃貸人の債務として建物賃借人に敷地使用させる義務があるとするが，それはあくまでも債務の内容についての問題であって，債務が履行された場合の敷地使用権の法的根拠を示すものではない。

債務が適法に履行された場合の敷地使用権の問題は廣瀬説のように物権的に解決することが必要となる。すなわち，建物と敷地とが同一所有者に属する場合，自己借地権の設定は否定されているものの，あたかも敷地使用権限が建物賃借人に譲渡されたものとして扱い，当該敷地使用権限が建物所有権に包含されているものと捉える[25]ことにより，敷地使用権は建物賃借権とは別個の権利ではなく，同一の権利であり，その法的根拠は建物所有権の権能の一部であると明確に示すことができる。

この考え方は，借地上の建物賃借人による敷地使用権についても妥当する。つまり，借地上の建物賃借人は，建物所有者である借地権者が有する敷地使用権の全部あるいは一部を譲渡されており，当該敷地使用権は建物所有権に包含されていると捉えるのである。しかし，このとき，後藤説のように敷地所有者の借地権設定の意思表示のなかに，建物使用の目的の範囲内においてその敷地を建物賃借人が占有使用することを包括的に認容する意思表示が，当然に含まれていると解する[26]などの意思擬制が必要になる。このような意思擬制が必要になるのは，土地賃借権の譲渡に土地賃貸人の承諾が必要とされているからである（民612Ⅰ）。借地上の建物賃貸借の場合，実際に建物賃貸人が建物賃借人のために敷地所有者と交渉することもあろうが，多くは何らの交渉もなく，建物賃貸借がなされる。

---

25 廣瀬・前掲注(9)42頁以下
26 後藤・前掲注(3)40頁以下

このような意思擬制を要しない解釈として，廣瀬説をさらに進め，建物賃貸借契約の締結の有無とは関係なく，建物所有権にはその内容の一部としてすでに敷地使用権能が包含されていると捉える解釈はどうであろうか。そのように捉えれば，建物と敷地とが同一所有者に属する場合にあっても，借地上の建物賃貸借の場合にあっても，意思擬制を要せず，敷地使用権限の法的根拠を明確に示すことができる。

3. 置き去りにされた建物所有権

(1) フランス法を範とする不動産所有権

所有権は各種の諸権能の集合を指す言葉であり[27]，民法 206 条で所有権は使用，収益および処分をする権利であると規定されているが，これは所有権は使用・収益・処分権能の束であると規定していることになる[28]。したがって，建物所有権もその内容は使用・収益・処分権能の権利の束ということになる。

しかし，建物所有権の内容はそれだけでよいのであろうか。

不動産所有権という場合，それは主に土地所有権を指すといっても過言ではない。それというのもそもそも現行民法典は明治政府の御雇外国法学者ボワソナード（G. Boissonade, 1825-1910）がフランス語で起草した法案（以下，民法草案という）を出発点としている。つまり，フランス法を範としているのである。フランスをはじめとする欧米の国々では「地上物は土地に従う」という原則があり，建物は土地の一部と観念される。つまり，建物を土地としてみているのである。もちろん，ドイツにおいてもしかりであり，ドイツでは，建物が地盤に結合する限りで，土地の本質的構成部分とされており（ドイツ民法 94 条

---

[27] 鈴木禄弥『物権法の研究　民法論文集 1』131 頁以下（創文社，1976），横山美夏「最二小判昭 33・6・20 判批」『民法判例百選 1 総則・物権』99 頁（有斐閣，第 6 版，2009）
[28] 加藤雅信＝加藤新太郎編著『現代民法学と実務（上）―気鋭の学者たちの研究のフロンティアを歩く―』319 頁以下（判例タイムズ社，2008）

1項），建物の所有権の独立性は否定されている[29]。したがって，不動産所有権という場合，これら欧米の国々では土地所有権を指すのである。

(2) 建物が土地とは別個の不動産となった経緯

わが国は周知のとおり建物は土地とは別個の不動産となっている。その根拠条文はわが国民法の抵当権の章に規定する民法370条にある。すなわち，「抵当権は，抵当地の上に存する建物を除き，その目的である不動産に付加して一体となっている物に及ぶ。……」（民370）と規定し，抵当権の効力の及ぶ範囲から建物を除外しているのである。なお，建物が土地とは別個の不動産となった経緯の概略は以下のとおりである。

フランス民法は，抵当権を設定できる財産のみを規定する。これに対し，民法草案は，設定できる財産とそうでない財産とを分離して列挙している。これらの財産の種類は，フランス民法における解釈を基礎としているが，ボワソナードはフランス民法が債権とする賃借権を物権に含めたことによって，賃借権への抵当権の設定を可能とした。

ボワソナードは，土地とその上の建物・立木が同一所有者に属するとき，土地と建物・立木を分離して別個に抵当権を設定することを許さない。なぜなら，差押，そして競売によって土地と建物・立木が別々の所有権者に属することから生ずる紛争回避を考慮したからである[30]。

わが国においては，「建物書入質規則」（明8・9・30太政官148布告）が建物自体の抵当権設定を認めており，立木のみについて担保を設定する慣行が存在した。ボワソナードは，このような法制，慣行を廃棄しようとしたのであるが，この案は法律取調委員会の審議において削除されてしまった。審議での土地と建物別個の抵当権設定は「都合次第デアリマス家丈ケハ残シテ地面丈ケ置クト云フハ互ノ都合ニ任シテ宜シイ」との尾崎三良委員の意見や，「土地ト樹

---

[29] 内田貴『民法II』167頁（東京大学出版会，第2版，2007）
[30] 藤原明久「ボワソナード日本民法草案における抵当権の性質・目的物・種類—旧民法における抵当権の前提—」神戸30・3・660（1980）

木ハ別ニスルガ樹木ガ土地ニ着イテ居ルカラ不動産タルハ免レン」との渡正元委員の意見がボワソナード案の削除決定に導いたものと思われる。旧民法でもこの削除は貫かれた[31]。

その後の審議においても箕作麟祥委員による「ソレニ拘ハラズ家ト地面ト離スコトハナラント云フノハ詰ランコトダト思ヒマス」との意見もあって，土地および建物を所有する者が，土地を分離して建物のみを抵当とすること，および建物を分離して土地のみを抵当となすことを禁ずる部分が削除されてしまった[32]。

土地との経済的一体性を有する建物・立木の当該土地との分離を阻止しようとしたボワソナードに対し，土地と建物等とを別個のものとして主張する編纂委員の意見により，土地とその地上建物との経済的一体性を分断する素地がここで築かれた[33]。

旧民法典は，施行されないままその内容を「修正」することが決定され，梅謙次郎・富井政章・穂積陳重の3人を起草委員として新たに組織された法典調査会（明治26年設置）において審議が行われ，その成果として，明治民法典が成立する。その前三編（総則・物権・債権）部分（明治29年法律第89号）は，今日において，若干の修正を受けただけで，基本的には「現行民法典」として通用しており[34]，当然，建物が土地とは別個の不動産である点も「現行民法典」に受け継がれている。

(3) 所有権の類型化

以上，わが国不動産所有権はフランス民法を範としたことから，民法草案

---

31 藤原・前掲注(30)661。なお，各委員の発言は法務大臣官房司法法制調査部監修『日本近代立法資料叢書10 法律取調委員會 民法草案財産擔保編議事筆記 自第77回至81回』94頁（商事法務研究会，1988）参照。
32 法務大臣官房司法法制調査部監修『日本近代立法資料叢書11 法律取調委員會 民法擔保編再調査案議事筆記』106頁（商事法務研究会，1988）。
33 松田佳久『不動産担保価値論』18頁（プログレス，2004）。
34 ボアソナード民法典研究会編（代表　大久保泰甫）『ボアソナード氏起稿　註釈　民法草案　財産編　第1巻』序文1頁（雄松堂出版，1999）。

は，建物は土地の一部であるとの構想の下，作成されている。旧民法典，明治民法典，現行民法典において建物は土地とは別個の不動産であると規定されているにもかかわらず，民法学者による不動産所有権の研究にあっては土地所有権の研究に多大な精力が費やされ[35]，建物所有権の研究はほとんどなされていない現状を見るに，これら民法学者の不動産所有権に関する根本的な認識として，欧米の不動産所有権と同様，建物は土地の一部であるとの認識があるものと推認される。

しかし，わが国では建物と土地は別個の不動産であると規定されている以上，土地所有権だけの考察では不十分であり，また，土地所有権の内容がすべて建物所有権にもあてはまるとも思えない。不動産には宅地，建物，農地，林地などがあり，不動産所有権一般について論じることは困難になっている現状からして，それぞれが果たす社会的機能に応じて所有権の構造が異なるものであり，その機能差にもかかわらずすべての所有権を同一の平面で取り扱い分析することはできない。

そこで，不動産所有権は類型別に考察することが必要となる[36]。建物は土地上に存することから，特に土地使用権の問題とも絡めて論じなければならないという他の不動産にはない特殊性を有することから，建物類型として土地とは別に所有権の内容を考察する必要があるものと思われる。

---

[35] 戒能通孝「日本における政治過程と所有権—所有権の構造に反映した生産者群と寄生者群」都法3・1＝2・35（1963），甲斐道太郎「所有権と所有—近代的土地所有権史研究のための覚書（1）」甲南論集6・2・48（1958），同「所有権と所有—近代的土地所有権史研究のための覚書（2）」甲南論集6・4・18（1958），山中永之佑「地租改正と土地所有権制度の形成—福島正夫著『地租改正の研究』〔増補版〕をめぐって」民商64・1・3（1971），水林彪「日本近代土地法制の成立—土地所有の財政法的媒介諸形態と所有法的媒介諸形態との統一的視角から」法協89・11・84（1972），池田恒男「戦後近代的土地所有権論の到達点と問題点—その原点に立ち帰って（一）」法雑35・3＝4・1（1989），同「戦後近代的土地所有権論の到達点と問題点—その原点に立ち帰って（二）」法雑36・2・1（1989），大澤正俊「所有権の成立と変貌—明治初期の土地立法から戦時統制法まで」横浜市立大学論叢社会科学系列54・1・33（2003）ほか
[36] 野村好弘＝小賀野晶一『新版注釈民法（7）』316頁〔川島武宜＝川井健編〕（有斐閣，2007）

(4) 建物所有権の再考察

　建物所有権の内容を考察するとき，「2. 建物賃借人の敷地使用権の内容」で見てきたように，建物そのものを利用するにあたって必要な範囲における敷地使用権能が建物所有権の内容として包含されているものと捉えることができるのではないだろうか。

　建物所有者も建物賃借人も建物所有権の内容として包含されている敷地使用権能を行使し，敷地を必要な範囲で使用することができるのである。建物賃貸人が建物所有者である場合には，その建物所有権の内容のうち，建物自体および敷地における賃借に必要な範囲の使用権能を建物賃借人に譲渡するのである。他人物である建物の賃貸人は他人が有する建物所有権のうち，建物自体および敷地における賃借に必要な範囲の使用権能を建物賃借人に移転する債務を履行することになる（民560）。そして，建物賃借人は当該使用権能を行使することにより，賃借に必要な範囲の敷地を使用することができるわけである。

　敷地使用権能は建物所有権の内容であることから，建物所有権が対抗力を有する場合は，当該敷地使用権能を第三者に主張できる。また，建物所有者が敷地を不法占拠し当該建物を建築した場合，当該敷地使用は当然に土地所有者から妨害排除される運命にあることになる。

　さらに，建物賃借に必要な敷地の範囲において第三者がその使用を妨害した場合，建物賃借人は，建物の引渡しを受けている以上，第三者対抗力を有している（借借31Ⅰ）ことから，賃借権は物権化しており，建物賃借権に基づき直接妨害排除請求ができることになる。この点は廣瀬説も同様である[37]。これに対し，建物賃借人による敷地使用権能は，判例【3】が示すように建物賃貸人と建物賃借人との使用貸借関係であるとするならば，建物賃借人は直接建物賃

---

[37] 廣瀬・前掲注(9)42頁以下。なお，敷地使用権は，建物所有権の内容とは無関係に，建物賃貸人が使用収益させる債務を履行したことによって建物賃借人に与えられるものであり，建物賃借権の対抗力は当該敷地使用についても及ぶとする従来の考え方に立っても，建物賃借人に建物賃借権に基づく直接妨害排除請求が認められるものではある。

借権に基づく妨害排除請求ができず，占有訴権による妨害排除ができるのみとなってしまう。

このように建物所有権は，他の不動産所有権の内容にはない敷地使用権能が包含されていると捉えたとしてもこれまでの物権法理を何ら歪めることなく説明することができる。

ところで，次に示すように敷地使用権能が建物所有権の一部であることを示す事象が存在する。

4. 敷地使用権能が建物所有権の一部であることを示す事象：場所的利益

敷地使用権能が建物所有権の一部であることを示す事象として場所的利益が挙げられる。

場所的利益とは法定地上権が成立しない場合等の実質上の敷地使用利益をいい，「敷地占有利益」と不動産競売実務では定義されており，長年，建物の評価額に加算されている。場所的利益は実質上の敷地使用利益とされるが，実はそうではなく，建物所有権の内容の一部である敷地使用権能であり，その価値を場所的利益と称して建物評価に加算されてきたのではないかと思われる。

ここでは場所的利益につき，競売実務，判例・学説そして実際に評価実務を担っている不動産鑑定士への場所的利益に関するアンケート結果を検討し，場所的利益の実態を把握するものとする。

(1) 場所的利益の競売実務

競売実務としては，建物が現存しているのに，その敷地に対する借地権，法定地上権等の土地使用権が認められない場合に場所的利益が観念されている[38]。そして場所的利益は法的保護の期待のあるものは建付地価格の20〜40%

---

[38] 東京競売不動産評価事務研究会編『改訂　競売不動産評価マニュアル』判タ1193・84 (2006)

を標準として評価され，そうでない場合は，建付地価格の0〜20％を標準として評価され，それが建物のみの評価額に加算されて建物評価額の全体を作り上げるのである[39]。

建物存続に必要な土地使用権が存在しないにもかかわらず場所的利益が観念される趣旨は次のとおりである[40]。すなわち，ビルディング等の堅固建物の場合は，撤去するためには膨大な費用と時間がかかるのが通常であって，場合によっては，土地所有者として当該建物を買い取った方が安くつくこともありうるわけであり，場所的利益とは，このような建物所有者の優位ないし収去されない利益を意味するというものである。この趣旨は不法占有の場合にも妥当するものである。不法占有といえども，土地所有者との交渉の余地があり，土地利用権を設定しうる特別な事情が認められる場合に当該利益が観念できるというものである。

また，場所的利益の大きさは，次のように考えられている[41]。すなわち，借地権が終了した場合に借地借家法上の建物買取請求権が認められる場合には，建物の価値の存続が法的に保護されているといえ，建物の存続期間中場所的利益が存続する（場面による利益の相違）。さらに，新築直後の堅固な建物等，継続利用がなされる可能性が高いと客観的に認められる建物については，撤去されにくいという事実状態について何らかの価値を付与する基盤を有するといえるが，朽廃直前の木造建物等については，場所的利益を認める前提を欠くとする（建物の性質による利益の相違）。

以上，競売実務上の場所的利益は，場面による利益の相違と建物の性質による利益の相違というように競売実務では区分してはいるものの，つまるところ，事実上あるいは法的に建物が存続する時間の長短によってその利益の存続が左右されるものであるということがいえよう。

さらに，場所的利益の評価方法であるが，建付地価格の一定範囲内が場所的

39　東京競売不動産評価事務研究会・前掲注(38)85
40　東京競売不動産評価事務研究会・前掲注(38)85
41　東京競売不動産評価事務研究会・前掲注(38)85

利益として評価され，当該評価額が当該建付地価格から控除された上で，建物のみの評価額に加算されることになる。すなわち，建付地価格の一部が場所的利益として観念され，評価され，その評価額分，建付地価格が低価するのである。つまり，建付地価格の一部が場所的利益に移動することになる。

このような評価は土地使用権（土地の賃借権，地上権等）とまったく同様であり，評価方法からすれば場所的利益は土地使用権と同じということになる。

これまでの競売実務上の場所的利益は，建物が存続する間，観念され，土地使用権と同様の評価方法で評価される。場所的利益とは適法な土地使用権はないものの建物が存続する間，当該建物の所有者等が当該敷地を使用・収益できるといった事実上の単なる利益であって，その利益を，なぜ土地の配当額から取り上げ，建物の配当額に加算しなければならないのか。そもそも適正な権利のないところに利益はないのであって，事実上の利益があったとしてもそれを配当額に加算すべきではない。配当利益は適正な権利に対して存するのであって，単なる事実上の利益は配当利益として考慮すべきではないと思われる。したがって，建物は建物所有権それ自体に裏付けられた価値を配当額とすべきであって，それ以外に配当するとすればそれは適正な権利に対する価値でなければならない。たとえば従たる権利である借地権が存するのであれば，その利益については建物配当額に加算してもかまわないのである。

(2) 判例にみる場所的利益

当初，判例には場所的利益を借地権の価値の一側面として捉えていたものもあった[42]。そのような捉え方をした場合，借地借家法13条（旧借地法4条2項，以下同様）および同法14条（旧借地法10条，以下同様）に規定する建物買取請求権における建物の時価につき，必然的に場所的利益を包含しないとの判断を示すことになる。その理由は，借地借家法13条にあっては借地権消滅後に建物を土地賃貸人に譲渡するものであり，同法14条にあっては借地権の譲渡ま

---

42 東京地判昭 26・12・20 下民集 2・12・1477

たは転貸について土地賃貸人の承諾が得られない場合に建物を土地賃貸人に譲渡するものであるから、いずれの場合にあっても借地権の存しない状態での建物売買となるからである。

借地借家法14条にあっては大判昭7・6・2民集11・13・1309が、建物の時価は地上物件が建物その他土地の付属物として有すべき価額を標準として算定すべきものであり、これを取り壊した動産として評価すべきではなく、同時に土地使用権の額を加算すべきではないとし、借地借家法13条にあっては大判昭17・5・12民集21・10・533が、建物の買取価格は買取請求当時の状態における建物としての価格をいうものであり、取壊し家屋としての価格ではないとし、さらに借地の場所的経済価値等を包含するものではないとする。

また、場所的利益は、借地借家法13条と同法14条のいずれの事案にあっても場所的利益は建物の時価には含めるべきものではないとされていた。

その後、建物の時価の算定につき場所的利益がどのように扱われることとなったか、また、場所的利益が借地借家法13条および同法14条とで異なる内容を有しているかにつき検討する。

まず、裁判例の多い借地借家法14条に関する場所的利益につき見てみることとする。

① **借地借家法における場所的利益の意義とその本質**
A. 借地借家法14条の場所的利益
 a. 最三小判昭35・12・20民集14・14・3130とそれ以前の判例

前掲大判昭7・6・2は、建物取壊し後の動産価格ではなく、建物その他土地の附属物として有すべき価格を標準とするとし、札幌高判昭34・4・7高民12・3・66は、この大審院の判断を踏襲し、第三者による建物買取請求における建物等の「時価」とは、建物を取り壊した場合の動産の価格ではなく、建物が現存するままの状態における価格であるとし、これは借地権の価格を包含しない建物自体のみの価格であるとする。そして、建物の存在する環境によって異なる場所的価値はこれを含まず、建物が辺鄙なところにあると繁華なところにあるとを問わず、その所在場所いかんによって価値を異にしないとしてい

る。

　一方，前掲札幌高判昭34・4・7の上告審たる最三小判昭35・12・20民集14・14・3130（以下，最高裁昭和35年判決という）は，建物買取請求における建物の時価には借地権の価格は包含しないが，場所的利益は参酌すべきであるとした。その理由は次のとおりである。すなわち，特定の建物が特定の場所に存在するということは，建物の存在自体から当該建物の所有者が享受する事実上の利益であり，また，建物の存在する場所的利益を考慮に入れて当該建物の取引を行うことは一般取引通念である。さらに場所的利益を一切考慮しないことは，土地賃借権の物権化の社会経済事情とは根本的に対立するものであり，不動産競売においても敷地とその地上建物の所有者が異なる場合にあって当該建物評価については場所的利益が考慮されている現状がある点を挙げている。

　不動産競売実務において場所的利益が加算される建物と建物買取請求における建物のいずれも適法な敷地使用権がない中で，場所的利益は当該敷地上に存続するものである。

　最高裁昭和35年判決は，当時，不動産競売実務と建物買取請求における建物時価の算定実務との間に相違があったものの，両者はいずれも建物評価であることから，相違を設けるべきではなく，評価は同一である旨明示している。

　また，本最高裁判決の調査官解説[43]によれば，借地借家法（旧借地法）が買取請求を認めたのは賃貸人たる地主の利得の償還を命じるためではなく，借地人の投下資本を無に帰せしめることなく回収せしめるためであるとし，借地人の投下資本は，経済的には，当該場所に投下された結果その場所に存在する建物の価格に結実するに至っている。したがって，その投下資本の回収にはその場所に結実した建物の価格をもってすべきであり，それは建物自体の価格のみ

43　北村良一「148 借地法第10条の建物の時価（最三小判昭35・12・20民集14・14・3130解説）」『最高裁判所判例解説　民事編　昭和35年度』443頁以下（法曹界，1961）。解説では，場所的利益を参酌しても，取壊し家屋でない限り，賃貸人は買い取った家屋を自ら使用し，もしくは借地権を設定して他人に売却することにより，その土地に存在する状態における当該家屋の価値を利用する経済的可能性を有するものであるから，かならずしも賃貸人によって利得なきものを算定したものとはいえないとする（北村・前掲445頁）。

ではなく，場所的利益を参酌したものである。場所的利益はその建物が繁華な土地にあると否とによって異なるのが実情である[44]とするが，借地人のこのような投下資本の結実した価格が建物の立地条件の良否によって左右されるとするのは，建築価格から減価償却費等を控除する形等で算出される建物それ自体の価値ではありえず，敷地の価値が何らかの形で建物価値に影響しているものと捉えるのが評価の一般的常識に合致する。以上の場所的利益の表現を具体的にイメージすることはあまりにも抽象的すぎて難しい。

適法な敷地使用権ではないことは明らかであり，またそれは建物の立地条件の良否で左右されることも明言されている。

適法な敷地使用権がなく，それは建物の立地の良否つまり建物の位置による使い勝手によって影響を受けるということは，場所的利益の意義とは，敷地使用権がないにもかかわらず，建物が存在し，敷地を使用することができる利益を意味しているものではなかろうか。敷地使用の価値は，使用するその敷地の効用度合いによって左右される[45]ものであり，効用度合いは建物の位置による使い勝手によって影響を受けるものであり，そのように捉えるのであれば，当然に，その価値は建物が位置するその敷地の存する場所によっても異なることになる[46]。

b. 最三小判昭35・12・20民集14・14・3130後の判例

最高裁昭和35年判決以後の判例を見ると，建物買取請求権の対象たる建物の時価には場所的利益を含むものとしており，この点は確立したものとみてよいであろう。

　　a）　東京地判昭36・5・12判時263・14

44　北村・前掲注(43) 444頁
45　鈴木禄弥＝阿部徹「借地法10条の建物の時価」民商45・1・102（1961）
46　東京高判昭33・7・17東高時報9・7・127は，「場所的利益なるものはひつ竟土地そのものがもつている価値であつてその上に存する建物そのものの価値ないしこれから流れ出るものであるということができない」とすることから，場所的利益は土地について問題となるものといえる。なお，旧借地法4条2項における場所的利益に関する判決である前掲大判昭17・5・12も，「家屋ノ場所的価値ト……称スルモノハ其ノ実土地ノ権利……ノ価値ニ外ナラス」としており，この点については両条の場所的利益は差異はないものといえる。

本判決は，旧借地法10条によって買取請求の目的となった建物の時価は，建物を取り壊した場合の動産としての価格ではなく，建物が現存するままの状態における価格であって，敷地の借地権の価格を加算すべきものではないが，その建物の存在する場所的環境を参酌し，いわゆる場所的利益を考慮してこれを算定すべきとして，最高裁昭和35年判決を引用し，場所的利益は，買取請求権行使当時における借地権付きの当該建物の売買価格から借地権の価格を控除した額であるとした。つまり，場所的利益は借地権価格には包含されないものと判示したことになる。

　b）　東京地判昭37・6・25判時306・17

本判決は，場所的利益を，建物の取引にあたって一般に考慮されるところのもの（間取り等の建物の構造自体からくる使用上の便利，交通の便宜および環境の良否等）によって左右される利益であり，建物自体の状態のみならず，建物の立地する地域の状況も利益を左右する要因となるものとしている。

しかし，むしろ建物自体の状態（間取り等の建物の構造自体からくる使用上の便利等）は，復成式方法による建物の価格の算定[47]において減耗率を求めるにあたり勘案される要因であり，交通の便宜および環境の良否等の建物の立地する地域の状況こそが場所的利益を左右するものと思われるが，地域の状況は場所的利益を勘案する要因とはなりえないとする見解も見られる[48]。

　c）　大阪地判昭39・2・3判時367・39

本判決は，最高裁昭和35年判決の判旨に基づき，建物等の「時価」は，場所的利益を参酌した，借地権価格を含まない価格であるとし，さらに建物の建坪と敷地の面積の比率にも重点が置かれた。建物が店舗の場合と住宅の場合と

---

[47] 復成式方法による建物の価格の算定とは，建物買取請求時における新築費から経過年数に応じた減耗率によって算出された減価額を控除する評価手法である。本判決では，復成式方法によって算定された建物の価格を基準とし，場所的利益を参酌し，その地方における建物の需給関係も勘案して建物価格を算出している。建物自体の価格が約81万円に対し，場所的利益を含んだ価格は110万円で，約29万円が場所的利益とされた。
[48] 水本浩「借地法10条の建物買取価格の算定」判評54・15以下（判時322・15以下）（1963）

で場所的利益の価値において著しい相違があるところ，本事案の建物は住宅であり，建坪は借地部分の約2分の1であることから，鑑定人が試算した当初の鑑定評価額を大幅に減額している。建物の存する土地の部分以外は建物に関係しない部分であり，建物の利益であるところの場所的利益には何ら影響を与えていないとの趣旨であると思われる。

d) 東京地判昭39・12・24判タ173・202

本判決は，場所的環境利益と称し，これは賃借権の価格を基準として評価することはできないとする。さらに，場所的環境利益を参酌するとは，建物の建築費，その新旧，汚損の程度により決せられる建物の抽象的価格をその現に存する場所的環境的利害得失に起因すべき需要の大小により修正して，具体的な建物の時価を意味するに他ならないとする。場所的環境的利害得失が建物の需要を左右するということであるが，建物需要を左右する最も大きな要因は前掲東京地判昭37・6・25が示す交通の便宜および環境の良否等の建物の立地する地域の状況であって，それによってもたらされる利益が場所的環境利益（場所的利益）ということになろう。

e) 大阪高判昭40・2・4判時405・27

本判決は，場所的利益は建物自体の価値以外に特に価値を有するときに是認せられるものであり，その価値は実質的に一種の土地利用価値を含むことは当然容認されなければならないとし，当該土地利用価値は賃貸人の土地所有権の価値から由来するものとしている。本判決は場所的利益の本質を土地利用価値であるとしている点で注目すべきものである。

f) 横浜地判昭41・12・24判タ205・166

本判決は，場所的利益とは建物の収益力であるとしている。すなわち，建物を他に賃貸し，その賃料によって収益力を算定しているのである。したがって，収益力の低い建物は場所的利益も低いということになる。

g) 東京高判昭43・1・20東高時報19・1・3

本判決は，借地権の価格は加算すべきではないが，その建物の所有者が享受する事実上の利益，すなわち，その建物の利用価値を念頭におくことが必要で

あるとする。そのためには，交通の便宜，現場の良否等の地理的環境，営業用建物か居住用建物か等の使用目的，使用状況，建坪，敷地面積等の建物および敷地の状況その他当該建物をとりまく一切の場所的環境を参酌しなければならないとする。この判例によれば，場所的利益の範囲は幅広く，さまざまな建物利用に影響を与える周辺環境を場所的利益としている。

h)　東京地判昭43・3・25判時540・45

本判決の場所的利益に関する一般論は次のとおりである。すなわち，場所的利益は土地の取引価格にも反映すると同時に建物の取引価格にも反映するものであって，土地所有権にのみ吸収されるものではない。土地の取引価格にも反映するものであるから，地価を左右する要因であるということがいえ，けっしてのれんや営業に伴う事実上の利益ではない。また，建物等の「時価」に加算される利益は，土地・建物の双方に反映されるもののうち，建物にのみ反映されるものであり，建物買取請求権にあたっては，これを算出しなければならないとする。

これは不動産鑑定評価基準における「建物及びその敷地が一体として市場性を有する場合における建物のみの鑑定評価」を行う場合[49]に類似する。すなわち，敷地の位置，接面道路との関係，敷地の属する地域（近隣地域）の地域要因など地価を左右する要因をも勘案して，敷地と当該建物の一体の鑑定評価額を算出し，その部分としての建物価格を算定するものである。したがって，当該建物価格は敷地の価格を左右する要因も作用して決定されているのである。

i)　最三小判昭47・5・23判時673・42（以下，最高裁昭和47年判決という）

本判決は，評価方法としては，場所的利益の算出方法としての，敷地の借地権価格に一定割合を乗じる方法，収益性に依拠した算出方法（前掲横浜地判昭41・12・24）をも否定し，建物およびその敷地，その所在位置，周辺土地に関する諸般の事情を総合考慮して算出すべきものとした。いずれも土地価格を左右する要因（建物およびその敷地の所在位置，周辺土地に関する事情）であり，本

---

[49]　調査研究委員会鑑定評価理論研究会編著『新・要説　不動産鑑定評価基準』290頁以下（住宅新報社，2007）

判例は場所的利益が土地（借地権）価格の算出方法と同様の方法によって算出されるべきことに根拠を与えたものといえよう。

その後の判例を見るに，場所的利益の算出方法は，最高裁昭和47年判決が否定したにもかかわらず，借地権価格を基準とし，これに一定割合を乗ずるもの[50]，あるいは土地の更地価格（もしくは建付地価格）に一定割合を乗じて算出するもの[51]が多い。

B. 借地借家法13条の場所的利益

一方，借地借家法13条の場所的利益とはどのような内容であろうか。以下見てみる。

まず，大判昭17・5・12民集21・10・533が，建物の買取価格は買取請求当時の状態における建物としての価格をいうものであり，取壊し家屋としての価格ではないとし，さらに借地の場所的経済価値等を包含するものではないとする。

しかし，東京地判昭37・9・21判タ169・192は，建物買取価格は家屋の固有の価格に家屋がその個別的な性格として具有する場所的利用価値を付加したものに相当するという見解を採っており，この場所的利用価値が借地借家法14条と同様の場所的利益を意味するかについては定かではないが，仮にそうであった場合，場所的利益を参酌すべきであるとする最高裁昭和35年判決の判断に服しているようにみえる。また，算出方法も土地の更地価格に一定率を乗じている[52]ことから，これも借地借家法14条における場所的利益の算出方法と軌を一にしている。

---

[50] 高松高判平16・10・12金判1246・30（借地権価格の50％）
[51] 東京地判昭49・9・30下民集25・9-12・781（更地価格の40％），東京地判平3・6・20判時1413・69（更地価格の12％），東京高判平8・7・31判時1578・60（土地の基礎価格（土地の建付地価格に匹敵）の1割），東京高判平10・6・12金判1059・32（土地価格の15％），東京地判平10・10・19判タ1010・267（更地価格の10％），東京地判平13・3・28判タ1092・229（建付地価格の20％），千葉地判平17・4・19判時1897・84（土地評価額の20％）
[52] 土地の更地価格376,000円／坪であり，次の算出式になっている。場所的利益の坪単価 = {376,000円／坪 −（376,000円／坪 × 0.03）} × 0.8 × 0.5 ≒ 146,000円／坪

さらに，東京地判昭49・9・30下民集25・9―12・781は，場所的利益の内容についての説明はないものの，当然のごとく更地価格の40％をもって場所的利益としている。東京高判昭50・5・29判時786・45も当然のごとく場所的利益を含むが，借地権の価格を含まないとする。

また，東京地判平3・6・20判時1413・69は，旧借地法4条2項の「建物の時価とは，建物が現存するままの状態における価格であり，その算定には，建物敷地の借地権そのものの価格は加算すべきではないが，建物の存在する場所的環境は参酌すべきものである」とし，最高裁昭和35年判決を引用する前掲東京地判昭36・5・12とほぼ同様の趣旨を示す。

そして，場所的利益の算出方法も，最高裁昭和47年判決が示す，建物およびその敷地，その所在位置，周辺土地に関する諸般の事情，すなわち，土地価格を左右する要因を総合考慮して算出すべきとする方法を踏襲している[53]。

C. 借地借家法14条と同法13条の場所的利益の比較

以上，借地借家法13条の場所的利益と同法14条のそれは，いずれも借地権価格ではなく，土地価格を左右する要因を総合考慮して算出される点，そして実際の算出方法は借地権価格あるいは土地の更地価格等に一定率を乗ずるものが主流であることから，両者は同じ内容であるといってもよいのではないかと思われる。

② **借地借家法以外の事案における場所的利益と借地借家法の場所的利益との相違**

場所的利益は建物買取請求における建物時価算定においてのみ考慮されているのではなく，他の事案においても建物価格の算定において考慮されている。

---

[53] すなわち，本件土地がJR中野駅の北西にあり，同駅まで直線距離で約950m，道路距離で約1,200mあり，本件土地の北側は幅員約3.2mの道路に面し，付近は一般住宅，共同住宅が多く，店舗が散見されるが，現在のところ道路が一般に未整備であり，車の通行は少なく，閑静な地域である点，また，借家人付の建物であり，しかも現行の建物賃料は4軒合計で1か月10万円程度とかなり低廉であって，借家人側の経済的状況に鑑みると賃貸用建物としても十分な経済的活用を図るには種々の困難が予想されるといった点などが総合考慮され算出されている。なお，具体的には更地価格に12％を乗じて算出された。

たとえば，国が被買収者を誤ったことによる損害賠償で，その対象である建物の価額に場所的利益が含まれているとして損害賠償の対象とされた事案[54]，建物の区分所有等に関する法律 10 条の区分所有権売渡請求権を行使した場合の建物時価に場所的利益を含むとした事案[55]，商事留置権が主張されている本件建物の存する土地に設定されていた根抵当権が実行され，当該土地が競売に付された事案で，当該土地の評価額から本件建物の有する場所的利益の一定割合が減価されたもの[56]，土地抵当権の実行により土地が競売に付されたが，その最低売却価格は，対抗力を有しない借地権付建物の収去に時間がかかることなどの状況を斟酌して，場所的利益を控除して算出された事案[57]，件外土地にはみ出して存する本件建物を競落した事案で，基本事件に係る評価書では場所的利益として件外土地評価額の 20％が本件建物の評価額として加算されているもの[58]などがある[59]。

これら場所的利益と建物買取請求における建物時価に関するそれと同義であるかどうかについては，それぞれの事案の中で場所的利益の意義および具体的内容を示すものはないことから明確な答えを出すことはできない。しかし，いずれの事案も適法な敷地使用権を有するものではない中で，場所的利益を考慮

---

54 東京地判昭 54・2・16 判時 915・23
55 東京地判平 3・1・30 金法 1291・31。本判決は，売渡請求権の対象たる建物が一棟の区分建物の一部の区分建物であることから，その収去がほとんど不可能であることからくる収去されない場所的利益であり，時価の算定にあたってはこれが加算されるべきものであるとして，敷地の建付地価格に 30％を乗じて算出している。
56 前掲東京高判平 10・6・12，前掲東京地判平 13・3・28
57 前掲高松高判平 16・10・12
58 前掲千葉地判平 17・4・19
59 東京地判平 17・6・16 平 15（ワ）19507（LexisNexis 独自収集判例）は，土地建物の共有持分権者から他の共有持分権者に対する共有物分割請求において全面的価格賠償による分割が認められ，建物および土地の共有持分に対する賠償価格として潜在化している法定地上権価格を考慮した場所的利益を，建物については加算，土地については控除している事案である。これは，場所的利益は借地権価格相当額であるとする考え方を示すものと思われるが，これまでの建物買取請求権における建物時価に関する判例の考え方とはまったく相容れないものといえよう（建物には建付地価格の 65％を場所的利益として加算し，土地からは建付地価格から 65％を場所的利益として控除している）。

すると判示し，その算出が土地価額の一定割合等でなされていることから，場所的利益の意義は建物買取請求権における場所的利益のそれと同義である可能性は十分にある。

ところで，東京地判平5・1・27金判950・26は，場所的利益は敷地の一定範囲に及ぶ旨を示す判決であり，当該場所的利益が建物買取請求における建物時価に関するそれと同義であるとした場合，場所的利益は，敷地の一定範囲に効力を及ぼす一種の敷地利用権のごとく，存在しているということになる。

事案は，法定地上権の成否に関するものである。建物を目的とする1番抵当権設定当時において土地（本件土地）の所有者と地上建物（本件建物）の所有者とが異なり，法定地上権の成立要件が具備されていなかった場合であっても，本件土地と本件建物とが同一人の所有に帰するに至った後に当該土地および建物に後順位抵当権が設定され，その後に当該建物に対する1番抵当権が実行され，建物競落により1番抵当権が消滅するという事実関係において，本件土地について本件建物のために法定地上権が成立すると解するのが相当であるとした。

本件建物の床面積は108㎡であり，その大部分が件外土地（618.17㎡）にかかっており，本件土地のうち，本件建物の敷地になっている部分は最大限に見積もっても75㎡にすぎないというもので，判決では本件建物の敷地と判断されるべき部分に本件建物の場所的利益が及んでいる（場所的利益が及んでいる部分は75㎡）ものとし，場所的利益が及んでいない部分も含めて，本件土地全体に法定地上権が及ぶものであることを認めるのが相当であるとしている。

以上，これら事案の場所的利益と建物買取請求におけるそれとが同義だとし，前掲東京地判平5・1・27，そして，これまでの最高裁判決（最高裁昭和35年判決，最高裁昭和47年判決）とを照らし合わせて見るならば，場所的利益の本質とは，建物の価格に借地権の価格を加算しないことから，借地権価格の一部として結果的に表わされてはいるが，土地を適法に使用する権限ではなく，建物が容易に収去されないことによる反射的利益として，建物の敷地として使用される土地の範囲内において，建物使用のために土地を使用することのでき

る利益といえるものと思われる。これは，適法な権利ではないものの，敷地を建物利用のために使用できる一種の権能と捉えてもよいのではないだろうか。

さらに，最高裁昭和47年判決は，場所的利益の算出は，建物およびその敷地，その所在位置，周辺土地に関する諸般の事情，すなわち土地価格を左右する要因を総合考慮して算出すべきものとした。そして，建物買取請求における裁判例のみならず，それ以外の事案における裁判例を見ると，場所的利益の算出方法は，前述のとおり，借地権価格を基準とし，これに一定割合を乗ずるもの，あるいは土地の更地価格（もしくは建付地価格）に一定割合を乗じて算出するものが多い[60]。

この算出方法が何を意味するかといえば，場所的利益が借地権価格や土地価格の一部だということである。つまり，それが場所的利益の価値的な側面からみた本質ではないだろうか。

(3) 学説の検討

場所的利益に関する学説は，借地借家法での建物買取請求事案において展開されている。

① 借地借家法14条における建物の時価

学説は当初前掲大判昭7・6・2が借地借家法14条における建物の時価を問題としていたことから，同法14条における建物買取請求での建物時価のみが論じられていた。

借地借家法14条における「建物の時価は地上物件が建物その他土地の付属物として有すべき価額を標準として算定すべきものであり，これを取り壊した

60　土地価格を左右する要因を総合考慮して算出されるのは土地価格もしくは借地権価格である。さらにそれら要因を重複して総合考慮して，それら価値に乗ずる一定割合を算出するというのであるが，そのような評価は実務上困難なものであるといえよう。なぜならば，土地価格を左右する要因はあくまでも土地価格もしくは借地権価格を算出するために考慮されるものだからである。一定割合を決定するためにはそれ以外の要因である必要がある。たとえば建物収去の困難性といったものであれば割合という形で数値化することが容易である。

動産として評価すべきではなく，同時に土地使用権の額を加算すべきではない」とする前掲大判昭 7・6・2 の評釈として，借地権の価格を包含しないとする点において賛意を示した上で，当該大審院判決の意味として，建物の建築費のみを標準とせず，むしろその土地を考慮した売買価格を標準とすべきとするものであると述べる見解がある（以下，我妻説という）[61]。つまり，分説すると，a. 建物を動産として売却する場合の価格ではない，b. 単に建物としての価格ではなく，その借地が位置その他の関係から有する利益をも考慮し，その借地上にある建物としての取引価格を指す，c. けれども，建物の価格には借地権の価格は含まれない，ということになる（以下，後藤説という）[62]。また，借地権価格を包含しないとする論拠として，建物の価格と借地権の価格とが分離している，すなわち，借地権自体が建物とは独立した取引価格を有することを挙げる説もある（以下，廣瀬説という）[63]。

しかし，上記のように分説を試みたところで，場所的利益が具体的にどのようなもので，借地権付建物の価値の中のどの部分にこのような価値が包含されているのかにつき，明確にされるものではない。

これに対し，建物の時価には借地権価格を包含するとする説がある（以下，鈴木＝阿部説という）[64]。この考え方は，次の二つの考え方に基づいている。すなわち，第一には，地主は，一度借地権を設定したならば，もはや地代を収取することで満足すべきであるが，借地権の譲渡を承諾しない場合，借地借家法 14 条の建物買取請求制度は建物および借地権の譲受人の地位に地主が代わって入るということになるから，その支払うべき建物の時価に地主が買い取る借地権の価格を加算すべきであり，第二に，地主は本来，借地権の残存期間中，借地権の負担を有するはずであったが，借地人の無断譲渡にもとづく解除によって，借地権の負担の伴わない完全な所有権に復帰することにより，地主は自

---

[61] 我妻栄「大判昭 7・6・2 民集 11・13・1309 判批」『判例民事法（12）昭和 7 年度』〔民事法判例研究会編〕350 頁以下（有斐閣，1934）
[62] 後藤清『借地・借家（借地編）』295 頁（青林書院，1956）
[63] 廣瀬武文『借地借家法』121 頁（日本評論社，1950）
[64] 鈴木禄弥＝阿部徹「借地法 10 条の建物の時価」民商 45・1・102 以下（1961）

らこれを使用し，もしくは，建物の譲渡および新たな借地権の設定をすることによって，思わぬ利益をあげることができるようになる。このような地主の利益は不当な利益であり，建物の価格を支払っただけでは解消されない。借地借家法14条の趣旨はこのような地主の不当な不利益を借地権の譲受人に償還させることによって両者の利益を調整することにある，というものである。

この説につき，第一の論拠はやや行き過ぎであり，また，建物買取請求の問題が生ずるのは，解除によって借地権が消滅している場合であるから，借地権価格を加算することは許されるものではない。したがって，第二の論拠も，借地権価格を加算する論拠にはならず，その利害調整は信義則上の法律構成にすぎないとする批判がなされている[65]。そして，場所的利益とは，次のものであるとする。すなわち，借地人の建物は，その存立によってその土地の繁栄に寄与しているはずであり，土地の繁栄からくる利益の一部を借地人に還元するための信義則上の法律構成であるとする。また，借地権の価格と抵触するものではなく，借地権価格の一部が当然に建物の時価に算入される（以下，水本説という）[66]。

さらに，場所的利益の算出方法についても批判がなされている。すなわち，前掲東京地判昭37・6・25では，場所的利益の具体的基準として，間取り等の建物の構造自体からくる使用上の便利，交通の便宜，環境の良否，この種建物の需要度が示されているのであるが，間取り等の建物の構造自体からくる使用上の便利は建物としての物理的価格と直接に結び付くものであり，場所的利益と関係があるとは思われない。交通の便宜，環境の良否は，つきつめてゆくと土地価格に帰するものであるから，究極的には借地権の価格に還元されるといえる。同種の建物に対する需要度は，建物としての物理的価格と土地価格すなわち借地権価格との絡み合いといえるが，後者の度合いが主たるものではないかと思われる。こうしてみてくると，営業用建物に付着する営業利益（のれん等）のほかは，建物としての物理的価格と借地権価格以外に，特別に場所的利

65　水本・前掲注(48)16
66　水本・前掲注(48)9

益といえるものはないことになる[67]。

② 借地借家法13条と同法14条との関連

　借地権そのものの価格ではないが，借地権の価格の一部を包含すると解く次の説は借地借家法13条と同法14条の建物の時価を同義に解している。すなわち，たしかに，借地契約が終了している以上，「その場所」を「一定の期間使用できる」とする要素はありえないから，借地権の価格を建物の時価の算定に際して考慮に入れることはできないものの，「その場所」という要素は，建物がなおそこに存在する以上，建物の価値に入り込み，これに化体していると通常考えられているから，これを，「時価」の算定にあたって考慮することは法律解釈の問題としては許される。この限りにおいて，「借地権の価格」の一部が「建物」の「時価」の中に入っているとする（以下，星野説という）[68]。また，この説は，借地借家法13条にあっては前掲大判昭17・5・12が，建物の買取価格は買取請求当時の状態における建物としての価格をいうものであり，取壊し家屋としての価格ではないとし，さらに借地の場所的経済価値等を包含するものではないと判示しているが，借地借家法13条と同法14条における時価の意義を同じに解してよいとすれば，最高裁昭和35年判決は，一般理論として当該前掲大判昭17・5・12を改めたことになるとし，その意義の重要性は大きいとする。

　さらに，借地権が消滅していても，両条の建物時価は同意義であるとして，いずれも借地権価格を含むものであるが，当該借地権価格からは借地借家法19条1項（旧借地法9条ノ2第1項）の財産上の給付に相当する部分，すなわち，地主の借地権譲渡承諾料を控除するとしたものがある（以下，村田説という）[69]。

　たしかに，両条における建物時価が同義であり，最高裁昭和35年判決が前掲大判昭17・5・12を改めたものであるとの説を支持した場合，最高裁昭和

67　水本・前掲注(48)16
68　星野英一「最三小判昭35・12・20民集14・14・3130判批」法協80・2・239（1963）
69　村田博史「東京地判平3・6・20判時1413・69判批」リマークス1993・46（1993）

35 年判決が，建物時価には「借地権そのものの価格」を加算すべきではないというのであるから，借地権の価格中に場所的利益が含まれ，それを建物の価格に加えることを認めたものだと解することもできなくはない。しかし，借地権の価格をそのように分けて考えることにはかなり無理があるように思われる[70]。

③ 学説における場所的利益

以上，学説を分析するにあたっては，それぞれの学説が，借地借家法 13 条と同法 14 条のいずれの場所的利益にも適合するものであるかについて論じた上で，競売実務等における場所的利益にも適合するものであるかについて論ずることが必要となる。

A. 借地借家法 13 条と同法 14 条の場所的利益

まず，借地借家法 14 条の場所的利益に関する学説であるが，後藤説は我妻説を支持するものであり，建物の価格には借地権価格を含まず，単に建物としての価格ではなく，借地上にある建物としての価格を求めることになるとし，廣瀬説は借地権価格を包含しない論拠を別の角度（借地権自体が建物とは独立した取引価格を有する）から論説している。これらの説は借地借家法 13 条においても適合しうる。

鈴木＝阿部説は，建物の時価に借地権価格が包含されていることを明示するものである。借地権の残存期間の途中において借地権がその無断譲渡に基づき解除されたことによる旧地主と旧借地人との利害調整を，旧地主が借地権を購入することにより図るものであることから，残存期間満了での建物買取請求である借地借家法 13 条には妥当しない説であるとも考えられるが，本来，借地契約は法定更新され，半永久的に借地権負担を余儀なくされるはずであった地主が，期間満了で予期せぬ借地権消滅が生ずることによる利益を調整すると捉えるならば，この説も借地借家法 13 条においても適合することになろう。

場所的利益を借地人の土地への貢献を表すものであるとする水本説も借地借

---

[70] 鈴木＝阿部・前掲注(64) 102 以下

家法13条における場所的利益の説明にも適合するものである。

よって，星野説，村田説も含め，いずれの説も借地借家法13条と同法14条の場所的利益を説明することができる。

B. 競売実務等における場所的利益との関係

競売実務等における場所的利益と建物買取請求におけるそれは異質のものであるとの見解も成り立ちうるが，前述のように判例は両者の場所的利益を同質のものと捉えている。

解釈論は，条文とともに，蓄積された判例を正当化しうる原理であることが必要であることから，前述の各説にあっても競売実務等における場所的利益の説明にも適合し得るものでなければならない。

競売実務等にあって関係するのは借地権価格ではなく，土地価格であり，我妻，後藤，廣瀬，水本，星野の各説は，借地権価格を土地価格に置き換えることにより，競売実務等における場所的利益の説明にも適合する。

鈴木＝阿部，村田の各説は，そもそも土地価格ではなく，借地権価格を問題としていることから，置き換えがきかず，適合しない。

C. 判例に整合する説

判例は建物価格に借地権価格を加算しないことを明言するものであるから，借地権価格を含むとする鈴木＝阿部，村田の各説は整合的ではない。

また，場所的利益を借地人の土地への貢献を表すものであるとする水本説も判例が示す「建物使用のために土地を使用することのできる利益」とは整合しない。

さらに，場所的利益の算定において借地権価格の算出方法と同様の方法を採用することの多い判例であるが，当該算出方法をも含めて整合的なのは，「借地権の価格」の一部が「建物」の「時価」に包含されるとする星野説ということになろう。

(4) 評価実務担当者に対するアンケート結果と分析

2010年5月31日に場所的利益に関するアンケート調査を，建物評価を行っ

ている不動産鑑定士を対象に実施した。実施方法は，社団法人日本不動産鑑定協会の会員名簿から無作為に1,000名を抽出し，アンケート用紙を郵送し回答を返信用封筒にて回収した。アンケートの内容は後掲［資料1］のとおりであり，アンケートの結果は［資料2］に示している。

なお，回答率は27.8％（278人）であった。また，アンケート結果を都道府県別に集計したが，神奈川県内の不動産鑑定士からの回答はなかった。

① アンケート結果の概要

アンケート結果の概要を示すと以下のとおりとなる。

全国的にみると競売評価にあって場所的利益を評価しているのは46.0％（128人），場所的利益の意義としては，「敷地使用の契約等はないものの，建物が存することによって，実質的に敷地を使用できる利益」が，場所的利益の評価を行っている不動産鑑定士の中で最も多く85.16％（109人）であった。また，場所的利益の評価方法として更地あるいは建付地価格割合方式を取っているのが，場所的利益の評価を行っている不動産鑑定士の中で最も多く89.06％（114人）であった。

ちなみに都道府県別にみると，場所的利益の評価は青森県を除き，率はばらばらであるものの，ほとんどの都道府県で実施していることがわかる。なお，場所的利益の意義，評価方法については都道府県ごとの回答人数が少ないことから，結果が適正に表示されているものとはいえないことから，概要の表示は差し控える。

借地借家法における建物買取請求における場所的利益の意義についても，「敷地使用の契約等はないものの，建物が存することによって，実質的に敷地を使用できる利益」との回答が最も多く，278人中78人で28.06％あった。

② アンケート結果の意味

アンケート結果から言えることは，これまで検討した競売実務，判例，学説のいずれもが示す場所的利益の内容と同様の内容として評価実務においても場所的利益が考えられているということである。

とりわけ，判例の捉え方を忠実に反映させている，すなわち，場所的利益の

意義としてもっとも多くの不動産鑑定士が考えている「敷地使用の契約等はないものの，建物が存することによって，実質的に敷地を使用できる利益」は，適法な敷地使用権は存しないものの，建物が容易に収去されないことによって，事実上敷地を使用することができる利益であり，それは，最高裁昭和35年判決および前掲東京地判平5・1・27がいうところの場所的利益である。

また，場所的利益の評価方法は，更地あるいは建付地価格割合方式が用いられていることから，「借地権の価格」の一部が「建物」の「時価」の中に入っているとする星野説が指摘する[71]とおりとなっている。

さらに，不動産鑑定士は，競売での建物に従属する場所的利益と借地借家法での建物買取請求における場所的利益の意義は同義であると捉えていることから，建物買取請求における場所的利益の評価方法も更地あるいは建付地価格割合方式を用いているということになる。

(5) まとめ

場所的利益は，最高裁昭和35年判決のはるか以前より，競売実務で考慮されてきた。競売実務では，場所的利益を建物所有者の優位ないし収去されない利益であると捉えている。すなわち，適法な土地使用権はないものの建物が存続する間，当該建物の所有者等は当該建物を使用・収益できる反射的利益であるとしており，まさしくそれは，判例分析で得た結論と同様の意義である。

さらに，競売実務では，アンケート調査結果や裁判例を見るに，場所的利益の評価方法として，更地あるいは建付地価格割合方式が用いられていることから，場所的利益は土地価格（裁判例では借地権価格の一定割合とするものもある）の一部であって，それは同時に割合方式を適用して算出されることの多い借地権等の土地使用権がその評価方式が示す本質であると思われる。

学説は借地権価格との関連性につき，次の二つの考え方を提示している。すなわち，借地権価格あるいは借地権価格の一部であるとするもの[72]と，借地権

---

[71] 星野・前掲注(8)614頁以下

価格を包含しない，借地権価格とは異なる価値であるとするもの[73]である。しかし，すべての学説は今日における土地価格に一定割合を乗じて算出する方法を承認している。そうである以上，借地権価格の一部を包含している旨を論理的に否定することはできないことから，前者の説が有力であると思われる。

また，借地人への利益還元とする説[74]があるが，これは借地借家法13条には妥当するが，同法14条の譲受人が買取請求をする場合には妥当しない。

ところで，学説は当初，借地借家法14条における場所的利益のみを扱っていたが，近時の学説は同法13条と同法14条を区別せず，判例と同様，いずれの場所的利益も同義であるとしている。

場所的利益は，競売不動産評価マニュアルにおいて土地利用権に含めて記載されていることから，土地利用権の一種として競売実務では把握されていることとなる。また，土地利用権として競売評価の対象となるものとして列挙されている権利は，借地権，法定地上権，使用借権，短期賃借権，一時使用の借地権，民法上の賃借権，地役権，囲繞地通行権，区分地上権であり，いずれも法律上の適法な権利である。これに対し，適法な土地利用権の存在しない事実上の土地使用の利益は場所的利益だけであり，建物利用権の評価においても事実上の使用利益の評価がなされることはない[75]。なぜ，適法な使用権限に裏付けがなく，事実上の利益にすぎない場所的利益が評価対象となり得るのか。

また，不法占有にあっても，法定地上権が認められない場合の一括競売にあっても建物評価に場所的利益が評価され，加算されている[76]。

場所的利益の評価と建物評価への加算につき明文上の規定が存しないだけではなく，土地評価額から場所的利益が控除され，建物評価額に加算されることから，土地評価額を減価させ，結果として土地抵当権者への配当を減額させる

72　鈴木＝阿部・前掲注(64)102，水本・前掲注(48)9，星野・前掲注(68)239，村田・前掲注(69)46
73　我妻・前掲注(61)350頁以下，後藤・前掲注(62)295頁，廣瀬・前掲注(63)121頁
74　鈴木＝阿部・前掲注(64)102，水本・前掲注(48)9
75　東京競売不動産評価事務研究会・前掲注(38)72，115
76　東京競売不動産評価事務研究会・前掲注(38)102-103

こととなっている。場所的利益の評価により，土地抵当権者が不利益を被っていると言っても過言ではない。

このように場所的利益の評価は不合理である反面，長年にわたって実施されてきており，しかも最高裁によって認められてきている（最高裁昭和35年判決）。その理由は，実は場所的利益は事実上の利益ではなく，適法な敷地使用権能に基づく利益ではないか。つまり，建物所有権には敷地使用権能が包含されており，場所的利益は建物所有権の一部であるその敷地使用権能を指しているのである。この点は，「借地権の価格」の一部が「建物」の「時価」の中に入っているとする星野説が指摘している。星野説が指摘するのは，評価の面での指摘ではあるが，「建物」を建物所有権に，「借地権の価格」の一部を敷地使用権に置き換えれば建物所有権に敷地使用権能が含まれていることを示すことになり，星野説はこのことを明示する立場であるとも捉えることができる。

5. 建物所有権を構成する敷地使用権能

(1) 建物賃借人の敷地使用権

建物所有権が敷地使用権能を包含する物権であると解しても，物権法定主義には抵触しない。なぜならば，この解釈は，わが国において土地とは別個の不動産であるとして建物所有権が観念された当初より，敷地使用権能が包含されているとする立場であるから，新たに法律の根拠なく，物権を創設するものではないからである。

また，土地使用権能が建物所有権の一部を構成すると解した場合であっても，土地の使用権が借家権に従属するというこれまでの法的構成を何ら変更するものではない。建物賃貸人が，その賃借人に使用収益させる債務を履行するための権原として建物所有権を有していさえすれば，建物賃貸人は新たに敷地の使用権を取得することを要せずに，建物賃借人は当該建物を使用・収益できるだけではなく，当該敷地をも使用することができるのである。

さらに，建物賃借人が不法占有者により敷地使用の妨害を受けた場合，対抗力ある建物賃借人は物権化した建物賃借権に基づき，直接妨害排除請求ができることはもちろんであるが，債権者代位権を適用する方法を選択する場合であっても，建物賃借人は，建物賃貸人の建物所有権に基づく敷地不法占有の妨害排除請求を代位行使することができる。これに対し，敷地使用権は建物所有権を構成するものではないとした場合，建物賃貸人の建物所有権に基づく妨害排除請求を代位行使しても敷地の不法占有を排除請求することはできない。ただし，建物賃貸人が土地所有権や借地権をも有する場合は別である。

ところで，建物賃貸借においては賃借時に権利金が場所的利益の対価として支払われることがある。最一小判昭43・6・27民集22・6・1427は，賃貸人が公衆市場開設のさいは店舗賃借の希望者が多く，申込者は賃料以外の金銭を支出してでも店舗を得たいと希望するなど人気の高い公衆市場内の店舗の賃借にあたって拠出された権利金が，「公衆市場内における店舗として有する特殊の場所的利益の対価として支払われた」と認定された事案である[77]。本件についてみれば，人気の高い公衆市場内に当該店舗が存在していることが場所的利益

---

[77] 建物賃貸借において授受される権利金は，①営業上の利益の取得ないし享有の対価，すなわち，営業用建物の有する特殊の場所的利益の対価，のれん代（永年老舗として著名であったことによる営業上の要素取得の対価），造作代，等を総称したもの，②賃料の一部の一時払い（前払い），③賃借権の譲渡性を承認することにより，これに交換価値を与えることの対価，または，物権的に強化された賃借権設定の対価，の三つの基本型に分けられる（有泉亨「権利金」古山宏＝広瀬武文＝幾代通＝有泉亨＝加藤一郎『総合判例研究叢書民法(1)』179頁以下（有斐閣，1956），我妻栄『債権各論 中巻1』477頁以下（岩波書店，1957），石外克喜「敷金と権利金」契約法大系刊行委員会『契約法大系Ⅲ（賃貸借・消費貸借）』138頁以下（有斐閣，1962），同『注釈民法(15)』257頁以下〔幾代通編〕（有斐閣，1966））。本事案において，各賃借人が賃貸人に交付した金銭は，賃借店舗の広狭，その位置の良否等によってその金額が異なっていた点，原告たる賃借人の賃借店舗の移動の結果，当該店舗の場所が悪くなったため，権利金15万円のうち1万円が返還された点，賃借人中の相当数は，相当の対価を得て賃借権を他へ譲渡しており，賃貸人に対しては，当初交付した金銭の返還を求めていない点，原告たる賃借人も賃借権を第三者に有償譲渡しようとしたことがある点を総合的に勘案し，当該権利金を場所的利益の対価と判断した（野田宏「最一小判昭43・6・27判批」最高裁判所判例解説 民事編（上）昭和43年度513頁以下（1968））。

を解する上で重要である。店舗は当該市場内のある区画の土地上に存するわけであり、その状態が利益ということであるから、それは結局、店舗（建物）が存することによって、収益性の高い当該市場内のある区画の土地を使用できる利益であり、適法な土地使用権ではないが、現実に土地を使用することの対価ということがいえるのではないだろうか[78]。なお、このような場所的利益の対価は居宅の賃貸借にも存在するものとされている[79]。

(2) 場所的利益と敷地使用権

　これまでみてきたように場所的利益は適法な土地利用権の存在しない事実上の土地使用の利益である。しかし、本来、適法な土地利用権のみが評価の対象となるべきであって、事実上の利益が評価対象とされるべきではない。

　また、場所的利益の及ぶ範囲が評価にあたっては表示され、その評価手法も土地利用権の評価手法とほぼ同様であり、場所的利益はまさしく土地使用権そのものであるといえる。

　敷地使用権能が建物所有権を構成するとした場合、建物が当該敷地に存続するに必要な敷地使用権原がないにもかかわらず、場所的利益としての土地使用権が評価され、当該評価額が土地評価額より控除されて、建物評価額に加算されるのはまさしく、建物所有権を構成する敷地使用権能が評価されているのである。

　敷地を不法占有して建てられた建物、一括競売対象たる建物などにも場所的利益が評価されるのは建物所有権に敷地使用権能が包含されているからであり、場所的利益の法的根拠は建物所有権を構成する敷地使用権能なのである。

　したがって、敷地所有者より妨害排除請求がなされた場合、敷地使用権能を包含する建物所有権は敷地を不法占拠している建物に関するものであるから、当該建物所有者あるいは当該建物賃借人の敷地使用は排除の対象となることは

78　借家における場所的利益は、不動産所在地を利用することによって享有するものと定義されていることからも、この点がいえる（有泉・前掲注(77)183頁）。
79　野田・前掲注(77)516頁、石外・前掲注(77)257頁

もちろんである。

6. 今後の展開

　わが国の不動産所有権はこれまで土地を中心に検討されてきた。それは欧米では建物は土地の一部であるとされ，当初この概念をボワソナードは導入しようとしたし，ドイツ法あるいはフランス法に傾注するわが国の学者もそのような考え方に拠って立っているからだと思われる。

　建物所有権に敷地使用権能が包含されているとする解釈を取らなくとも，建物賃借人による敷地使用も場所的利益も従来通りの解釈や捉え方で何ら支障はない。しかし，建物は土地とは別個の不動産であるとするわが国では，土地所有権のみではなく，建物所有権をもマンション所有権の研究と同様，その内容が研究されなければならない。建物は土地上に存するものであるから，建物所有権の内容として敷地使用権能が包含されていると解したとしても感覚的には同調が許されるものと思われる。

　本論考を契機とし，今後，建物に特異なさまざまな実務の場面を検討し，建物所有権の内容を解明していくものとする。

【資料1】アンケートの内容

【設問1】活動地域について
活動地域はどこですか。
1北海道 2青森県 3岩手県 4宮城県 5秋田県 6山形県 7福島県 8茨城県 9栃木県 10群馬県 11埼玉県 12千葉県 13神奈川県 14山梨県 15長野県 16東京都区部 17東京多摩地区 18新潟県 19富山県 20石川県 21福井県 22岐阜県 23静岡県 24愛知県 25三重県 26滋賀県 27京都府 28大阪府 29兵庫県 30奈良県 31和歌山県 32鳥取県 33島根県 34岡山県 35広島県 36山口県 37徳島県 38香川県 39愛媛県 40高知県 41福岡県 42佐賀県 43長崎県 44熊本県 45大分県 46宮崎県 47鹿児島県 48沖縄県 49全国

【設問2】競売評価について
1. 競売評価員をなさっていますか。
　　　①ハイ　　②イイエ
2. 競売評価員をなさっていらっしゃる先生方にお尋ね致します。
　　さしさわりなければ，競売評価員をなさっている管轄裁判所をお書きください。
　　管轄裁判所（　　　　　　　　　　　　　）

【設問3】場所的利益の評価について
1. 競売などでは，法定地上権が潜在的に成立しない場合に，場所的利益を建物に付加する場合がありますが，場所的利益の評価を行っていますか。
　　　①ハイ　　②イイエ
2. 上記「1」で"ハイ"と答えた先生にご質問します。
　　(1)　場所的利益をどのように評価していますか。
　　　　①土地（更地）価格に割合を乗じて算出
　　　　②借地権価格に割合を乗じて算出
　　　　③収益方式にて算出
　　　　④その他（　　　　　　　　　　　　　　　　　　　　）
　　(2)　場所的利益の意義は何だとお考えですか。
　　　　①敷地使用の契約等はないものの，建物が存することによって，実質的に敷地を使用できる利益
　　　　②敷地使用の利益ではなく，単に敷地の価値が建物にも影響を与えてい

　　　　る。その建物に加算される敷地の価値部分
　　　③敷地とは一切関係のない建物に認められる価値
　　　④その他（　　　　　　　　　　　　　　　　　　　　　　　）
　(3)　競売等における場所的利益(イ)は，借地借家法における建物買取請求権行使時の建物価格算定にあたって勘案される場所的利益(ロ)，店舗等の建物賃貸借にあたって権利金等として授受される場所的利益(ハ)とは異なる概念だとお考えですか。
　　　①三者はいずれも同じ概念
　　　②(イ)と(ロ)は同じ概念
　　　③(イ)と(ハ)は同じ概念
　　　④(ロ)と(ハ)は同じ概念
　　　⑤三者はいずれも異なる概念
3. 上記「(3)」で③④⑤と答えた先生にご質問します。借地借家法における建物買取請求権行使時の建物価格算定にあたって勘案される場所的利益(ロ)はどのような概念だとお考えですか。
　　　①敷地使用の契約等はないものの，建物が存することによって，実質的に敷地を使用できる利益
　　　②敷地使用の利益ではなく，単に敷地の価値が建物にも影響を与えている。その建物に加算される敷地の価値部分
　　　③敷地とは一切関係のない建物に認められる価値
　　　④その他（　　　　　　　　　　　　　　　　　　　　　　　）
4. 上記「(3)」で②④⑤と答えた先生にご質問します。店舗等の建物賃貸借において権利金等として授受される場所的利益(ハ)はどのような概念だとお考えですか。
　　　①敷地使用の契約等はないものの，建物が存することによって，実質的に敷地を使用できる利益
　　　②敷地使用の利益ではなく，単に敷地の価値が建物にも影響を与えている。その建物に加算される敷地の価値部分
　　　③敷地とは一切関係のない建物に認められる価値
　　　④その他（　　　　　　　　　　　　　　　　　　　　　　　）

【資料2】アンケートの結果

No.	地域	管轄裁判所(地方裁判所)	回答数(a)	裁判所評価員数	評価している(b)	(b)/(a) %	競売 更地(建付地)価格割合(c)	評価方法 (c)/(b) %	借地権価格割合	*意義 (1)-(d)	*意義 (d)/(b) (%) **	建物買取請求 *意義 (1)
1	北海道	札幌・函館・旭川・釧路	10	7	9	90.0	7	77.78	回答なし	7	77.78	4
2	青森	青森	9	9	0	0.0						
3	岩手	盛岡	8	7	6	75.0	6	100.00		4	66.67	3
4	宮城	仙台	5	3	2	40.0	1	50.00	1	3	150.00	3
5	秋田	秋田	9	9	8	88.9	8	100.00	0	6	75.00	5
6	山形	山形	7	7	7	100.0	6	85.71	1	3	42.86	5
7	福島	福島	4	3	2	50.0	2	100.00	1	1	50.00	0
8	茨城	水戸	6	5	5	83.3	5	100.00	0	4	80.00	3
9	栃木	宇都宮	8	6	6	75.0	6	100.00	0	5	83.33	3
10	群馬	前橋	4	3	3	75.0	3	100.00	0	3	100.00	2
11	埼玉	さいたま	5	2	2	40.0	2	100.00	0	2	100.00	4
12	千葉	千葉	5	3	5	100.0	5	100.00	0	5	100.00	
13	神奈川	横浜					回答なし					
14	山梨	甲府	4	4	4	100.0	4	100.00	0	4	100.00	1
15	長野	長野	4	4	4	100.0	4	100.00	0	4	100.00	2
16	東京都区部	東京	14	0	6	42.9	3	50.00	3	6	100.00	5
17	東京多摩地区	東京	3	1	2	66.7	1	50.00	0	2	100.00	1
18	新潟	新潟	8	6	6	75.0	5	83.33	2	4	66.67	5
19	富山	富山	3	2	2	66.7	2	100.00	1	2	100.00	2
20	石川	金沢	6	5	5	83.3	5	100.00	0	3	60.00	1
21	福井	福井	2	2	1	50.0	1	100.00	0	2	200.00	1
22	岐阜	岐阜	5	2	2	40.0	2	100.00	1	0	0.00	0
23	静岡	静岡	8	6	6	75.0	6	100.00	0	6	100.00	3

第 4 章　建物所有権の再考察　309

24	愛知	名古屋	10	3	2	20.0	1	50.00	1	3	150.00	2
25	三重	津	5	4	1	20.0	1	100.00	0	0	0.00	0
26	滋賀	大津	10	7	2	20.0	1	50.00	1	2	100.00	4
27	京都	京都	2	1	1	50.0	1	100.00	0	1	100.00	1
28	大阪	大阪	9	4	6	66.7	5	83.33	2	6	100.00	4
29	兵庫	神戸	4	2	2	50.0	2	100.00	0	1	50.00	0
30	奈良	奈良	2	2	2	100.0	2	100.00	0	2	100.00	1
31	和歌山	和歌山	6	4	4	66.7	4	100.00	0	3	75.00	3
32	鳥取	鳥取	5	5	5	100.0	0	0.00	0	4	80.00	4
33	島根	松江	9	8	6	66.7	6	100.00	1	6	100.00	4
34	岡山	岡山	5	2	3	60.0	3	100.00	0	3	100.00	1
35	広島	広島	6	5	3	50.0	3	100.00	0	2	66.67	3
36	山口	山口	3	2	2	66.7	2	100.00	0	1	50.00	2
37	徳島	徳島	9	7	7	77.8	7	100.00	0	4	57.14	3
38	香川	高松	3	2	2	66.7	2	100.00	0	1	50.00	1
39	愛媛	松山	9	9	9	100.0	9	100.00	0	7	77.78	4
40	高知	高知	8	4	6	75.0	6	100.00	1	6	100.00	5
41	福岡	福岡	11	8	8	72.7	7	87.50	1	8	100.00	4
42	佐賀	佐賀	3	3	3	100.0	3	100.00	0	3	100.00	2
43	長崎	長崎	2	2	2	100.0	2	100.00	0	2	100.00	2
44	熊本	熊本	4	2	2	50.0	2	100.00	0	2	100.00	1
45	大分	大分	4	2	2	50.0	2	100.00	0	2	100.00	0
46	宮崎	宮崎	5	4	4	80.0	4	100.00	0	3	75.00	4
47	鹿児島	鹿児島	2	2	2	100.0	2	100.00	0	2	100.00	0
48	沖縄	那覇	5	4	4	80.0	4	100.00	0	2	50.00	2
	計		278	130	128	46.0	114	89.06	14	109	85.16	78

* 表の「意義」の(イ), (ロ), (ハ)は下記の内容である。

(イ) 敷地使用の契約等はないものの, 建物が存在することによって, 実質的に敷地を使用できる利益

(ロ) 敷地使用の利益ではなく, 単に敷地の価値が建物にも影響を与えている。その建物の価値に加算される敷地の価値部分

(ハ) 敷地とは一切関係のない建物に認められる価値

** 都道府県によっては場所的利益を評価していない不動産鑑定士からの回答もあったことから, 100%を超えている場合もある。

《用語索引》

【ア　行】

一部無効　200
一部無効判断　200
一括競売　244
一般法と特別法の関係　143
一般予防的考慮　199
違約金条項　180
公の秩序　145
公の秩序に関しない規程　146

【カ　行】

開示規制　188
慣習法　30
鑑定人　287
鑑定評価額　287
期間按分　133
義務加重　140
給付記述条項　188
共同抵当　234
居住用貸家の供給過剰　78, 112
居住用建物賃貸借契約　181
空室リスク　57
　——のショックアブソーバー　57
区分基準　235, 238, 240, 242
経済合理性　112, 182
経済的一体性　243

経済的事情　112
経済的独立価値　241
経済的独立性説　239
継続賃料　55
契約一体性を重視した判断スキーム
　　　228
契約解除原因　256
契約自由の原則　143
契約条項差止訴訟　200
原状回復費用　18
建築確認　209, 211
建築基準法　210, 214
権利金　76
権利制限　140
合意解約　256
行為規範　141
交渉期待可能性の欠如　161
交渉期待可能性を肯定する要因　166
交渉期待可能性欠如要因　166
交渉力の格差　143
交渉力不均衡アプローチ　161
公序良俗　141
公序良俗違反　185
公序良俗規範　185
更新料　3
構成部分　234
後段判断　157
後段要件の該当性　154
個別交渉条項　191

個別交渉条項該当性　190
個別的事情　200
渾然一体説　103, 105

【サ　行】

債権法改正の基本方針　81
更地価格　289
敷金全額償却契約　152
敷金返還請求権　96
敷地の使用貸借契約　251
敷地利用権能　251, 258
敷引特約　3, 95
事業経費　105
事業者の不利益　71
事業者の不利益不存在　142
自己都合　104
事実たる慣習　151
自然債務　43
私的自治　64
私的自治・自己決定原則　190
社会通念上許容せられる範囲　256
社会的承認　151
社会的承認性　71, 147
社会法的見地　190
弱者保護規定　191
借地権価格　286, 289
借地借家法　169
従物　234
重要事項説明　74
需要過剰　153
条項の了知（期待可能性）の欠如
　　161
条項の了知欠如　165

条項使用者不利の原則　206
使用貸借関係　251, 264
消費者の非認識　142, 144, 156
消費者の不利益　69, 142
消費者契約法 10 条該当性　153
消費者契約法 10 条前段該当性　154
消費者契約法 10 条前段要件　153
消費者公序　187, 200
消費者利益　140
情報および交渉力の格差　66, 69
情報の格差　66, 143
情報の質及び量並びに交渉力の格差
　　158
情報収集力の格差　153
情報ネットワーク　158
情報評価能力　164
消耗率　286
処分権主義　216
信義則　141
新規賃料　55
信頼関係　262
　——の破壊　39
清算規定　75
正当事由　93
接道義務　208, 209
専属実演家契約　223
選択期待可能性の欠如　161
全部無効　200
総合的判断　124
相続税対策　221, 227
増築行為　255
増築部分　255
損害賠償予定条項　180

用語索引　　**313**

【タ 行】

対価関係　　147
対価条項　　188
賃貸人に対する背任行為　　255
賃借人の情報評価能力　　161
代物弁済予約　　180
宅地建物取引業法　　210
建付地価格　　289
仲介手数料　　106
中心条項　　65, 188
中心条項該当性　　189
　　──の判断　　189
中心条項性　　65
中途解約時における償却　　133
賃貸事業収益　　105
賃貸借契約を継続するための対価　　78
賃貸借契約終了後の空室賃料　　147
賃貸借契約更新時の更新料の免除の対価
　　　147
賃貸借契約成立の謝礼　　147
賃貸人の事業戦略　　112
賃貸紛争防止条例　　154
賃料の二重負担の危険性　　111
賃料を低額にすることの代償　　147
賃料明示の原則　　70
通常損耗　　10
通常損耗等の補修費用　　96
通常損耗費　　10
通常損耗補修特約　　142
定額補修分担金　　14
定期借家契約　　152
抵当権設定者　　247

当事者の合理的意思解釈　　105
当事者利益の不均衡　　162, 165
特段の事情　　216
特段の事情スキーム　　228
独立不動産性　　241, 242
取引における予測可能性　　141

【ナ・ハ行】

二重負担の問題　　145
任意規定　　140
　　──の創造　　199
場所的価値　　106
場所的環境的利害得失　　287
場所的環境利益　　287
場所的利益　　103
非居住用借家　　92
不可抗力　　123
複合化　　105
複合契約　　223, 227
複合的性質　　102
復成式方法　　286
不真正連帯債務　　212
付随的義務　　217
付随的契約条項　　181
附加物　　239, 246
物上保証人　　234
物理的独立性説　　239
不動産鑑定評価基準　　288
不動産賃貸借　　151
不当条項　　140
不当条項無効スキーム　　163
紛争解決金　　42
妨害排除請求　　251

包括的民事ルール　187
法定地上権　243
法定地上権価額相当額　244
法定地上権負担付　243
法的合理性　112, 182
暴利行為　180
暴利行為規範　181
暴利行為規範的判断　199, 200
保管義務違反　257
保証金の償却特約　122
保証金償却約定　122

【マ・ヤ・ラ行】

民法（債権法）改正検討委員会　81
民法90条による無効　143
民法90条判断　143
明認方法　245
約定敷引金　122
家賃増減請求権　47
優越的地位の濫用法理　161
融資一体型変額保険　218
容積率　210, 215
予見可能性　245
弱い付合　240
礼金　76
礼金的要素　105

《判例索引》

【大審院・最高裁判所】

大判昭 7・6・2 民集 11・13・1309 ……………………………… 283, 293, 294
大判昭 13・12・13 法律学説判例評論全集 28 巻民法 25 頁 …………… 235
大判昭 17・5・12 民集 21・10・533 ………………………………… 283, 289
最二小判昭 27・4・25 民集 6・4・451 ………………………………………… 75
最一小判昭 29・11・18 裁判集民 16・529 …………………………………… 138
最三小判昭 35・12・20（最高裁昭和 35 年判決）民集 14・14・3130
………………………………………… 283, 284, 290, 292, 296, 300
最二小判昭 36・7・21 民集 15・7・1939 …………………………………… 255
最一小判昭 38・2・21 民集 17・1・219 ……………………………… 250, 255
最三小判昭 39・7・28 民集 18・6・1220 ……………………………… 75, 250
最二小判昭 40・1・22 裁判集民 77・113 …………………………………… 256
最一小判昭 41・4・21 民集 20・4・720 ……………………………………… 75
最一小判昭 43・6・27 民集 22・6・1427 …………………………………… 303
最二小判昭 44・3・28 民集 23・3・699 ……………………………………… 236
最一小判昭 46・7・1 判時 644・49 ……………………………………… 250, 259
最三小判昭 47・5・23（最高裁昭和 47 年判決）判時 673・42
……………………………………………… 288, 289, 290, 292, 293
最二小判昭 48・2・2 民集 27・1・80, 判時 704・44 …………………… 96
最一小判昭 50・2・20 民集 29・2・99 ……………………………………… 91
最二小判昭 50・4・20 民集 38・6・610 ……………………………………… 24
最一小判昭 50・7・10 判時 793・49 …………………………………… 250, 259
最二小判昭 51・10・1 判時 835・63 ………………………………… 43, 69, 90
最二小判昭 59・4・20 民集 38・6・610 ………………… 15, 16, 75, 91, 93, 94
最二小判昭 59・4・20 判時 1116・41, 判夕 526・129 ……… 43, 46, 47, 94
最一小判平 2・4・19 裁判集民 159・461 …………………………………… 237
最三小判平 8・11・12 民集 50・10・2673 ……………………… 221, 222, 226, 228

最一小判平 10・9・3（最高裁平成 10 年判決）民集 52・6・1467
　　　…………………………… 103, 104, 124, 126, 128, 130, 131, 132, 133, 134, 197
最二小判平 15・11・7（最高裁平成 15 年判決）判時 1845・58
　　　……………………………………… 208, 213, 214, 216, 217, 227, 228, 229
最二小判平 17・12・16（最高裁平成 17 年判決）裁時 1402・34，判時 1921・61，判タ 1200・127
　　　………… 2, 10, 18, 110, 121, 133, 134, 135, 137, 138, 151, 152, 164, 186
最一小判平 18・6・12（最高裁平成 18 年判決）判時 1941・94
　　　………………………………… 208, 210, 213, 214, 215, 217, 228, 231
最二小判平 18・11・27 民集 60・9・3732 ……………………………………… 161
最一小判平 23・3・24（最高裁平成 23 年 3 月敷引判決）裁時 1528・15，判時 2128・33，判タ 1356・81
　　　…… 3, 5, 6, 9, 17, 18, 21, 81, 95, 96, 141, 152, 172, 177, 179, 180, 193, 196, 197
最三小判平 23・7・12（最高裁平成 23 年 7 月敷引判決）判時 2128・43，判タ 1356・87
　　　…… 3, 7, 8, 9, 18, 19, 21, 79, 81, 95, 96, 112, 113, 121, 136, 138, 141, 172, 174, 177, 178, 180, 182
最二小判平 23・7・15（最高裁更新料判決）金判 1372・7
　　　…… 3, 11, 19, 21, 22, 33, 51, 54, 64, 78, 79, 90, 141, 175, 177, 181, 183, 188, 194

【高等裁判所】

東京高判明 43・12・28 新聞 716・21 …………………………………………… 235
東京高判大 7・12・20 法律学説判例評論全集 8 巻民法 106 頁 ………………… 235
名古屋高判昭 30・7・8 判時 59・17 ……………………………………………… 235
東京高判昭 31・8・31 下民集 7・8・2318，判タ 62・70 ………………………… 135
東京高判昭 33・7・17 東高時報 9・7・127 ……………………………………… 285
札幌高判昭 34・4・7 高民 12・3・66 ……………………………………… 283, 284
東京高判昭 34・4・23 下民集 10・4・804 ……………………………………… 254
東京高判昭 34・9・30 高民 10・9・213 ………………………………………… 255
大阪高判昭 39・1・22 判時 372・24 …………………………………………… 256
仙台高判昭 39・2・12 下民集 15・2・257 ……………………………………… 236
大阪高判昭 40・2・4 判時 405・27 ……………………………………………… 287

東京高判昭 43・1・20 東高時報 19・1・3	287
東京高判昭 49・8・29 判時 759・37	122
東京高判昭 50・5・29 判時 786・45	290
東京高判昭 51・3・24 判タ 335・192	69, 93
東京高判昭 58・12・23 判時 1105・53	43
東京高判昭 61・12・24 判時 1224・19	237
東京高判昭 61・12・24 判タ 642・196	238
大阪高判平 7・12・20 判時 1567・104	4, 101, 127, 129
東京高判平 8・7・31 判時 1578・60	289
大阪高判平 9・1・29 判時 1593・70	127, 129
大阪高判平 9・5・7（判例集未登載）	102, 128
東京高判平 10・6・12 金判 1059・32	289, 291
東京高判平 10・7・29 判タ 1042・160	223, 228
大阪高判平 12・8・22 判タ 1067・209	135
東京高判平 12・11・7 判時 1734・16	237
東京高判平 12・12・27 判タ 1095・176	137
大阪高判平 13・12・19 金判 1189・12	209
東京高判平 14・4・23 判時 1784・76	219, 221, 225
大阪高判平 15・3・26 金判 1183・42	220, 221, 222, 225
大阪高判平 16・3・16 金判 1245・23	211
大阪高判平 16・5・27 判時 1877・73	134
大阪高判平 16・7・30 判時 1877・81	134
高松高判平 16・10・12 金判 1246・30	289, 291
大阪高判平 16・12・17 判時 1894・19	95, 142, 144, 163, 168, 184, 185, 186, 187, 196
大阪高判平 19・9・27 金判 1283・42	212
大阪高判平 21・6・19LEX/DB25470588	6, 152, 196
大阪高判平 21・8・27 判時 2062・40, 金法 1887・117, 金判 1327・26	3, 11, 22, 31, 58, 108, 162, 169, 170, 185, 189
大阪高判平 21・10・29 判時 2064・65	3, 11, 13, 31, 57, 58, 171, 178, 189, 194, 197
大阪高判平 21・12・15LEX/DB25470731	8, 155, 165
大阪高判平 22・2・24 京都敷金・保証金弁護団ホームページ	11, 14, 22, 31, 90, 170, 189

大阪高判平 22・5・27 京都敷金・保証金弁護団ホームページ
　　　　　　　　　　　　　　　　　　　　　　　　　　　　 22, 23, 31, 189, 194

【地方裁判所・簡易裁判所】

東京地判昭 26・12・20 下民集 2・12・1477 ……………………………… 282
大阪地判昭 30・5・2 下民集 6・5・875 …………………………………… 252
東京地判昭 32・8・2 下民集 8・8・1447 …………………………………… 252
東京地判昭 32・11・20 下民集 8・11・2144 ………………………… 251, 253
東京地判昭 32・12・27 新聞 90・13 ………………………………………… 235
東京地判昭 36・5・12 判時 263・14 …………………………………… 285, 290
東京地判昭 37・6・25 判時 306・17 ………………………………………… 286
東京地判昭 37・9・21 判タ 169・192 ………………………………………… 289
大阪地判昭 39・2・3 判時 367・39 …………………………………………… 286
東京地判昭 39・12・24 判タ 173・202 ……………………………………… 287
東京地判昭 40・1・30 下民集 16・1・189 ………………………………… 257
東京地判昭 41・1・31 判時 450・34 ………………………………………… 257
横浜地判昭 41・12・24 判タ 205・166 …………………………………… 287, 288
大阪地判昭 42・3・30 判時 501・81 ………………………………………… 258
浦和地判昭 42・4・27 金判 62・6 …………………………………………… 236
東京地判昭 43・3・25 判時 540・45 ………………………………………… 288
東京地判昭 45・2・10 判時 603・62 ………………………………………… 122
東京地判昭 45・2・13 判時 613・77, 判タ 247・280 ……………… 38, 88, 92
前橋地裁高崎支判昭 46・5・31 判時 643・81 ……………………………… 258
東京地判昭 46・8・12 判時 649・39 ………………………………………… 236
東京地判昭 49・9・30 下民集 25・9-12・781 …………………… 289, 290
東京地判昭 50・1・29 判時 785・89 ………………………………………… 122
東京地判昭 50・9・22 下民集 26・9-12・792, 判時 810・48 …… 38, 92
東京地判昭 50・10・28 判タ 334・247 ……………………………………… 122
東京地判昭 51・7・20 判時 846・83 …………………………………… 39, 88, 92
大阪地判昭 52・11・29 判時 884・88 …………………………… 4, 101, 126, 129
東京地判昭 54・2・16 判時 915・23 ………………………………………… 291
東京地判昭 56・4・27 判時 1006・26 ………………………………………… 104
東京地判昭 57・10・20 判時 1077・80, 判タ 489・83 ………… 39, 88, 92, 93

| 浦和地判昭60・11・12判タ576・70 ……………………………………………… 122
| 名古屋地判昭60・12・20判時1185・134 ……………………………………… 260
| 東京地判昭61・6・26判時1228・94 …………………………………………… 260
| 東京地判昭61・7・18判時1238・103 …………………………………………… 122
| 東京地判平2・11・30判時1395・97 ……………………………………………… 43
| 東京地判平3・1・30金法1291・31 ……………………………………………… 291
| 東京地判平3・6・20判時1413・69 ………………………………… 289, 290, 296
| 東京地判平4・1・23判時1440・109 …………………………………… 40, 88, 89
| 東京地判平4・4・21判タ804・143 ……………………………………………… 262
| 東京地判平4・7・23判時1459・137 ……………………………………………… 122
| 東京地判平5・1・27金判950・26 ………………………………………………… 292
| 東京地判平5・5・17判時1481・144 ………………………………………… 122, 123
| 東京地判平5・8・25判時1502・126 ………………………………………………… 44
| 東京地判平5・8・25判タ865・213 …………………………………………… 88, 92
| 東京地判平5・8・30判時1502・122 ……………………………………………… 190
| 東京地判平7・2・21交通民集28・1・223 ……………………………………… 190
| 大阪地判平7・2・27判時1542・104 ……………………… 101, 103, 126, 127, 129
| 大阪地判平7・2・27判時1542・94 ……………………………………………… 103
| 東京地判平7・3・16判タ885・203 ……………………………………………… 135
| 神戸地判平7・8・8判時1542・94 … 102, 105, 106, 107, 108, 123, 124, 125, 127
| 神戸地判平7・8・8判時1542・97 ……………………………………………… 103
| 神戸簡判平7・8・9判時1542・101 ………………………………………… 103, 127
| 神戸簡判平7・8・9判時1542・94 ……………………………………………… 126
| 大阪地裁堺支判平7・9・8判時1559・77 ………………… 218, 220, 224, 226
| 大阪地判平7・10・25判時1559・94 …………………………………… 101, 127, 129
| 神戸地裁尼崎支判平8・6・28判タ929・217 ………………………… 127, 129, 130
| 神戸地裁尼崎支判平8・9・27（判例集未登載）……………………… 102, 126
| 大阪地判平9・7・31判時1645・98 ……………………… 219, 221, 224, 226
| 東京地判平10・3・10判タ1009・264 ……………………………………………… 42
| 東京地判平10・10・19判タ1010・267 …………………………………………… 289
| 東京簡判平12・6・27判時1758・70 ……………………………………………… 135
| 大阪地判平12・12・22金法1604・37 ……………………………… 219, 221, 226
| 東京地判平13・3・28判タ1092・229 ……………………………………… 289, 291
| 神戸地判平14・6・14最高裁HP，LEX/DB28072285 ……………………… 102, 135

名古屋簡判平 14・12・17 最高裁 HP ………………………………… 135
東京地判平 15・3・28 判時 1836・89 ……………………………… 223, 228
大阪簡判平 15・10・16 兵庫県弁護士会 HP ………… 106, 141, 143, 163, 165
東京地判平 15・11・17LexisNexis（独自収集判例）………………… 135
京都地判平 16・3・16LEX/DB28091155
　　　　　　　　　………… 95, 142, 144, 145, 163, 165, 167, 184, 186
京都地判平 16・5・18LEX/DB28091807 …………………………… 49, 89
東京簡判平 16・10・26 最高裁 HP …………………………………… 135
佐世保簡判平 16・11・19（刊行物未登載）………………………… 144, 165
堺簡判平 17・2・17LEX/DB25437348 ……………………………… 146, 165
東京簡判平 17・3・1 最高裁 HP ……………………………………… 135
千葉地判平 17・4・19 判時 1897・84 ……………………………… 289, 291
大阪地判平 17・4・20LEX/DB25437323 ………… 95, 106, 146, 195, 199
東京地判平 17・4・27LexisNexis（独自収集判例）………………… 137
東京地判平 17・5・18LexisNexis（独自収集判例）………………… 137
東京地判平 17・6・16LexisNexis（独自収集判例）………………… 291
神戸地判平 17・7・14 判時 1901・87
　　　…… 3, 95, 106, 107, 108, 115, 146, 149, 150, 151, 154, 164, 165, 192, 195
枚方簡判平 17・10・14（刊行物未登載）…………………………… 146
東京地判平 17・10・26LexisNexis ………………………………… 49, 171, 185
明石簡判平 17・11・28LEX/DB25437261 ………………… 106, 149, 164, 165
東京簡判平 17・11・29 最高裁 HP …………………………………… 135
大阪簡判平 17・12・6（刊行物未登載）……………………………… 106
大阪地判平 18・2・28（刊行物未登載）……………………………… 106
木津簡判平 18・4・28（刊行物未登載）……………………………… 146
大津地判平 18・6・28（刊行物未登載）……………………………… 146
明石簡判平 18・8・28 更新料問題を考える会 HP ………………… 50, 88
京都地判平 18・11・8 最高裁 HP ………………… 95, 106, 149, 164, 165, 195
大阪地判平 19・3・30 判タ 1273・221
　　　　　　　………………… 106, 108, 109, 150, 163, 164, 165, 166, 192, 195
京都地判平 19・4・20 最高裁 HP ………………… 95, 151, 163, 166, 192, 195
東京地判平 19・7・27LexisNexis（独自収集判例）………………… 92
大阪地判平 19・11・7 判時 2025・96 ……………………………… 142

京都地判平 20・1・30 判時 2015・94，判タ 1279・225
.... 12, 22, 50, 171, 185, 187, 194
京都地判平 20・4・30 判時 2052・86 108
京都地判平 20・9・30 最高裁ウェブサイト 81
東京簡判平 20・11・19 最高判 HP 137
京都地判平 20・11・26LEX/DB25470587 .... 6, 152
大津地判平 21・3・27 判時 2064・70 .... 13, 22, 31, 51, 171, 178, 185, 194
名古屋簡判平 21・6・4 判タ 1324・187 .... 152, 195
京都地判平 21・7・23 判時 2051・119，判タ 1316・192
.... 52, 58, 95, 108, 153, 163, 166, 170, 192, 194
横浜地判平 21・9・3LexisNexis 106, 109, 112, 154, 166, 167, 196
京都地判平 21・9・25 最高裁ウェブサイト 23, 54, 193
京都地判平 21・9・25 判時 2066・81 .... 22, 53, 170
京都地判平 21・9・25 判時 2066・95 .... 14, 15, 54, 170, 193
京都地判平 22・10・29 判タ 1334・100 .... 55, 60
神戸地裁尼崎支判平 22・11・12 判タ 1352・186 156

■著者紹介

松田　佳久（まつだ　よしひさ）
　　1961年生まれ
　　1984年　同志社大学法学部卒業
　　静岡銀行，鳥取環境大学環境情報学部准教授，
　　大阪経済大学経営学部ビジネス法学科教授を経て，
　　現在，創価大学法学部教授

　　法学博士（民法・財産法）
　　不動産鑑定士
　　1999年　日本不動産学会「研究奨励賞」受賞
　　2006年　日本土地環境学会「奨励賞」受賞

　［主要著書］『不動産担保価値論──担保権の効力の及ぶ範囲と経済的一体性
　　　　　　理論』（プログレス，2004年）
　　　　　　『不動産調査実務マニュアル』（プログレス，2007年）
　　　　　　『判例と不動産鑑定──借地借家法理と鑑定実務』（プログレス，
　　　　　　2008年）

不動産私法の現代的課題　　　　　　　　　　　　　ISBN978-4-905366-09-6　C2034

2012年4月20日　印刷
2012年4月30日　発行

著　者　松田　佳久 ©
発行者　野々内邦夫

発行所　株式会社プログレス　〒160-0022　東京都新宿区新宿1-12-12-5F
　　　　　　　　　　　　　　電話 03（3341）6573　FAX03（3341）6937
　　　　　　　　　　　　　　http://www.progres-net.co.jp　e-mail: info@progres-net.co.jp

■落丁本・乱丁本はお取り替えいたします。　　　　　株式会社シナノパブリッシングプレス

本書のコピー，スキャン，デジタル化等の無断複製は著作権法上での例外を除き禁じられています。本書を代行業者等の第三者に依頼してスキャンやデジタル化することは，たとえ個人や会社内での利用でも著作権法違反です。

PROGRES プログレス

＊各図書の詳細な目次は、http://www.progres-net.co.jp よりご覧いただけます。

不動産担保価値論
● 担保権の効力の及ぶ範囲と経済的一体性理論
松田佳久 著　　　　A5判・336頁／定価4,200円（税込）

判例と不動産鑑定
● 借地借家法理と鑑定実務
松田佳久 著　　　　A5判・432頁／定価4,410円（税込）

《これだけは知っておきたい》
新版 不動産調査実務マニュアル
松田佳久 著　　　　A5判・480頁／定価3,990円（税込）

不動産の時価評価
● 新会計基準における鑑定評価の具体例
黒沢 泰（不動産鑑定士）著　A5判・328頁／定価3,360円（税込）

私道の法律・税務と鑑定評価
黒沢 泰（不動産鑑定士）著　A5判・296頁／定価3,990円（税込）

【逐条詳解】不動産鑑定評価基準
黒沢 泰（不動産鑑定士）著　A5判・520頁／定価4,200円（税込）

工場財団の鑑定評価
黒沢 泰（不動産鑑定士）著　A5判・360頁／定価3,780円（税込）

《実例でわかる》
特殊な画地・権利と物件調査のすすめ方
黒沢 泰（不動産鑑定士）著　A5判・416頁／定価3,990円（税込）

すぐに役立つ 不動産の契約書式実例集
● 契約書作成の基礎知識と101の書式例
吉野 伸（不動産鑑定士）
福重利夫（税理士）著　A5判・384頁／定価3,990円（税込）

不動産鑑定評価基本実例集
● 価格・賃料評価の実例29
吉野 伸／吉野荘平 著　A5判・480頁／定価4,200円（税込）

不動産[賃貸]事業のためのマネジメント・ハンドブック
トーマツ不動産インダストリー 編　A5判・260頁／定価2,940円（税込）

【Q&A】大家さんの税金
アパート・マンション経営の税金対策
● 不動産所得の税務計算から確定申告・相続・譲渡まで
鵜野和夫（税理士・不動産鑑定士）著　A5判・392頁／定価3,780円（税込）

《空室ゼロをめざす》
【使える】定期借家契約の実務応用プラン
●「再契約保証型」定期借家契約のすすめ
秋山英樹（一級建築士）
江口正夫（弁護士）　　著
林 弘明（不動産コンサルタント）
　　　　　　　　　　A5判・344頁／定価3,780円（税込）

土壌汚染リスクと土地取引
● リスクコミュニケーションの考え方と実務対応
丸茂克美／本間 勝／澤ập塔一郎 著　A5判・272頁／定価3,360円（税込）

公共用地の取得にともなう土地評価
● 起業者の補償実務に役立つ24の評価事例
難波里美（不動産鑑定士）著　A5判・328頁／定価3,990円（税込）

賃料[地代・家賃]評価の実際
田原拓治（不動産鑑定士）著　A5判・392頁／定価4,410円（税込）

《実務の視点でよくわかる》
詳解 不動産鑑定評価の教科書
津村 孝（不動産鑑定士）著　A5判・408頁／定価3,360円（税込）

不動産の鑑定評価と税務評価
日税不動産鑑定士会 編著　A5判・324頁／定価3,570円（税込）

事例詳解 広大地の税務評価
● 広大地判定のポイントと53の評価実例
日税不動産鑑定士会 編著　A5判・296頁／定価3,150円（税込）